田中遵聖
TANAKA Junsei

主は偕《とも》にあり

田中遵聖説教集

新教出版社

目次

解説

本編

解説

「聖《セイント》コミマサ」が書き記した「アメン父」

神藏美子

「自分では罪はぬぐえないが、罪のない神の子イエス・キリストが、自分たちの罪のかわりに犠牲となって十字架につき、それで自分たちの罪はゆるされたというのが、ふつうのキリスト教の考えのようだが、キリストの十字架を信じることで、ぼくたちはそんなにきれいさっぱりきよらかなものになれるだろうか。十字架を信じるって、どういうことなのか。こちらが信じるという観念的なことよりも、十字架のほうでぶちあたってくるほうが、事実なのではないか」（田中小実昌『アメン父』）

『アメン父』は、田中小実昌さんが「この本は、父の伝記でも、ぼくの父へのおもいでもなく、（いまでも）アメンが父をさしつらぬいていることを、なんとか書きたかった」と、父親である田中遵聖氏とその宗教について一番詳しく書いた本だ。そのほか、エッセイや哲学小説と呼ばれていたものなど、小実昌さんはくりかえしお父さんのことを書いている。くりかえし書きながら、お父さんの宗教について思索し続けた。「アメンが父をさしつらぬいている」という言葉はおごそかで、鮮烈だ。

「教会の牧師がなやんでいては、しょうがない」。田中種助（のちに遵聖と改名）は、東京市民教会の牧師に就任したころからキリスト教の信仰を疑いだした。信仰があやふやになった。そのころの様子を『アメン父』では、「父は生ま身のからだがふるえるようにくるしみ、夜はねむれず、近くの明治神宮の森を、身をかきむしるようにしてあるいたらしい。祈ろうとしても祈りの言葉がでず」と書いてある。壮絶な姿だ。続けて「『あなたはパウロに現れたりしたのに、どうして、わたしに現れないのか』と父がけんかするみたいに言っている（祈っている）のを、母はなんどかきいたそうだ」とある。

「あなたはパウロに現れたりしたのに……」と、お父さんが祈ったのは、イエスに向かって祈ったのだ。パウロの回心――パウロに天からの光の照射とともにイエス（聖霊）が現れ、パウロは三日間、目が見えなくなり、食べも飲みもしなかった――この使徒行伝の記述をお父さんは事実として受けとめ、身をかきむしるように、イエスに祈り続けたというのだ。そして、本書巻末の田中遵聖先生小伝によると「大正十四年（一九二五）五月一八日東京市民教会において神の御臨在を感じ出す」。お父さんに、イエス（聖霊）を事実として感じることが起こったのだ。小実昌さんが生まれた少し後のことだ。

たまたまプロテスタントの高校に通ったわたしは、聖書と出会った。両親が牧師だったクリスチャンの友だちに「ヨシコもイエスさまを見出すことを、祈っているわ」と言われたりするのはうれしかったけれど、聖書に書いてあるイエスの復活をどう理解すればいいかわからなかった。イエスさまそのものが神なのか、人間なのか、物語なのか、わからなかった。しかし、小実昌さんは、パウロの回心を「これなんかも、たとえ話でも、パウロ物語でもなく、事実、そのとおりだったのではないか。（中略）まことになまなましく、事実そのままをつたえているのだろう」と、きっぱり書いている。小実昌さんの家の教会では、事実としてイエス（聖霊）が臨んでいたからだ。集会では、イエスがぶちあたってきて、ぶったおれたりしていたのだ。

ここまで聖霊という言葉をなんども使ったが、小実昌さんはインタヴュー（『すばる』一九八九年六月号、集英社）の中で「自覚がないんですね、僕に、聖霊の。だから、聖霊という言葉を遠慮して使わなかったんだけど、実はそうすると、書くのに大変困るんだな。（笑）」と、聖霊という言葉を使わないで『アメン父』を書くことに苦心したと話している。遠慮して、というのが小実昌さんらしい。聖霊、と簡単に書いてしまえばわかりやすいが、わかりやすくなったことで、そこからこぼれおちてしまうものがある。

聖書には、アブラハムの妻サラが、とても子どもを産むことができない年齢で、神の指示により男の子を産んだとある。小実昌さんのお母さんは、お父さんが「神の御臨在を感じ出す」少し前に、四六歳の初産で小実昌さんを産んだ。不妊治療が進んだ現在でも、四六歳の初産はめったにないことだ。「たとえ、お産で自分は死んでも、子どもをさずけてください」と神に祈り続け、授かった小実昌さんのことを、お母さんは「神の子」と言ったそうだ。

このような両親の祈りを知っている小実昌さんが祈りについて、「どうでもいいこと」に、「だれもかれも、まず神さまに相談すること、祈ることを忘れている。（中略）いや、祈ることほど、力のある、現実的なことはありません」と書く一方で、「祈る、ということは、メザシが人間の言葉をはなすようにむつかしい。これは、たんなるたとえではない。たとえばぼくなどには、まちがってもできないことなのだ。ところが、げんに、祈りはある。あることを、ぼくはしっている」と書いているのは、切実だ。

特高の刑事がお父さんを調べに来て帰った後、小実昌さんが「どうしたんだい」とお父さんに話しかける場面が『アメン父』にある。「こんなによくしゃべる父子はみたことがないよ」とお母さんがあきれるほど、小実昌さんとお父さんは友達のようにのべつ話したようだ。また、お父さんが亡くなって何十年も経って書いたエッセイには、「父が死んで二十七年になるけれども、いまでも、ぼくは父といっしょにいる」と書いている。しかし、そんな小実昌さんにとっても、お父さんとお父さんの宗教について語ることは、むずかしいことだった。「だれでも、宗教はココロの問題だとおもっている。ところが、宗教はココロの問題などとおもったら大まちがい、と父はいう」(『アメン父』)。お父さんの宗教は、一筋縄ではいかないのだ。小実昌さんが、「うちの父などのはげしいイエスのこともわかってほしい」と、くりかえしお父さんとお父さんの宗教について書き記したことは、イエスの弟子たちが、イエスを書き残したみたいに思える。わたしはお父さんについてのエッセイや小説を、聖書より、熱心に何度も読み返した。

東京市民教会の牧師がつとまらなくなったお父さんは、小倉の西南女学院のシオン山教会の牧師として赴任した。小伝によれば、「昭和二年五月十二日小倉市到津丘上において絶望の極地にありて十字架上の主の御支えを強く感ぜしめられる」とある。一度、イエスが臨んできて、よろこびにひたったお父さんは絶望した。光(神の臨在)を知ったことで自分の闇が見え、絶望がどんどん深まったというのだ。神の前に立ったとき、イエスが臨んだことで、自分の罪深い姿が見えてくるということらしい。「神の前には罪深くして出ることができない自分を、それこそ自覚だが、煩悶がおきてくるのが、ほんとうの神の前にたっている人だ」(「十字架」)とお父さんは説教の中で言っている。

「どうでもいいこと」は、わたしが最初にお父さんの宗教にハマるきっかけになった小説だ。病院に入院してきたお父さんに出会ったことで聖霊を受けた若い医者の小坂が、「……こんなよろこびは、生まれてはじめてだ。ただ、もう讃美の言葉がでて、しょうがない。酒をのんだって(中略)女をだいたって、これほどのたのしさはあるまい」と興奮し、よろこんでいる姿に、わたしは惹きつけられた。聖書への興味がどんどん深まっても、イエスがわからず、ぐるぐるになって苦しかったからだ。小坂のよろこびようがうらやましかった。有頂天になった小坂は、わたしの身体はよろこびで燃えていると、お父さんのベッドから離れない。お父さんは、「持っちゃいけないよ。だいじな経験として、持っていたいだろうが、それはいけない」と小坂をたしなめる。ここがすごくおもしろいので、長くなるけれど引用する。「今、あんたの心は燃えている。だが、いつまでも、この火をたやすまい、なんてケチな欲をかくと、火は消えてしまう。（中略）もともと、火をつけたのは、あんたではない。あんたの心が燃えたといっても、それは、燃えしめられたんだ」。「じゃ、ぼくはどうすればいいんです」と詰め寄る小坂に、お父さんは「あんたが、どうこうするんではない。心を燃えしめる事実に、無限に、絶間なく臨んでいるんだから、過去の経験としてもつことは、現在、それをこばんでいることになる。もっちゃいけない。ただ受けなさい」と答える。小坂もそうだが、お父さんは自分がイエス（聖霊）を受けるだけでなく、やがてお父さんの信者の人たちに、イエス（聖霊）を受けることを授けていった。『アメン父』には「父のアーメンの第一号の信者」という記述がある。

つづけて、小伝にはこうある。「昭和三年一月二十三日小倉市西南女学院シオン山教会を辞任し、アサヒノ教会設立に従事しておられたが、昭和三年八月十七日に『アサ会』を拝命された」。「この教会でも、もっともらしい説教などはできなくて、やめてしまう」（『アメン父』）と小実昌さんは書いている。教会を辞めたお父さんは、八幡山中の森番小屋を借りて生活しつつ、個人伝道を始めたようだ。その後、広島県呉市のバプテスト教会に応援伝道し、呉市に移住することになった。本通九丁目にあったバプテスト教会の様子は『ポロポロ』に「まだ町なかの教会にいたころ、このポロポロ、ギャアギャアがはじまったときは、なにがおきたのか、とヤジ馬が教会の窓にいっぱいたかって、のぞきこもうとした」とある。

本通りにあったバプテスト教会に通ってきていた人たちは、やがて、去っていく人と残る人に分かれ、半分以上の人たちがお父さんのきちがい説教についてきたという（「きちがい」は小実昌さんの記述）。そして、信者の人が所有していた呉湾の見渡せる三津田の丘の土地に自分たちの教会をつくった。「アサ会」はミッショナリーからの経済的な援助のない独立教会となった。アサ会が独立教会になるころに、所属していた九州のバプテスト西部組合からアサ会の牧師や神学生や信徒が五〇人あまり追放された「アサ会事件」というものがあった。アサ会の影響力を脅威に感じたアメリカ・南部バプテスト外国伝道会社の宣教団が主導した迫害があったのだ。小実昌さんは『アメン父』にこのことは何も書いていない。ただ、「信仰の自由、自由な信仰は、それこそは神（イエス）の御心にそう自由な信仰には、どうしても自分たちだけの教会がいる、と内村鑑三はおもったにちがいない」と、内村鑑三を引き合いにだして書いているだけだ。

この解説を書き終えようとしたときに『田中遵聖とアサ会事件』（伊原幹治著）が、福岡から送られてきたことはほんとうに不思議だ。お父さんの伝道を知るうえでたいへん貴重な資料なので、感謝してそこから少し引用させていただく。

お父さんが説教を始めた呉のバプテスト教会は、「アサ詣で」と言われ、信仰苦（ほんとうに今の信仰でよいのかと、信仰に悩む）の人たちが集まってきたそうだ。「殊に若い牧師の方々が呉に集まって来られ、聖霊に満たされ異言を語る人、証示をする人が増して行き、使徒行伝二十九章以下追記が出来ると予言する人もある様になって参りました」（福田雅「思出記」『日本バプテスト連盟史（一八八九―一九五九年）』三五九―三六一頁）とある。また、お父さんの弟子のようになった河野博範牧師の記述によると、お父さんの説教を聞いた人たちは、それを聞いていたときは特に感激しなかったが、帰宅して仕事をしていたり、寝床に入ってから「内からわくわくとこみ上がって来るものがあり」という状態になったそうだ。お父さんはアサ会の信仰について「全く信じてゐない者に、又とてつもない方面を見上げてゐる者に、神から信じ、愛信の綱をかけ、その橋を渡らせて下さる」（「信仰はない」『アサ誌』第三号）と書いている。

のちにお父さんは「アサの野火が一陣の風に煽られ、一団の叢《くさむら》に燃えついたときを回想するがよい」（『アサ誌』第一三年第五号）と当時の様子を書いている。野火という言葉が表すように、アサ会の霊火は瞬く間にひろがって、宣教団は異端として迫害を始めた。しかし、迫害に対してアサ会は「争わない」姿勢を一貫し、西部組合によって八幡教会牧師の解任が決議される日も、アサ会では皆で集まって祈りと讃美を続けた。その讃美では激しく跳ね上がって障子を折る者まで出たそうだ。その二日後の讃美でも、うめき、わめき、叫び声があがり「聖霊の海」「聖霊のバプテスマ」という状態になり、また二日後には、アサ会に踊りがでたことが報告されている。背の低い牧師が踊り、電燈の傘を破ったというのだ。踊りの激しさが伝わってくる。

お父さんは『アサ誌』の「発刊のことば」に「主はこの小さな群に大いなる希望と自由を与えんがために、迫害者を起こして我らを教会より追ひ心を強くし且《か》つ勇めと激励し給う」とむしろ感謝の言葉を書いている。小実昌さんは、対談の中でも「これは悪口になるといけないけどね」と、悪口を言わないことをつねに気をつけていた。アサ会事件のことを一切書かなかった小実昌さんの姿勢に、小実昌さんの信仰を感じる。

『なやまない』という単行本に収録されている「十字架」には、三津田の山にあるお父さんの教会の住所が番地まで書かれていた。「伊藤八郎さんは、集会での父のはなしを、教会の人たちといっしょにテープにとり、さいしょのころは、八郎さんが数学の先生をしていた広島女学院のエレクトロ・ファックスをつかわせてもらい、仮綴じのノートのようなものをだしていた。それが本になったのだ。呉市東三津田十一―十一アメンの友刊『主は偕にあり』。伊藤八郎さんはお父さんが亡くなったあとの教会の牧師で、小実昌さんの妹の夫である。録音するにもオープンリールの大きな録音機を使っていた時代、教会の人たちと手分けしてお父さんの声を書き取り、たいへんな苦労により『主は偕にあり』（非売品）は本になった。

文中の教会の住所が、訪ねてもよいという合図のように感じて、電話をかけさせていただいた。伊藤八郎さんはすでにお亡くなりになっていて、電話に出られた八郎さんの息子さんが「教会はもうやっていないし、山にイノシシが出るので、教会堂にあがる道はアミが張ってありますが」ということだったが、教会を訪ねることは許可してくださった。三津田の山を訪ねた当日は、八郎さんの長女のマリさんが、山の下の酒屋の前まで迎えに来てくださった。家々の間の細い道をくねくねと曲がり、登った先にアサの教会はあった。マリさんは、実家や教会堂を自由に見せてくださった。

実家の玄関を入ると「うしろからおされて　田中小実昌」と書いてある色紙が下駄箱の上に掛けてあった。それを見たとき、ふざけているように感じたが、「鏡の顔」を読むと「父は、なにをするのでも、アーメン・イエスの毎日だった。（中略）アーメン・イエスにたえずつきあげられ、うしろからおされているといったぐあいだった」とあって、うしろからおしてくるのは神（イエス）のことだとわかって、納得した。床の間には毛筆で大きく「アーメン」と書かれた掛け軸が飾られていた。

「イエスにある者は、おなじイエスにある者と、いっしょにイエスを讃美したくなる。讃美しようとする、つまり集会にあつまってくるのは自然なことではないか」（『アメン父』）。実家から少し登ったところにある、「中段」と呼ばれていた教会堂には、「世界中でもたったひとつの十字架のない教会」（『アメン父』）とあるとおり、十字架がなかった。

「その集会に、イエスにない者、イエスは臨んでいるのに、気がつかないのではなく、こばんでいる者、自分がこばんでいることにも気がつかない者もいっしょにいることはだいじなことで、だから集会にでることを、父はすすめたのだ。『ともかく、そこに、みんなのあいだにすわりなさい』と父は言った」（『アメン父』）。小実昌さんがお父さんに言われたように、お父さんの集会の場にすわってみたかった。イエスがぶちあたってきて、イエスを事実として感じることができたならと思う。しかし、ほんとうは、わたしにもイエス（聖霊）が臨んでいるのに、気がつかないでいるのだろうか？

教会堂は、落ちついた佇まいの畳敷きの日本家屋だった。ほこりをかぶった教会堂の中は静謐だった。

小実昌さんには、三回だけお目にかかったことがある。女装写真のモデルをおねがいし、撮影させていただいたのだ。衣装の打ち合わせでご自宅に伺った日と、撮影の日、それから土橋の試写室に写真を持って訪ねた日。小実昌さんに「修道女」になっていただいた。できあがった小実昌さんの「修道女」は、凛々しく、敬虔な雰囲気があるけれど、修道女はカトリックだし、いま考えるとムチャ振りだ。小実昌さんには敬虔なんてまるきり関係なかった。「敬虔なだけでイエスのものになれるだろうか？　だいいち、イエス自身が敬虔だっただろうか。教会にきてきよらかな気持ちになるのはいいが、それでは、それこそ教会は一服の清涼剤ではないか」と『アメン父』には書いてある。女装撮影の日に回していたビデオを見ていたら、小実昌さんが、「絶対っていうのは、神さまが、絶対なのね」と唐突に神さまのことをしゃべっていた。いまなら、この言葉を追っかけて、もっと神さま（イエス）のことを訊いてみたかった。

小実昌さんは、前出のインタヴューの中で自分のことを「ある人が僕のことをバカルーイと言ったけどね。バカで明るくて軽いんだね、へへへ……」と笑っていた。軽く、というのもお父さんからきたことだ。「かるく、かるく……というのは、たえず父が口にしていたことだが、（中略）父のかるさ好きを理解していたものなど、ごくわずかだったのではないか」（『アメン父』）。軽いというのは、うばわれていることだ。「……うばわれているというのは、イエスかイエスの十字架か、なにかはしらないが、それに、つまり人生の重荷とか、自分の誇りみたいなものもうばわれて、おまかせします、とすっからかんだったのだろう」とお父さんのことを、こんなふうに書いている小実昌さんが、イエスにうばわれていたのではないか。小実昌さんの呉一中時代の同級生で哲学者の井上忠さんは、小実昌さんとの対談（『仏教』一九八八年七月）の中で「生まれてはじめて、ひとりの悟りがその他の人に効力をもつという例を見た」「たまたま親子であったただひとりの人が、しかも妙に救われて」と小実昌さんとお父さんについて語っている。小実昌さんの追悼号（『文藝別冊 田中小実昌』、河出書房新社）に掲載された対談には、「聖《セイント》コミマサの肖像」というタイトルがつけられている。確かに小実昌さんはそんなふうだった。

伊藤八郎さんが亡くなられたとき、数日後に赤いジャンパーを着て教会にあらわれたという小実昌さんは、自分のことは教会にとって「ダメな息子」「伝道のじゃまになっても、手伝いはしていない」と書いているけれど、お父さんの教会にずっと経済的な援助をしていたことをマリさんから伺った。

アサ山の教会から帰るとき、マリさんが『主は偕にあり』を持たせてくださった。小実昌さんが何度も小説や『アメン父』で引用し、インタヴューでもこの説教集の話をしていたから、とてもうれしかった。門の前に立ったマリさんが、くねくねした坂道を下りながら何度振り向いても、ずっと手を振って見送っていてくださった。それは、遵聖氏がいらしたころからの習慣ということだった。

引用文中の数字表記、記号などは適宜変更した。

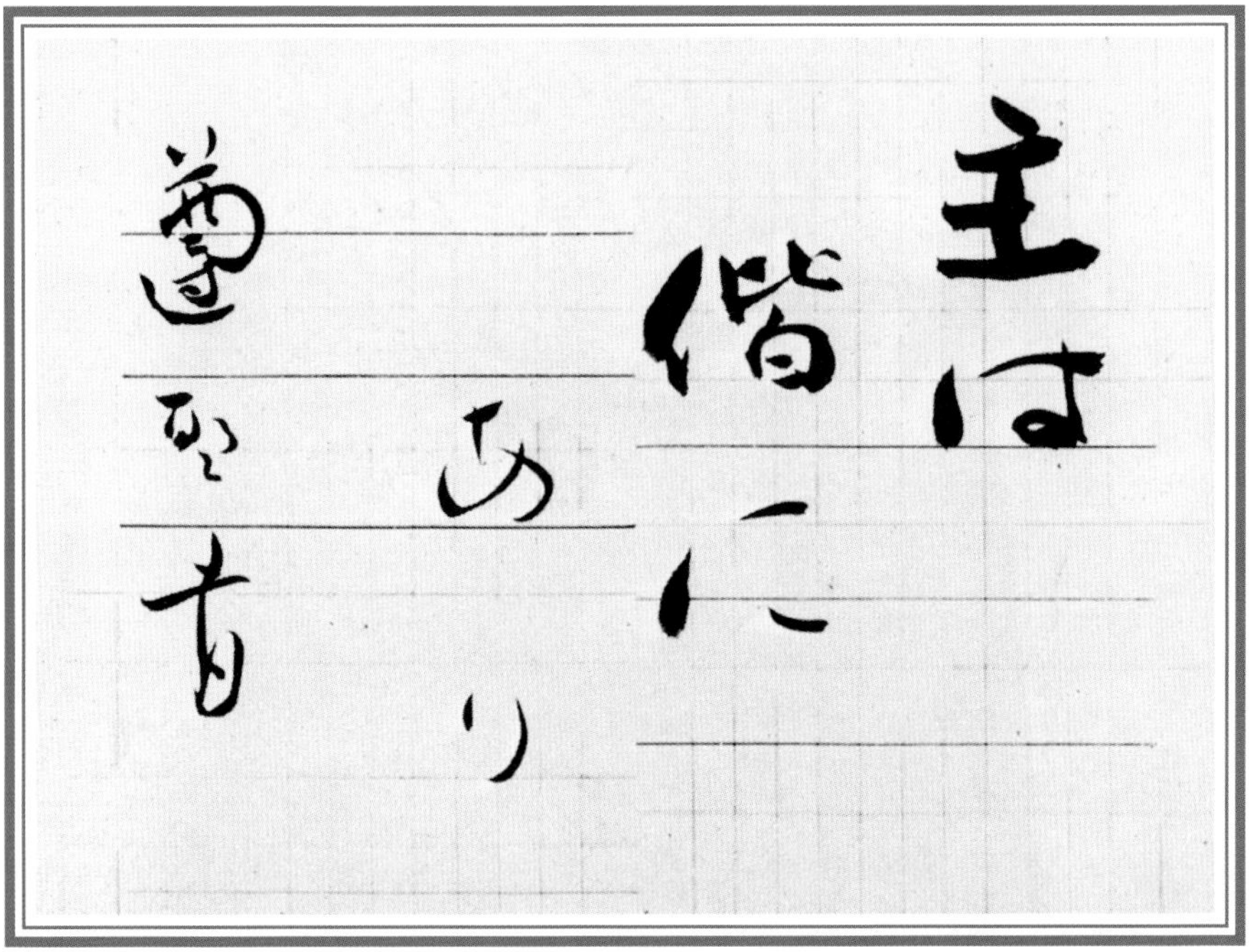

田中遵聖直筆の色紙

写真説明

お写真は八幡市の岡本熊雄氏から贈られましたが、御贈与につき先生の御礼草稿文が残っていますので御紹介いたします。

＊

アメン写真勿体なく　アメン　アメン
御苦労さまでした　アメン
家の者は生きうつしで　出てきそうだとのこと　私はまた　私とは別箇な存在。
あのときあそこで　拝していた方に押されながら　うき上ってくる　そのお影のかかりをみていました　アメン
勿体なうございます。

遵　聖

昭和二十七年（一九五二）五月二十七日

田中遵聖

右から遵聖、小実昌（息子）、正子（妻）、ミチ子（娘）

広島県呉市・アサ会の教会堂（撮影：神藏美子）

本編

主は偕にあり

まえがき

アメン　有難うございます。

一九五七年一月一日は、讃美と共に明け、その日は「聖霊は証明し通達する」の題目の御説教に恵まれました。先生は、途中病床にあって御語りをなされない時もありましたが、この日から御召天（昭和三三年三月一八日）までに二十八回のお語りを録音テープにお残し下さいました。「主は偕《とも》にあり」と題した御説教集は、それらを全部印刷にのせたものであります。付録の御説教題目を一覧されるとお分りのように、録音テープは昭和二九年の秋から飛びとびに残っておりますが、幸いにも最晩年の御語りは殆んどがテープに録音されましたこと、まことに主の御慈愛勿体なく存じます、アメン。

アサは光ぞ恵みぞ　限りなき御世ぞ
闇は彼方にあとぞなき　み栄えのアサぞ
御国見よや　永遠《とわ》の光
神の聖霊《みたま》の宮に　輝ける主を

（アサの歌より）

（一九七六年二月十八日　伊藤　記す）

おわび。お語りの中にある聖句引用は、一字一句、句読点までの正確な対照ができておりませんこと、ふかくお詫びいたします。

聖霊は証明しまた通達する

一九五七年一月一日　御説教

黙示録一章七節

「彼を刺し貫いたお前たちも皆それを見るであろう。そして地上の全ての支族は又彼の故に嘆くであろう。」

一方は喜び、一方は悲しむ。

カール・マルクスの事を書いてある断片が、ある雑誌を見たら書いてありました。それによれば、カール・マルクスは十九世紀の社会革命がその詩と歌が、詩歌が過去からでなく未来からのみ創作する事が出来ると。カール・マルクスという方は偉大な社会革命家でありまして、今日なおこの革命が世界の上に拡がっております。そのマルクスが詩や歌が過去を歌うのではないのだ、我々社会革命家にとっては、歌は前にあるのだ。つまり言えば創造するのだ、創作するのだ。それこそ我々の歌であると言っておりますが、アサ人の歌は「イエス・キリスト」であります。我々は過去のキリストではない、今生きてここにおられる、始めであり終りである、我々の前に目を注いでそれらをまた貫いてくるところのものに会うている事であります。前にある、前から来る、これが我々の新年であります。

新らしい年とは絶えず新しく来るものに会う事であります。それはイエス・キリストに会う事であります。

人間の作る世界でもなければ、人間の考え出した世界でもなければ、人間が血と血とを流し合って獲得するところのものでもなくて、憐みと慈悲と救いによって来る。すべての混乱と悪魔から解放する為に上から来るところのこの歌の出所こそ、我々一年の新年の元旦の意味がここにあるのでありまして、私共の前にはイエス・キリストが来ておられます。アメン。これを受ける事であります。

コリント後書二章十四節には、古い訳には「キリスト我等を捕えて凱旋する」と言った。その前から来る方は我々を捕えておる、皆捕えられておる、この手を覚える事であります。新年元旦何を覚えるか。神の手が私共を抱いておる、奮っておる、握っておる、このものを受ける事であります。同じ捕えられたものが、今のコリント後書二章十四節をみるというと、その捕えられた手が我々にとっては救いの手で喜びの手である、けれども一方には滅びの手であると書いてある。同じように神さまに、イエスさまによって捕えられている。今度の口語訳では「伴われている」と書いてありますが、その人々が神の国に凱旋していく時に一方は捕えられて神の国にイエスさまと共に生かされる喜びに満ちてその辻々からおき来るところの香り、その凱旋の主を迎えるところの香りが辻々にたいてありますが、その香りを嗅ぐ時に、一方は神の国の喜びを、一方は死と滅び、奴隷のみじめさを味わなければならんと書いてあるのであります。我々皆捕えられておる手を覚えることの出来るように。しかしそれが死に捕えられてはならない。イエス・キリストによって、これ新年であります。新しいとはそこに新しさがあるのであります。アメン、有難うございます。

本当に私共何かを、ここにマルクスの言うように社会プロレタリヤのその階級の社会王国を作ろうとしているこの勇ましい方が、十九世紀の半ばからして非常な勢いを出しておりましたが、しかし二十世紀の今は何がある。実にアサの光に浴びなければなりません。全世界はアサによってゆかなければならんのであります。今朝は特に。この革命の火を恐れ、またこの革命の手をあふりたてようとして、原子爆弾が出てきておるのです。この原子爆弾を境にして革命を食い止める事が出来るか、革命を成し遂げる事が出来るか、世界の真たゞ中でこれは競り合っている所のものであります。しかし我々日本人にとっては、原水爆の実験の被害はいよいよこれにおおってきます。これを野放図に置いたならば、おそらく日本人の将来に於いて遺伝的に及ぶ非常な障害が起きるのであります。今日はこんな事が止まるように、こんな気違いじみた事が世界の人が止めるようにひとつ神さまに讃美してもらいたい。アサのこの讃美を、一月元日の讃美は原水爆の実験なんていう事を取り止めるように、これはしてもらいたいものであります。そしてこんなものを使う文化というものは決していい文化は出て来ない。どんなにやってもこれはええものが出て来ない。アメン、セーレイ　エーレイ　サンダ　ポーロ　アメン、アメン。

……政治を見ましても気違いじみたものが政治家になっております。訳の解らん者が、神のこの御臨在を知らん者が居って何の政治があろうか。この生ける神の御霊を阻害して何の人間の計画があろうか。もってのほかの事であります。アメン、アメン。

国連に加盟したとか、日ソ国交が出来たとか、何をうわ言を言っているか。神の和解が何処で出来たか。

何処で神とこちらが和解が出来たか。頼りにならん者と一緒になったの親和するのと言って国際連盟に行って何をしゃべくるか、何を計画するか。この国々この世界というものは聖書によれば「神天地を創り給えり」から出て来なければならん筈であります。人間の創るものではない。「初めに神が天地を創り給えり」旧約聖書の一頁の一番初めに書いてある。人間の言葉としては、戯言であります、空想家の言う言葉である、実質の伴なわない責任の伴なわない放言に過ぎないのであります。「神は天地を創り給えり」という事は、何処からそういう事が言う事が出来るか。人間の口と考えで計画と頭の中ではこれは出来てこないのでありあます。しかし神の言葉である。この言葉を受くる者にとっては天地の誠が生まれてくるのである。この全宇宙に働らきかけているすべてのものの中にこの神の言葉が真実になって通っていく事を拝する事が出来る。これを通らないで何処に国があるか、どこに政治があるか、何処に経済があるか、何処に国交があるか、そういうものは人間の作るもの、空であります。

まず真実を受けよ。「始めに言あり、言は神と共にあり。言は神なりき。」我々は言と聞く時は空に聞いております。しかしその言を受ける時にどうなるかというと、神と共にある真実であり、生命《いのち》している事実である、現実である。これが言が現実してくる、言は神なりき。真実これが智恵であります。この驚くべき事を阻害して、抜きにして私共の新らしき年は無いと共に、全世界の新らしき年はないのであります。否全宇宙がないのであります。

「始めに神天地を創り給えり。」

「創造した」これが空な言葉であるか、単なる放言であるか、それとも真実な生命であるかはこれは受くるものでなければ分らんのであります。

アサ人にとっての有難い事は全身全霊、このみ霊の貫くことでございます。み霊の貫くという事は神の通脱してくる事であります。これ以外に私共の新年はございません。元旦もございません。私共の全身全霊に貫いてくるものがある。上から下に貫くものがある。これをお受けの出来る事であります。み霊と言う事は証明であると聖書には書いてある。み霊のあるところに必ず証明ある。み霊によって証しすると書いてある。証明である。私は朝鮮に伝道に行ったならば、朝鮮の牧師が来て〝聖霊という事は証しの事ですなぁ〟と言うておられました。まったくその通りであります。証しという事は通脱する事。見えない暗い何も無いと思ったそこが神の世界、神の光がこちらに通脱してくること。これみ霊の働きであります。この働きによって初めてアサ人は生かされていくのであります。いくら自分が考えても、いくら自分が何をしても、摩擦しても何ものもない、アサ人にとってはそこは闇であります。砂漠であります。悲哀なところであります。何にも見えない、けれどもみ霊によって通脱してくるものがある。向うからこっちにと来るものがあるのであります。このみ霊によってみる時に私共は、イエスさまが私共を捕えているという事が分ってくる。唯自分が捕えているとこういう意識を持つ事ではない。み霊によって初めて神が我等を捕えている。アサ人の語る時にはそこにはみ霊が通脱してくる、通ってくる、これが神の証しであります。この証しが実に勿体ないのであります。私共はこのみ霊による通脱、このみ霊による証しというものがどんなにアサ人の間に激しく盛んに神が賜わっておるかという事を深く思わなければならない。この神の動きこそ全世界に物を言わなければならないのです。

私共には今朝はこの原水爆の為に讃美させてくださいましたが勿体ないのであります。かって私共は一九五三年にお互に讃美しました、平和の為に。今日迄神さまはその平和の実証を私共に証明してくださいました。勿体のうございます。なお、ここに大きなる問題が解決されますように。
アメン、有難うございます。

白い衣

一九五七年一月三日　御説教

コリント人へ第一の手紙　二章一～五節

二節に「何故ならば、私はあなた方の中では、イエス・キリスト即ち十字架につけられたあの方以外には何をも知るまい、と決心したからである。」とある。十字架につけられたイエスさま以外には自分には何者も無かったと申しております。それですからこの方は四節には「私の話と私の教えとは巧みな智慧の言葉によらないで、み霊と大能との示しによったのである」と。アサ人の力は十字架からくるのであります。十字架に会わなければ力はない。この地球の上で私共はたゞひとつの事を知ったのであります。それは「十字架」という事であります。十字架という言葉がどういう意義を持っているか、どういう意味を持っているか、どういう訳かというような十字架ではない。たゞ十字架。たゞ十字架。そのたゞ十字架が私共に迫っておる事であります。これが、この地上に於いて知る限り、神さまの道はここからしか開けていないのであります。神は光のようにくるとか、天から聖霊によって来るとかという事を聞かされておる。またそれは確かに働いておるに相違ない。しかし私共は地におる人間であります。この人間がどうして神の道を知る事が出来るかと言えば、十字架以外にない。

パウロ先生は十字架につけられたその人だけだと言っておりますが、そうであります。十字架が本当に焼きついてくるといいますか、十字架が生命しているものでなければならない。ですから明け暮れ十字架でなければならない。その十字架は私共をそこに置いて十字架を眺めさしておらないのであります。十字架にあなたを引き込んでいらっしゃる。引き上げている。いわばパウロ先生は「我キリストと共に十字架につけられたり」と書いておる。そのように十字架につけられ、ここに置かされる。これが実に力の源である。きよめられるという事がありますが、汚い心をそこに置いてそして何かを思う事によってきよまるのではない。まずその十字架につけられる、つけられて、そこ以外に何もない。どういう意義があるとか、どういう訳があるとかそういうことは第二の事である。何が出てくるか。万人の救いの為であるとか何の為であるとか出るかも知れない。それは出ないとは言いません。しかし先ずはりつけのイエス・キリスト、十字架がまざまざと現われる事であります。それが「救い」であります。それが力であります。そしてその十字架に吸いつけられて、引き上げられてゆく。

「我キリストと共に十字架につけられておる」

そこが開ける源であります。その力を失なって、ウロウロウロウロウロ全世界を歩いてみましても、それはただウロついているに過ぎないのであります。

今日七時四十五分から八時迄、時計を合わせようと思ってラジオをかけたところが、能の先生と野上さんという女の作家、どういう方か私は知りませんがその方とお話しになっております。野上という方が能では主人役は百才になる老婆を主題にしている。西洋の劇を見ても何があるかと言うと、若い奇麗な美人の女が何時でも劇の中心になっている。ところが日本ではそうではなくて百才の老婆を中心にして、そこに実に優雅な美くしいものを繰り広げてゆくという。これおそらく世界にない芸術であろうという。誠にその通りです。〝この老婆の中からどうして立派な美くしい荘厳なものが出てくるか。これは実に日本芸術の能の特徴であろうかと私は思う〟という。何の事か分らんが。しかし全世界芸術のもとがあるとすれば、十字架程渋いものはない。これは、はりつけである。ハハハハハ。アメン。

その十字架から無限に出るものはおそらくどんな作家も、どんな芸術家もこれは描き出す事が出来ない。そのまゝおかれておるのであります。絵に描いてみたり、或は歌ってみたり沢山の者がしてきた。皆一人一人やってきた。しかしつきる所がない。何故ならば救いのもとであるからであります。アメン。

さまようた人生、どうした事か十字架が現われてきました。アーメン、勿体のうございまする、アーメン勿体のうございまする。アーメン。

地上には幸も不幸もありましょう。色々な事がありましょう。しかし「十字架」というものはない。何故ならばかかれば生きるという………。勿体のうございます。何処を見ても美くしいとは思えません。しかしどんなものでは美しくしてしまうのであります。十字架は殺された所であります、しかし吸いつけられたらば力がどんどん出てくる所であります。おそらく全宇宙の力に匹敵する、否それ以上のものが出てくるのであります。人間の悲劇の真っただ中からこんな芸術が生まれるとは誰も知らなかった。これは絵を見たら出て来るのでもなければ、はりつけの像を見たならば出てくるのでもない。そうではなくて、あなたに来るものがある。はりつけがある。文句無し。何にもそこにはない。天さけゆき。アメン。あなたを訪れてくるのであります。何の意義かは知らない。何の事かわからない。けれども天が裂けてくる。この十字架に会う時初めて地が裂けてきます、しまうのであります。居り所無くして主の輝きを拝する。これ以外に力はない。救いはない。アメン。勿体のうございます。アメン。セーレイ　アイラボーロ　サンダポーロ　アメン　アメン。

パウロが十字架に会った時は何時頃かはっきりしませんが、彼がキリストに会うたのは使徒行伝九章（一—九）であります。「さて、サウロは、なおも、主の弟子達に対し、脅迫と殺害との気を吐きつゝ、大祭司のもとに行って、ダマスコの諸会堂あての添書を求めた。それは、この道を奉ずる者を見い出した時に、男女にかかわらず縛ってエルサレムに引いてくるためであった。彼は旅を続けてダマスコに近づいた。その時、にわかに光が天から彼を照射した。そして彼は地に倒れ、彼に向って「サウロよ、サウロよ、何ゆえに私を迫害するか。」という声を聞いた。そこで彼は言った。「あなたはどなたですか、主よ。」声は言った。「私はあなたが迫害するイエスである。さあ、立ち上がって町に入りなさい。そうすればあなたのなすべきことは告げられるであろう。」彼といっしょに旅行していた人々は呆然として立っていた。声を聞いたが、誰をも見なかったのである。サウロは地から立ち上がり、目を開いたが、何も見えなかった。そこで人々は彼の手を引いてダマスコに連れて行った。それから三日間彼は視力を失なっていた。そして食べも飲みもしなかった。」

パウロはイエスさまの敵でありました。この敵が突然イエスさまの御声に触れました。にわかに光が天から彼を照らした。その光に会いまして、まさしく天裂けてきたのでした。太陽の光と比較にならない神の光が臨んできました。その時彼は地に倒れてしまったのであります。「サウロよ、サウロよ、何ゆえに私を迫害するか。」どういう事を言っているか知りませんが、まったくの想像であります。この迫害するかと言うかたは十字架の主であったに相違ないのであります。この十字架の主に会うたのであります。その十字架の主からものを言うてきたのであります。彼はワーとなって目が真暗になってしまったのです。十字架に会う時に真に感激がおきるのであります。感動してくるのです。これが御霊の通脱であります。訳わからない、意味はない。しかしパウロはそこにぶっ倒れてしまった。そして目は真暗になってしまって何にも見えなくなってしまった。これは如何に感動したかという事。盲になってしまった。びっくらしてしまった。彼の地は裂けてしまったのです。居り場所がなかったんです。真暗になっちゃったんです。これは天さけゆき、また地が裂けた。このパウロが立ち上がった時にこの驚ろくべき大伝道者が出来てきたのであります。十字架以外に語らんと言った。まさしくその通りであります。私共は十字架の意義をあまりに語り過ぎている。いまだ生きている十字架に会わない。そこに本当のものを受けないのであります。アサはそこから出て来たんです。地が裂けて、裂けてそこから出て来た。この十字架は上から出たのであります。吸いつけられてゆくこの一年。主よ、アメン、アメン、アメン、アイラ　サンダポーロ……。

パウロの目は真暗です。この世の何物も見えなかった、けれども彼の中にこの十字架の主が焼きついておったに相違ない。そこだけが明るく、そこだけが、彼には天が裂けておったに違いない。この世の何物も見えなかった、ここから出なければならぬ。この世をあっちを見たり、こっちを見たりしておって、そこで見ておっては駄目だ。けれども自分に焼きついてくる。はりつけの上に会ってこの来るところの神の光と力とのそこから出てゆかねぎならぬ。ここは闇を破るところのものであります。あっちを見たりこっちを見たりしていないで、まっしぐらに十字架にかからねばなりません。そこから出てゆく事です。アメン。勿体のうございます。アメン、アメン、アメン。

白い衣を着た人々

一九五七年一月六日　御説教

ヨハネの啓示六章

字を辿り今日は二、三の所を読んで見ましょう。今の所（二節）では白い馬に乗って勝ちに勝った勝利の馬であります。それから十一節の所に「そして彼（神）は、彼らめいめいに白い衣を与えて、彼らの仲間の僕たちと彼らの兄弟たちとが、彼らと同じく、今に殺されて、数が満つるに至るまで、暫くの間、休んでいるようにと言われた。」

世の中が狂って暗黒になってきました。どこに誰が居るか分らない。正しい者も、正しからざる者もさっぱり見分けがつかないような時が来たのであります。ところがそこで一方からは、どうして神さまは黙っていらっしゃるのか、こんなに乱れて来て白も黒も分らなくなってしまう。その時に白い着物を与えられた群が出て来た。そしてその群に暫く待っていなさいというのであります。暫く休んでいなさいと言うて白い衣を与えられたと書いてあります。これはまさしく神の怒りの日が近付いたから暫く待っていなさいと言うて白い衣を与えておるのであります。

七章に参りますと更にこの白い着物の意義が分ってまいります。この七章にいきますと非常な叫びがおきてまいりました。三節に、「私たちが、私たちの神の僕らの額に刻印してしまうまでは、地をも海をも木をも害うな。」天の使いが現われてきまして、混乱の中にキリストの、クリスチャンを害わないように刻印をおしたのであります。それはイスラエルのやからのユダの中から（一万二千）こういうふうに沢山神の選民として選ばれた中から特別に刻印を押されて、その人々が残される事を書いてあります。九節に行きますと「それから後、私は見た。するとどうだろう、誰も数える事が出来ないほどの群集、すべての国民、種族、民族、いろいろな言葉を話す人々が、白い衣をまとい、手に手に棕梠の枝を持って、御座と小羊との前に立ち、大声に叫んで言った、「救いは御座に坐られた方、私たちの神と小羊とにある。」それからすべての御使たちは御座と長老たちと四つの生き物との周りに立って、御座の前にひれ伏し、神を拝んで言った。」云云と書いてあります。それから十三節に「これを見るや、長老たちの一人が私に言った。「この白い衣をまとう人々は誰であるか。また何処から来たのか。」私は彼に言った。「私の主よ、あなたは知っておられます。」すると彼は私に言った。「彼らは大きな苦難を通って来た人々で、その衣を洗い、小羊の血によってこれを白くしたのである。だから、彼は神の御座の前にいて、昼も夜もその聖所にあって神に仕えている。そして御座に座られる方は、彼らの上に幕を張って下さるであろう。」」云々と書いてある。

これを見ますと言うと、白い衣を着せられた人というのは異邦人であります。つまりイスラエル人、神から直接選ばれた民族の中には刻印を押してその人々に印を与えておかれました。ところがそこに白い衣を着た人々が現われて来たと書いてありますが、この人々はその時の長老がもう思い忘れておった人々であります。つまりこれは、すべての国民、種族、民族、色々の言葉を話す人々が、白い衣をまとい、手に手に棕梠の枝を持って来た。この白い衣を着ている人々というのはどういう人々であるかというと、彼らは大きな苦難を通って来た人であって、その衣を洗い小羊の血によってこれを白くしたのであると書いてあります。真白な着物を着て来た。その着物はイエスさまの小羊の血、即ち御霊によって洗いきよめられてきたところの人だ。

私はこれを読んだ時に涙が止めどなく出て来たのであります。実に勿体ない事であります。隠れた所に白い衣を着ている。そのあらわになる人の為には刻印を押してそして世の混乱の中に見分けのつくようにしていらっしゃるかと思えば、全くそういう選民でない異邦の人々の中から白い衣を着た人が出て来た。それで長老は分らなかったが、あなた覚えていらっしゃるでしょうと言うた。この人々は非常な苦難を通ってきている人々である。つまり言えば、正当に導かれなかったが、生まれながらにして神の人としてある家に生まれたのではないが、しかし苦難を通して来ている。そこに白い衣を与えられた。即ちキリストの小羊の血によって洗いきよめられた者であります。これは実に苦難を通っておる方の者であります。この白い衣を、六章の方では、与えられたと書いてありますから頂いた事であります。七章の方に来てはそれは洗いきよめられておる。頂いた衣にも血潮が通ったり、或はアカが付いたでしょう。しかしそれが洗いきよめられて真白になっているという。私共神の前に出る人は白い衣を着せられるのであります。この白い衣を着て初めて神の前に出る事が出来るのであります。この衣の無い人は神の晩餐にあずかる事が出来ない。

あの譬話の中に王さまが子供の婚姻の為に宴を開いて、そしてその客を招待した時に人々は断わったが、なお問垣の外に居る人々を連れて来てその宴会に入れたと書いてある。ところがその中で礼服を着ていない人があったと書いてある。そのいない人はそれははじき出されてしまったという事が書いてある。これでありますます。神の前に出る者には神が白い衣を着せておる。確に着た筈であります。着せられた筈であります。その着せられた衣を脱いでしまって、そして神の前に出ましても神の前には出る事が出来ない。神の前に出る人は必ず白い衣を着てくる筈であります。即ち白い衣を頂戴している。その頂戴した衣を汚さないで洗いきよめられて、きよい衣を着て真白な姿で神の前に出て来なければならない。というのは何故かというとこの世の中は混乱しております。黒い着物もアカ茶けた、ここにある黒い馬もいろんなものが出て来ますが、みんな色のついたものによって混乱してしまっておるが、そこに真白な着物を着て来なければ、この混乱の中で誰か救われ、誰が取り入れられるか分らないのであります。それで神の前に出る人は白い、真白な純白なものを与えられこれを着て出るのであります。そこには汚れたしみも小羊の血によって洗いきよめられる事が出来るのです。その衣を着て神の前に出て来る、その人がこの混乱の中に初めて神の前に出る事が出来、また神によって救いにあづかる事が出来るんだと書いてあります。この衣を着るという事、着せられるという事、頂くという事が私共にとって大切な事で御座います。

それでこの衣を着た人は本当に何時何処にあっても、神の前に顔を上げて御顔を拝する人々であります。真っすぐに神に向って顔を上げておる人であります。その人は白い衣を着た人、どんな所でもこの衣を着て真っ直ぐに通って行く人であります。この中には苦難を通って来たとある。涙が出たのであります。苦難を通って来る。そしてその小羊の血によってきよめられていくという。真っ白になって来ている。これがこの世の終りに於いて混乱の中に出て来たひと群であったのであります。彼らは、このイスラエル人のように、始めから刻印をされてこれは確かなものだという事は無かったかも知れん。どこかもれた、イエスさまがヨハネ伝で仰言った、その知らざる他の群がある。つまり言えば、諸民諸族異邦の地にあって神の御言を聞くや、その御霊にあづかるや白き衣をそのまゝ有難しとして頂戴して、そしてそれを汚さずそれをそのまゝ純白に、この血潮によって洗いきよめられながら来る人でなければならないのであります。これが「新らしき人」という言葉でもよろしいのであります。つまり言えば、必らず御霊と共に私共に新らしい衣純白な着物を着せられておるという事を知らなければならない。私共異人種は汚れの者でありまして狂い易い者でございまして、今言った着せられた着物について自分のアカをつける、自分から出て来る見えぬアカをつける事もあるし、またそこを歩けば人から飛ばっちりを受ける、色んな苦難で人からやられてそしてその衣を汚されますけれどもイエスさまの血潮によって洗いきよめられる。その真っ白な姿で神の前に出て来なければならない。その事をここには物語っておるのでございます。

伊藤祐之さんと言うて広島女学院の中学高等学校の校長さんがおりますが、その方の年賀状の中にカール・ヒルティの「眠られぬ夜のために」という本の一節を紹介しておられます。「突き抜ける。この短い言葉は内的生活の多くの危機的時期に於いてほとんど魔術的効果を持つものである……。だから諸君がもし何となく縛られていると感じたら突き抜けろ」と書いてある。白い衣を着ている人は常に苦難の中を突き抜けていく人でなければならない。ためらっておる事が出来ない。妥協しておる訳にいかない。白い衣を着ている人は何時でもその危機の間をつき抜けて行ったのであります。今この混乱の中を見ますと、これはもう実にひどい迫害の中にこの黙示を受けておるのです。この白い衣を着ている人は迫害の真ったゞ中におるところのものであります。しかも見えない村に、見えない土地にそこに孤軍奮闘の人があります。僅かな群もあるでしょう。ちぢまっておる。そしてそれが長い伝統を受けている人ではない。悔い改めて神の前に来たその人々であります。見れば弱い人のように見えるけれども彼らがその苦難の中につき抜けておるのであります。

例えば、その時分には皇帝を崇拝の余り、皇帝の偶像を拝しない者は即ちこれ非国民である、そういう者は処罰されるのであります。必ず銅像の前に行ったならば、膝まづいてそれをうやうやしくそれを神に仕える如く我らはしなければならない。しかしクリスチャンは人間の像、ことに皇帝という人間を神にする訳にいかない。だからしてそこを拝まなかった。そういう事が迫害の基になったのであります。その時にも白い衣を着てその苦難の中に、これ強情な奴だ、どんなにしても強情な奴だと言うてはりつけになされた。或はひどいのになりますと、クリスチャンは赤ん坊を食う、殺して食ってしまう実にひどいもんだというような事は皆言っておる。そうでしょう。クリスチャンにとってはこの迫害の中で曲った人の中で自分らの純真な気持ちを通わすのは幼な子より他に無かったろうが、自分の子であろうが、その幼な子を抱いて祝福せずにはいられなかったろうと思う。だから人の子であろうが、自分の子であろうが、その愛する気持ち、通ずる気持ちを幼な子に求めたという事が外から見ていると、あれはあれを取って行って食ってしまう。あれ売って自分の物にしてしまうと、いうように人々がそういう迫害をして、そしてそれをまことしやかに言い広めたのであります。それですからそういう風にわずか愛情を出せば愛情をそういう風に曲解されていく。そして本当の誠の神に仕えるという純真な気持ちに対しては、非国民としてこれをうってしまうのであります。こういう所に実に迫害があった訳であります。しかし白き衣を着た人々はそこを通って行ったのであります。この伊藤さんの終りの所にこれは藤井武さんの言葉で「大いなるみ憐みが跡を我見たり、六千年の巻物の上に打ち給え。御存分に打ちてすえ給え。鞭の下よりただ我縋る。」これも主の衣を着た人の苦難を語っておるのであります。つまり言えば、自分は聖書この巻物の上に神のみ足跡を見たという事です。この聖書によって自分は神を拝する事が出来た。「打ち給え。ご存分に打ちすえ給え。鞭の下より唯我縋る。」その信仰の上に、この迫害の中に或は自分の苦難の中に自分は鞭で打ちすえられて行くが、しかしそこから私は唯神に縋って行くというような事も、これは白き衣を着た人の実に苦難の叫びでございます。

これは皆さん一人一人アサ人一人一人を見ているというとまさしく白き衣を着た人であります。私は元日の日につくづく思った。どこでもお雑煮や色んな事で古い仕来たりがあってさだめしもういろんな多忙であろうに、そういうものを置いてここには十時にきっちり来て礼拝する。そしてそのあくる日もそのあくる日もそう言う事はこれは並み並みならぬ事であると私は感じたんです。それが白き衣を着ているからであります。この白き衣を汚すまい、これを全うしたい、脱ぎ捨てまい、汚すまい。ここに本当に着せられた衣に対する私共は尊いものを見る。アメン。これが魂となる筈であります。これが私共は今は分らない、今混沌としておる中におりますから分りませんが、丁度黙示録を見るように、神の方から白き衣を見ていらっしゃる。イエスさま御自身がその衣を愛していらっしゃる。あなたに着せた衣をこよなく愛していらっしゃる。そしてそこにしみがあればそこに行ってはしみを取って下さる。やり損うとそこにアカも付きますが自分の心から出るアカも付きますが、それを洗ってくださるのであります。こうして白い衣を神御自身の御手によってきよめていらっしゃる。これを拒んではならないのであります。

　この白い衣を着たひとつふたつのお話をキリスト教新聞から拾ってみましょう。昨年の夏ですが、ラクロア伝道団というのが前からも来ていらっしゃるが昨年も来たようであります。ここにベリンガムという牧師さんがあります。記事からラクロア特別伝道団の一員として日本に来た。大阪布施のセンターに駐在して積極的伝道を展開した。北米イリノイ州バークリッジ長老派教会牧師ジョン・ベリンガムが帰国して北米政府の招きを受け、十一月十二日ワシントンにおもむき国務省に於ける会議の席上一時間半にわたり、沖縄の基地問題、（アメン）原水爆実験が日本国民に与えた、（アメン）心理的影響等について報告演説をおこない、日米の相互の為に努力すべき事を米政府要員に警告した　この席にはダレス国務長官もはじめロバートソン、バーソンら上院議員も列席、演説の要点は直にアイゼンハワー大統領にも報告されたという。なおクリスチアンであるロバートソン、バーソン両氏はラクロア伝道の様式についても多大な関心を示していたと伝えられている。以下はベリンガム氏の演説の要旨であります。

「私は今米国と日本の両国の関係についてきわめて重大な問題を各位に提出する機会を与えられた事を感謝しておる。私は外交問題の専門家としてここに立っているのではない。又政府の施設を批判する考えでもない。私はキリスト教会の牧師としてここに来たのである。すでに各位は外交官及び上院調査委員によりこれらの問題をお聞きになっている事と思う。しかしこれをキリスト教の牧師からお聞きになる事は恐らく初めてであろう。私は今日本九千万の人口の一部を構成する一般人より聞いたところを各位に語りたいと思う。私は日本の伝道について深い使命感を抱いて帰国した。この私の所信を充分に伝える事こそを米国の一市民としての義務と信ずる。エドビン・ライシャワー博士ハーバード大学教授は今日我々米国人は、(アメン、日本の事を思うているんですよ、ね。アメン)日本に於てキリスト教的民主主義が無神論的共産主義よりも勝るものである事を証明する重大なる実験に従事していると述べている。大多数の米国民はこの実験の性格を理解しないかも知れない。確に日本人は、特に共産主義者達は我々が日本で成しつゝある事を注目している。日本に於ける民主主義の成功、失敗はアジア十億の民族に影響を与える。もし失敗すれば民主主義は永久に世界の少数勢力に止り、日本国民は容易に過去に逆行するであろう。私は日本の各地で大衆が共産主義を支持している兆候を見てきた。ラクロア伝道団の一員として米国各プロテスタント教派の四十人の牧師と共に(アメン)教会建設伝道に従事した。私は先ず日本人として生活して見た。畳に座り、人混みを歩き、米の飯を食べ、家庭・工場・農村を尋ねて大衆の心を摑む為に努力した。そして多くの日本人がアメリカ政府の施政に対する不満を公然と述べるのを聞いた。各日刊誌はその第一面に軍事基地の撤廃、原水爆実験禁止について憤りをぶちまけた記事を載せている。私は国務省が直面している国際問題が何であるかを知っているが、極東に関する限り日本の問題がもっとも重大であると思う。全世界を支配下に置かんとするソ連の計画で、日本を征服する事こそ最大の階段であると思う。勿論、私は戦後米国の日本占領によって、日本国民に大きな奉仕を為し福祉と利益を与えた事を疑わない。しかし今日にして我々が時間と努力と財力を遣わして勤勉で前進的な日本国民に我らの良心的な意図が理解される事に努めないならば、我々は憎悪の種、既に彼らの中に根を張っているから、苦い収穫を刈り取る結果となろう。何故か、それは日本九千万の大衆の心の中には、マルクス主義的福音の種を発育成長せしむるに足る主要な土地があるからである。」こういう風な事を言うているのです。

米国の指揮者というものは偉うございます。一人の伝道者が日本に行けばその人々の報告をちゃんと聞きます。日本の政府の人間は誰も一人もこれを聞かない。そして私は米国におったから知っておりますけれども、米国で日本人の排斥が起きますと一番先に飛んで来るのはキリスト教の牧師でありました。私にそれが胸に突いた。実に排斥があったんです。しかし真っ先に名も知れない日本の牧師が飛んで来まして、そして米国の人々に説いて、それから行って大統領に説いてそして日本人を慰めて帰る。牧師がやっておりました。他の人は来ませんでした。日本に帰って見ればその牧師をいやしめている。そうして訳の分らない宗教をもっていながら、いかにもそれが世界一の如くに観念して、そして見れば本当に宗教は言っておらんのでありま す。私はそれを感じた。何故だろう。聞くべき人に聞かない。聞かにゃならぬ人がある。その人に聞くべきです。その人に聞こうとしておらない。これは我々が悪いのです。何も政府だとか、代議士とかそんなものは問題じゃない。これは我々人民が悪いのです。人民が良ければあんな者、選挙に絶対にしません。置くはずはない。そこに我々の白い衣を着ねばならない。そしてその中に入って行って伝道しなければならない。私は何故この記事を読んだかと言えば、二日前にあの沖縄に行って米国から陸軍の誰かが来まして、そして沖縄の基地の事について彼らの言葉を聞いた。先の言葉とまったく反対になっておる。それは何故かと言いますとこの人の仕事だ。この人が行って米国の一番上に立っておる政治家に語ったという事は、これが影響したんです。今迄聞かなかったでしょう。けれどもこういうふうに正しい道が正しく通る国を私はうらやむ。よろしいか。これが早く出来なければ。その前にはどうしても白い衣を着た苦難の人々が、真っ白の衣を人の誤解の中にこれを汚くされたり、又自分もやりそこなってアカも着きましょうが、それをその度きよめて、そうしてこの異邦の地に白き衣をまとう人々が多く出て来なければならない。それが私共の念願でございます。

私は日曜学校の大切な事をもうひとつ申し上げましょう。「信州の山村に新らしい宮造り」と書いてある。「どの部落にも電話、産児制限も励行、満州引き上げのクリスチャン夫人が指導した。」その事を書いてあります。「あの村に行ってご覧。夏でも蚊や蠅が一匹もいないしどの部落にも電話が引いてあるし、貧乏子沢山を食い止める為に何処の家でも産児制限を実行している。こう言われたらどんな農村かと尋ねてみたい気持ちが起きるし、誰がそんな難事業をやってのけたのかと聞きたくもなろう。ところがその推進者が満州から引き上げて来た一クリスチャン婦人と聞けば成程と合点もしょうというものだ。」そういう新らしい事が満州から引き上げて来た人によって始められたと。ここにも白い衣を見ます。「話題の農村は島崎藤村の千曲川のスケッチに出ている信州小諸、虎御殿という部落。詳しく言えば長野県北迫郡たちしろ村という新らしい合併村の一部落である。この部落の大半は片桐姓を名乗っているが、先祖は大阪城落城の際孤忠を尽した片桐だと人々は言っている。物語の主人公片桐キヨ子さん一家もその一族に属する。キヨ子さんは小さい時に日曜学校で主の御名を覚えた。松本女子商業、松本女子師範美術研究科、松本聖公会マリヤ館教会というコースを踏んで教育家となり下地を作った。学業が終ると大正十三年満州に渡って洗礼を受けて、同じクリスチャンで材木商を手広く営む片桐つくじ氏と結婚をした。夫妻は在満三十有余年の間日満人三千人を使う程大事業家にのしあがり……。国旗の掲揚、拡声器或は神社の鳥居など次々に数知れず捧げていた。余慶であった。ところが帰朝間もなく主人のつくじ氏がトラックにひかれて左手足の自由を失ない、その傷が癒ぬ間に次の次女のちと子さんが急死した。終戦と共に華やかな満州の舞台から転落した。大打撃を心に打ち砕かれて立ち直る事が仲々なのに、右の頬を打たれ左の頬を打たれて人の見る目も気の毒であったがこの断腸の思いを支えてくれたのは、幼い時に植えつけられた信仰により慰めがあったからだと彼女は後に告白している。キヨ子さん一家は現在長男のあきら氏と嫁のけい子さん二人が学校の教師で働らいており、キヨ子さんも懇望されてたつしな高等中学校の講師となって手芸やお華やお茶の先生を勤めておる。毎年一月から三月末迄自宅を開放して聖和塾を開き洋裁、お華、料理等花嫁生活の準備の指導をやっておる。月謝を全然取らないので貧しい農家の娘達も喜こんで集まって来る。だから自宅は部落の公民館の形で、伝道の集会を開き牧師の応援を得て、若い男女を福音に導いている。こうして我を捨てて村民に尽しつゝキヨ子さんは農業協同組合の理事に選ばれた。進歩した長野県でも、一人も先例のない農協の理事に婦人が選ばれた事はいかにキヨ子さんが村民にたてられているかが分る。又村の婦人会長にも推されたキヨ子さんはこの生まれ故郷の農村を文化的な村に仕上げる為に三つの計画を次々に実現して文化村の名を上げるに至った。第一番に企だてた事は、村が合併して大きくなれば、各部落を全部連絡させるには自転車のみではとてもらちがあがらない。これには各部落に一本づつ電話を架設する事にして、キヨ子さんは一方は婦人会を動かし、電話局にもお百度を踏んで架設する事に成功した。第二は、今厚生省でも力こぶを入れておる環境衛生の眼目である夏期の蚊と蠅を農村から駆逐して伝染病の根を断とうという運動である。都市でさえこれは難しいのに、馬小屋やゴミためのある農家でこれを根絶するという事は、言葉で言う程に簡単でない。それでキヨ子さんは村中の婦人と手を携えて順序を踏んで駆逐した。第三は、貧乏人の子沢山と言われて沢山の子供を産んで苦しんでいる農家。分けてやる農地もなく教育もろくに出来ない農家の負担を軽くするのは、少なく産んでよく育てる産児の計画性の必要をしみじみ感じたキヨ子さんは、村の婦人会員と心を合わせて産児制限のモデル町村としての運動を続けている。キヨ子さんは今上田市馬場町聖公会員だが、最近の心境として人間に信仰が無ければ闇の世の中は歩けません。私は五才の時に植え付けられた信仰、(五才ですよ)五才の時植え付けられた信仰は日曜学校で頂いたカードの聖句から種が播かれたものです。何度叩かれ打ちのめされようとも、激変する世の中で明るく朗かに生活出来るのはキリスト教の信仰から慰めがあるからです。本当に感謝ですと言うている。」

皆さんが路傍でもって、アサの人々は会堂がございません。一番ええ宗教と思っております。しかし私共には会堂もございません。子供を連れて来る所もない。しかし失望する事はいらない。五才の時に植え付けられた聖句の言葉が一生とらえていったのであります。そこに「白い衣」を着せられたからであります。私共は皆頂いております。一人なしに頂いております。この衣を着て参りましょう。今年もこの衣が輝く事の出来るように、神さまの御奉仕をさせて頂きましょう。このキヨ子さんが一生懸命、唯神の奉仕という事、どうかしたなら神の御名を現わす事が出来ようか、それだけに一心こめて、自分の夫は傷ついておる、次女は死んでしまう、そういう不幸の中に立ち上って、無一文からこうして立ち上がっているという事は実に尊い事でございます。皆さん一人一人見ればこういう事沢山ありますが、これは又他山の石であります。でありますから着せられた衣を脱がんように着てゆくように、例えあかの出る汚い心と体を持っておりますけれども、しかしそれはイエスさまが清めてくださる。それで清められながらこの着せられた衣を有難く頂だいして参りましょう。そして今年もご用の前に皆一団になりましょう。

この衣を着ますと透き通って来る。ええですか。これをよーく見なければ、何だか薄暗く見られるのはよろしくない。御霊を受けた人からきれいに見える。その人がきれいに見えるようにならなければ、透き通って見える人にならにゃ。何だか薄暗い何だか汚れているという感じを与えないようにしなければなりません。それには上から来るものを忠実に、従順に受ける人にならなければならないのであります。率直に神から頂いて行かねばなりません。そしてこの衣を着ながら混乱の中にこの怒涛の中に神に特にお仕えして行く事の出来るようにさせて頂きましょう。

アメン、有難うございます。アメン、アメン。

イエス様捕われの夜
十字架迄の主

一九五七年一月一三日　御説教

マルコ一五章

……売ったユダ、この主について来た幾多の人々また女のかた、一体この夜はどうであったでしょうか。この夜はユダヤ人が本当に喜びの夜でありました。この夜は民族の祖先達がエジプトを出た時の喜び、またこの祭を通して賑おうその喜びを味わっております。しかし、イエス様についた一群れのこの人々に来た夜は、どうであったでしょうか。或者は、太陽の光が砂漠の砂を焼くように乾ききって物も言えずに居る人々、或者は、恐れ戦いて全身わなわな震えて居る人々、愛する兄弟姉妹、或いは親族の中に居っても、何かしらん孤独を感じて一人ぼっちになってどうすることも出来ない、つながりがつながれないその悲しさ寂しさ。一人一人何かしらん変った夜ではなかったろうか。或者は恐れて石の多い石地に、空のきらめく星を見ながら、その星がキリを揉むようにその弟子の心を揉んでくるのを覚えはしなかったか。

その夜は、あのユダにとっては貰った銀三十枚の重みよりかも、情けない自分が、あの地獄から来る綱にひかれて重い足を引きずりながら行く自分を見ては居らなかったろうか。否、十字架に付いたということを聞いた時に、その十字架を見ることも出来ないで、もう全身が震えて自分の足が、右足も左足もこの地に居るところがなくなって居りはしなかったか。アメン。彼が銀三十枚を持って神殿に行って、祭司らにうちつけたけれども、ついに首括って死んだと言いますけれども、おり場がなかったでしょう。女達はどうだったでしょうか。ただ泣いたでしょう。訳分らずに涙が出て来た。訳分らずに泣いた。角に立っても、寝床に入っても、友達の顔を見ても、ただ涙であったでしょう。訳も分らずに熱い涙が、流れておりはしなかったか。その泣いても泣いても泣きあかすことの出来ない、止めどなく流れる涙に何かあったのではなかろうか。

あのペトロを思います。十字架を見た時に恐れたでしょう。きのうの晩も一晩寝なかったが、きょうは寝られるんです。けれども、その暁が来てほのぼのと夜が明ける頃に、その頃に何かしらん

「十字架を負うて我に従え。」

最初これをカイザリヤ、ピリピのあの地方で聞いた時には、その十字架は恐いものだった。その十字架ということは、恐れ戦く何かしらん不吉な、自分を神と自分とに隔ててしまう恐しいもののように思われていたでしょう。きのうも見たあの十字架、ああ自分らをいつくしみはぐくんでくれた主の最後は十字架。その十字架が目の前にちらついて見えて居ったが、夜のほのぼのとする頃には、多分この弟子の心の中に彼の中に焼きついてしまって居りはしなかったか。十字架を見て居った彼が、十字架が自分からなって、自分が十字架にかかって、十字架から十字架を見、十字架から主を見、十字架から天地を見、十字架から自分自身を見る、その十字架が生まれて初めてそこに出ては来なかったか。もうそうであったとすれば、あの訳もなく流して居る婦人方の涙がそこを指して居る。この一流れの道の中に、あの涙の中に、十字架が自分の中から噴き上って涙となり、十字架が自分の中にあって、おお主は十字架にいった、私は戦き恐れ逃げた。けれども何かしらん私には足が大地について来た。何かしらん十字架が私を立たせ、私に近づけて来る。何かしらん私は主のつかわされ人になって居る様だ。十字架は向うにない、十字架はこっちに居る。十字架は生命じゃ。

アメン。

これを涙にすれば、何の意味もない。ただ溢れ来る涙であったでしょう。しかし十字架を思えば、内に沸き上がる力であった。女も弟子もそこに来なければならなかった。これは一体何であろうか。キリストの愛を感じたんです。神の溢るる愛を感じた。愛は全体だ。これは、哲学者の言う概念の全体じゃない。これは溢るるものじゃ。全体とは、溢るるものじゃ。満ちて来る潮じゃ。これは「受け」じゃ。受けは全体じゃ。概念の全体じゃない。近づいて迫って湧き上って来る全体じゃ。満ち満ちて来る全体じゃ。この世は、十字架が満ちただろう。アメン。はっきりしなかったにせよ、止めどなく流れる涙がそこを指していたんです。恐れながらも暁を見たその中に、そこに落ち合っていたのじゃ。アメン。主の救いの真理は勿体ない。ありがとうございます。アメン勿体のうございます。

敵であったパウロが、イエス様に会うた時に、死んだと思った、消えたと思った、十字架についた呪われた者だと思うた主に会うた時に、「私は、キリストと一緒に十字架につけられているのだ。そこで、もはや私が生きているのではない。キリストが、私の内で生きておられるのだ。」彼は、十字架が外ではなくて、内に来ている十字架を見たのです。そして自分は、その十字架につけられて、キリストの生きているその十字架を見た。無限に溢れ出るその十字架を見た。この時、初めて彼は「受け」を知ったでしょう。「それで、今私が肉体にあって生きているのは、私を愛して私の為に御自身を与えられた神の子を信ずる信仰によって、生きているのである。」彼は、その十字架をもって、イエス様の十字架を見る。そこに初めて、自分を愛して自分の為に死んで居るイエス様が、向こうからこっちを向いているイエス様が見えた。その慈愛、みんな投げ出してこちらに向って居るイエス様を見た時、有難いイエス様を拝することが出来た。

十字架の受けなしに、十字架は見えない。イエス様の受けなしに、イエス様の愛は見えない。イエス様のこの血潮を見ないまでは、向こうからこっちに来る救いの生命は見えない。実に、不思議なものでございまする。愛は全体です。内に外に全体じゃ。しかも満ちて来るものじゃ。受けは全体、追い迫り、圧倒し、実に近づいて来る全体であります。「時は満てり、神の国は近づけり。悔い改めてこの福音に信ぜよ。」生きて来る、生きて……。勿体のうございまする。

この夜を一夜ぬきにすれば、あるいは亡びかもしれない。この一夜が、弟子達にどうであったでしょうか。この一夜こそ、貴重な一夜でありました。訳なく流された涙が、それほどに大きな生命の泉にかかわりあるとは、知らなかったかも知れない。量りしれない、無心に出る涙がこの神の国から来る泉であるとも、知らなかったかもしれない。しかし、十字架にたたかれて出るこの涙こそ、偉大な涙でありました。ただこの一夜、理論にも、理屈にも、考えにもならなかった一夜かもしれません。しかし、それは尊い一夜でした。私どもの人生は、その一夜であります。訳なく、わからなかったが、主の座にきたつたその一夜が、大きなものであります。私どもの人生に、その時、その一夜があるはずです。それを無にするかしないか、これは大きな境であります。

私どもは、すべてを見ることが出来ない。しかし、十字架に来た時、初めてすべてを見るのであります。イエス様が、天裂けゆきみ霊が鳩の如く下るのを、御覧になった時に、天から声をお聞きになった。「汝は、我が慈しむ子、我が喜ぶ者なり。」それは、十字架までのイエス様を喜こばれた。そこでバプテスマされたそのイエス様ではなしに、全体のイエス様。十字架までのひっくるめたイエス様。

弟子達は、あの山、あの湖のほとり、あの嵐、あの人ごみの中で受けたイエス様はよく知っておる。しかし、十字架までのイエス様を知らない。十字架をひっくるめてのイエス様を知らない。今初めて、この夜、そのイエス様に会った。そのイエス様が、内にいった。その夜そこから始まるはずであります。

アメン　ありがとうございます。

神の僕

一九五七年一月二十七日　御説教

今日もお言葉を頂戴したいのでありますが、イエス様は、神に仕える者を、僕と呼んで居られます。この僕というのは、奴隷という事です。奴隷というのは、どっからか買って来た人間であります。市場に売って居る奴隷か、或いは、戦争で負けた者か知らないが、どっからか、狩りたてて持って来た。その狩りたてて持って来た者を、みんなが市場で売って居ります。その売って居る人間を買って来て使うのであります。ちょうど牛や馬のようなものであります。これが、奴隷という意味であります。この奴隷であります。「神の奴隷」という言葉で表現して居ります。神様の子供はこの世では神の奴隷になる。こういう気持ちでありますパウロ先生は、常に僕、神の僕、イエス・キリストの僕という言葉を使っておられます。自分は奴隷である、というお言葉であります。ここに、私どもはたいへんに尊いもののあることを、思わされるのであります。この世の中の奴隷は、これほど不幸なものはございません。アメリカでは、奴隷解放を致しました。約今から百年ばかり前、まぁちょっと九十年になりますが、その時に、奴隷解放がリンカーンによって行われたのでありますが、しかし、その奴隷という気持ちは今なお残って居る。黒人に対する気持ちということは、北部あたりではたいへんに人と人とに取り扱ってくれますが、南部あたりでは今だにそういう気持ちが残っているようであります。しかし、それはともあれ、奴隷という者は、人間の社会で一番不幸の部類に属するのであります。しかし、「神の僕」はどうであろうか。実にこれは光栄のある奴隷でございます。

ここで、その事を申す一つの機会に、弟子達が「私達の信仰を増して下さい」とお願いをして居ります。（ルカ十七、五）使徒たちであります。その主だった者が、私どもの信仰を増して下さい、いわば、大きくして下さい。強くして下さい、とこういう風なお願いをして居るのであります。ところが、その時イエス様は、「もし、からし種一粒程の信仰があるならば、この桑の木に、「抜け出して海に移れ」と言ったとしても、その言葉通りになるであろう」とおっしゃっておる。桑の木というのは、日本ではあまり育ちませんから小さいのですが、向こうでは大分大きくなるそうであります。いわば大木になるそうです。その大木になる大きな桑の木、その桑の木を小さい信仰、からし種一粒位の信仰があるならば、その桑の木にそこから抜け出て、桑の木はなかなか抜けないで、日本の桑の木は小さいけれども、あれを抜こうというのはとっても出来るものではない。なかなか抜けないもの。ましていわんや大きなもの、それを抜いて海に移れと言えば、その通りに移ってゆくとこういう事をおっしゃって居るのであります。弟子達の、信仰を大きくして下さい。強くして下さいという願いに対して、いや、信仰はからし種一粒の信仰があれば充分だと。どんな大きな事でも出来るんだ、ということであります。これにつきましてはみなさんにもうそれこそは耳にたこのあたる程申し上げて居ります。つまりいえば人間の持って居る信仰、或いは人間から出て来る信仰、それがどんなに大きくても盛んに見えても立派に見えても、しかし神様から来るからし種一粒の信仰、この信仰に比べようもないものである。あなた方には、人間から出た信仰を与える必要はないんだ。神からくださる信仰があなた方にも来て居るんだ。それを大きくしてくれとか、強くしてくれとかいうことを言うがそういう信仰は、それは人間の持っている人間から出た信仰だ。こういう風におっしゃって居る様に見えるのであります。またもう一つは、お前さん方に来ている信仰、目をあいて見なさい。大きな事になるんだよ。こうおっしゃって居る様にも見えるのでございます。こういう点を見ましても、私どものいつでも迷うて行く所はそこであります。何か強くなりたい。何か偉大になりたい。何が来たっても恐れない様な者になるとか。こういう風なものを、いつでも求めておるのであります。何が来たっても動じないような。何でもわしの言う事が聞けるようなという具合に、何か大きく強くなることを神様に願っている。ところが、そこにはどんな大きな事でも出来る所の力が来ている。すなわち信仰が来ているんだよ、と言うてそこを指して居るかのようにうかがわれるのでございます。

その次に（七節）ここでは奴隷の話をして居りますが、これは、私どもは、その信仰の話とどんなつながりがあるんだろうかと、ここちょっととまどうところであります。それでからし種の譬は、前には神の国の膨張にこれは譬えて居られますが、神の国にはからし種のようだが大きくなるんだよ、と。からし種というのは、小さい種だそうであります。しかし、それを蒔きますというと、草の中で一番大きくなってしまう。恐しい発達をするという、そういう性質のものだそうであります。日本のからしはごく小さいのです。あまり大きくなりませんが、向こうでは大きくなる。桑の木が大きくなるようにからしも非常に大きくなるようです。それで譬えて居りますが、ここではからし種一粒の信仰が、という意味で神から来ている信仰を語って居ります。

ところがイエス様は、その後で奴隷の話をしていらっしゃる。その奴隷の話というのは、耕作か牧畜かをする奴隷があったとする。その僕が畑から帰った時に、その奴隷に向って主人が、すぐ来て食卓につきなさいと言うか、そうは言わない。一日の仕事をしたんだ、だからもう休んでええとはおっしゃらないで、夕飼の用意をしろ、給仕をしろというだろうと。それでその僕が「命じられたことをしたからといって、主人は彼に感謝するだろうか。同様にあなた方も、命じられたことを皆してしまったとき、私たちはふつつかな僕です。すべき事をしたに過ぎません。と言いなさい。」これが、この奴隷という言葉をもって信仰ということとの係わり、重大な係わりを説いて居られる。奴隷でありますから一日の仕事をしてそれで終わりではない。雇人でありますならば、一日分の賃金を貰って一日の仕事をしたんですから休むことが出来る。また、客人でありますならば、この人は何も働かないで、客人として招待されてその食卓につくことが出来る。奴隷は一日働いた。その上になお、夜遅くまでも働かなければならないという。そして自分の休む時間、食事時間というのは、ほんのわずかだとこうおっしゃるのであります。ここに、前の信仰との係わりのあることを教えておられるのでございます。

この信仰が大きくなるとか、強くなるとか、ということを神に願っておる人々は、この自分の功績を上げようとしておる一つの観念であります。自分の功績を上げようとする気持ち、それら、そこには自分が働かなければことはならん。いわゆるこれを能動的といいますか、自分がやらなければならんから、信仰の強い大きなものを持って来て、そして働かこうと、こういう気持ち。人間が本位ですから、力が自分につけられたから働かれるんだ。伝道、伝道というけれども、自分に力がつかなければ行けるものではない。力がついたら伝道に行こう。いや、わしに金が出来て、もう食うに心配なくなって、何でも出来るように力が出来たら、そこに自分に余裕があったら、それから働いてやろう。とこういう具合に、何か自分が土台になりますと、自分に力がつけたり、自分に本当の能力のつかることを願っておるのであります。普通この世を行くにはそうでなければならない。この世に世渡りするならば、それだけの力がこちらに備わって来なければならない。これはそういう風な生き方でよろしいが、しかし神の方の、信仰のご用をしょうとするならば、そういう生き方ではいけない。自分に力がついて、自分の能力が盛んになっていこうという、自分から働きかけて行く、こういう仕掛ではないのでございます。これが、からし種一粒の信仰というのであります。

奴隷がどんなに働いても働いても、その主人という者があらわれる為であって、奴隷という者はその蔭に潜んで居る。何をしてもみんな主人のものになってしまって、それでこの奴隷は一つの事も主人の物になって、自分の物という物がなくなってしまっておる。つまり、いわば主人の蔭にかくれて居る、ごくいと小さい存在であります。これが神に仕える人の本当の立場でございます。それですからここには、主人との係わりはこの働き場があるだけであります。喜ぶ場も、自分の力の功績をほこる場もなければ、自分のした事に対して、自分で喜ぶものもなしに、働きを受けた。自分の生涯というものが、ただ主人の為に働くんだというその働き場を得て、本当のそれが喜びとなる奴隷であります。これが神の奴隷であります。世の中の奴隷は不幸であります。なぜかというと、働くだけであります。自分に得るところは何にもない。いよいよ使えなくなったら、どっかに死ぬんですからちょうど牛や馬を持って行って埋めるように埋めてしまうだけの話であります。よく向うで言いますが、ザクロの下に埋めるんだということをよく言いますが、ちょうどそんなものでしょう。ザクロの下に埋めてザクロが肥えるため位の存在にすぎないのです。しかしここに喜びはない。しかし神のそこに喜びがある。ただ働くだけであります。

……意味が今の本当の信仰を得て来るというと、御用だけが喜びになって来る。ところが人間の持っている信仰であるというと、自分が偉くなって、自分が強くなって、自分が何か人を圧するような所に出ていくような人の上に目立つようなこういう者にならんと承知が出来ないということはどういうことかというと、人間が持って居るその信仰にかかわって居るからであります。この信仰は、強くしなければならない、大きくしなければならないのであります。でなければこの世の中に向ってそういう事が出来ない。ところが、本当の神から来る信仰を受ける人は、神が外に出るが自分は神の中に隠れる人であります。そして働きだけを喜ぶことの出来る人とさせられる。これが、からし種一粒の信仰を与えられている人であります。ここをおっしゃって居るように見えるのであります。この人はどういう人だろうか。このからし種一粒の信仰とはどういう事であろうか。真暗の中で一すじがかすかであるが、そこで開けて行く人であります。よろしいか。真暗の中で、広くないんです。いつでも私どもは、大きなものが見えて居らないはずです。大きいものではない。そこにはかすかであります。ほんの「アメン」かすかです。決して大きくない。人が黙っている時に「アメン」。この人は、からし種一粒の信仰を受けた人であります。「イエス様」ひと言であります。からし種一粒。それが眠っている時にこの世の中の人々が忘れてただ働いている時に「アメン」。この世の中の人が、この世の事で一パイになっているその時に「アメン」。これが、からし種一粒の信仰であります。この人であります。その人はどういう人であろうか。その人は十字架を負うている人。世の中に出るとか、物をどうするとかそういう戦いではない。十字架を負うて居る。これが神の僕の姿であります。

イエス様はここで御自分を語っている。私ども涙の出る程有難くなるんです。

「お前らは信仰が大きくなったり、強くなったりする事を私に願って居る。わしは、からし種一粒の信仰だよ。それは、十字架を負うという、たったかすかの一つのもの。これが私じゃ。これが神の僕だ。神の子であるとか、神の権威を現わすとかという場ではない。この世に於ける私は、権威を現わしたり、人の言うように出たところの力を現わしたり、意表に出るところの大功績を現わすのではなしに、実に奴隷として、一人の奴隷としてここに来ているんだよ。私のそのからし種は、十字架を負うということ」

これであります。よろしいですか。「アメン」そこに十字架を負うところのからし種のあることを知らなければならないのであります。その人はどういう人だろうかといえば、聖霊というものはかすかな所から来る、大きく来るのではない。その微かなアメンが満ちて来る。これが神の僕であります。そして、なぜご用が喜べるかと言えば、聖霊が満ちて来る、愛が満ちて来る、イエス様のその生命が満ちて来るからです。その道は通路は大きくない、細いんです。よろしいですか。私ども圧倒するものをほしがってみたり、大きくて強くて自分がおいかぶすようなものを求めたり、とんでもない事です。それはこの世の話。神から来るものは微かであります。からし種一粒の信仰。人が黙っている時にアメンと、人が黙っている時に十字架を負うと、人が黙っている時に実に神からの通いが来る、御霊の温みが来る人は、その人がからし種一粒の信仰であります。すると神の僕ということは、勿体ない勤めでございます。それがイエス様のお通りになって居る道であるからでございます。この道を私どもが通していただく事が出来たなら、イエス様の十字架に支えられながらその中に捕えられて、私どもが同じようこの世を行く事が出来たら有難い事でございます。この世は楽しむところではございません。私どもが、栄燿栄華をして足をのばして太平楽をつく所でもない。ここはご用一方でよろしい。決して損をした人ではない。この人こそ、神の子とせられる、とおっしゃるところのその人でありまして、この世に於ては神の僕、ただ僕としてお仕えの出来るそういう世の中であって、決してそれは損をしているのではない。その人こそ真の幸福を得る人でありますから。この世の中に居る時に、太平楽をついて、大きくなって太ってそしてふくれ上がる人とならないで、どうかからし種一粒の、十字架を負う人、そして「アメン」に生きる人。そしてそれは、たえざる神の御霊にあずかりうる人でなければならない。これが、ここに教えておられているお言葉ではなかろうかと思うのであります。

ありがとうございます。アメン　アメン　アメン。

先なる者と後なる者

一九五七年二月十日　御説教

マタイ一九章十三―三〇節

幼子らが天国にある人だと仰っておりますが、そして彼の上に置いてから、イエスはここを出発された。小さい子供に手をお置きになって、これは子供を祝したのでしょうか。私共何時もここを、牧師ですから子供を祝福して行ったところ思いますが、しかし何かもっと深い意味があるように思います。手を置いたという事は、何か子供の中にあるものとひとつになっているという事、単に祝福したという事だけじゃないではないかと思うのであります。それはそこに置きましょう。

十六節には、するとどうだろう、或る人がイエスのもとに来て言った。「先生、永遠の生命を得るためには、どんな善いことをすべきでしょうか。」私は永遠の命が欲しいがそれにはどういう事をしたらよろしゅうございますか。するとイエスさまはその富める青年に仰るのには、「善いということについてどうして私に問うか、良いものはおひと方だけである。生命に入りたければいましめを守りなさい。」善いという事は神さまお一人の事だ。生命に入りたかったならば戒律を守りなさいとこう仰いました。それでイエスさまに問うて言うのには、どの戒律でしょうか。その時イエスさまは「殺してはいけない。姦淫してはいけない。

盗んではいけない。偽証を立ててはいけない。父母を尊びなさい。また、自分を愛するようにあなたの隣人を愛しなさい。」この若者はそれをいちいちやった事を申しております。「殺してはいけない。」ハイ、殺しません。「姦淫してはいけない。」ハイ、姦淫した事はございません。「盗んではいけないんだよ。」ハイ、盗んだ事はございません。「偽りの証をたててはいけないのだ。」ええ、嘘をついた事はございません。「父母を尊びなさい。」ハイ、小さい時から尊んでおります。「また自分を愛するようにあなたの隣人を愛しなさい。」自分であなたがかわいいように、あなたに近い人、あなたが同情する人の為にあなたを愛するように愛しなさい。いちいちこの青年は、ハイ、そのように守って参りました。そう致しました。しかしまだ何か足りないものがあるんではないでしょうか、というお尋ねでありました。熱心でございます。小さい時から戒律を守って偽りのない清い生活をして来た。しかしそれでもまだ何か足りないでしょうかと言うお尋ねでした。

二十一節に、イエスは彼に言われた。「もしあなたが完全な者になりたいならば、帰ってあなたの財産を売り、貧しい人々に施しなさい。そうすれば天に宝を得るであろう。それから来て、私の弟子になりなさい。」ああそうか。あなたは完全な者になりたいのか。それならば、ね、それだけ掟を守ったそれは結構だが、まだあるわい、それはあなたの財産を売って皆施してしまいなさい。そうするというと天に宝が出来て来る。そして私の弟子になりなさい。皆売っ払って無一物になって、やって来なさい、と言うお言葉でございました。この言葉を聞いて若者は悲しみつゝ帰って行った。大きな財産を持っていたからであった、と書いてあります。お金持ちの息子さんが永遠の生命が欲しいというのでやって来たのですが、もう失望して帰るところであります。

それから二十三節、それでイエスは弟子達に言われた。「ほんとに私はあなた方に言う。富んでいる人が、天国に入るのはむずかしいことである。」どうも富んでいる人が天国に入るのは難かしい事である。富むという事は金があるばかりではありません。その財産、不動産があるというだけではない。富むという事の中には複雑なものが沢山ある。つまりこの世で私共の欲しい事すべて富であります。そういうので、富んでいる人というものはまた富もうとしている人は、天国に入るのはむずかしい事だ。「また私はあなた方に言う、富んでいる人が天国に入るよりけ、ラクダが針のめどを通る方がはるかにやさしい。」この富んでいる人は心持ちのいい人であります。神に仕え、人の為に働らき、思いやりのある方々でありまして、財産を持っておりますけれども、その財産は決して悪い方に使っておらない事は確かであります。それでもイエスさまは、みんな売ってしまえ、皆やってしまえとこう仰るのであります。それで何と仰るかと言いますと、「富んでいる人が天国に入るよりは、ラクダが針のめどを通る方がはるかにやさしい。」ずい分えらい事でございます。私共は貧乏人だと思っておったらとんでもない事であります。貧乏は貧乏なんですけれども、金はいくらでも欲しい方です。そういう人はやはり富んでいる人です。ハハハ。わしゃ馬鹿じゃ。馬鹿だけれども、しうんと知恵が欲しいというのは矢張り富んでいる方ですから、どっちを向いてもまずいのです。ハハハ。しかしラクダが針のめどを通る方がはるかにやさしいというのですから、これは難しい事であります。これを聞くや弟子たちは大変驚いて言った。「それでは誰が救われることができるのでしょうか。」弟子達はびっくらしてしまった。するとイエスさまは彼らをじーっと見つめて言われた。このじーっとがえらい事だ。じーっと見ていらっしゃる。そして「人にはこれは出来ないが、神にはすべての事がお出来になる。」

これを聞くやペテロはイエスに言った。「おお、私たちは一切を捨ててあなたの弟子になったのです。それでは私たちは何を頂けるでしょうか。」わしらは皆やってきた。船も網も親も皆捨てて来たんだからとこういう訳です。イエスは彼らに言われた。「ほんとに私はあなた方に言う、世が改まって、人の子が栄光の座についた時には、私の弟子になっているあなた方は十二の座に坐って、イスラエルの十二の支族を裁くであろう。」あんた方は十二の支族を裁く事が出来るよという御言葉であります。「そして、家・兄弟・姉妹・父母・子供ら、または田畑を私の名のために捨てた者は、誰であっても、捨てたものの百倍を受け、そして永遠の命を継ぐであろう。」ええことを書いてある。ハハハ。永遠の命は欲しい。それをやろう。しかしその前に皆捨てにゃならんという。ハハハ。「それで先にある者は後になり。」これはちょっとおかしくなって来た。そして「後になる者は先になるであろう。」弟子達はちょっくり胸が……。お前ら十二の支族を裁くであろう、というんですから、一番ええ所に行く事になっておる。そして永遠の生命が保証されたんですが、何と仰ったかと言うと、「後なる者は先になるが、先に行った者は後になる」と言うとまたちょっとびっくらしてしまう所です。誰でもクリスチャンはびっくらするところです。わし信じてきたが、後だろうが先だろうか、後の方だとええのだけれどもが、ここに来るとまたちょっぴり難しい事が書いてある。上がったり下ったりであります。どうもその難しいところであります。さて、イエスさまの仰った御言葉を見るとどうもどっちに行ったところで、どうしてええんだか訳は分らないのであります。たゞ子供だけは確かに誉められているようであります。しかしこれも大きくなるとやっぱり私共と同じだからして、「後なる者は先に、先なる者は後になる。」どっちがどうだか分らなくなりますが、富むか貧乏かしらんけれども。さて、どちらの方につくのでありましょうか。一体永遠の生命というものは保証されておるんでしょうか。どうでしょうか。得られるんでしょうか。得られないのでしょうか。誠に難しい事であります。

富める青年は一生懸命にいい事をして来たんです。けれども、たったひとつ、財産が離せないというだけで失望して帰って行ってしまった。たったひとつ。たったひとつが出来ないので帰って行ってしまった。たったひとつ、田中よ、お前は怒るなよと言われて、ハァーと、そこにたったひとつ、怒りますので、これは天国にいけないのであります。永遠の生命はとても駄目であります。じきにカーっと怒り出すから、それでは駄目でございます。たったひとつ。たったひとつでお前さんは駄目だと言う事になりますから、よろしいですか。それでは誰が（救われて）いくんでしょうか。弟子達もやって来ましたが、「先なる者は後に、後なる者は先に」と、こう言われますというと、どっちがどうだか分らない。自分は後の方につくんだろうか、先の方につくんだろうか分らなくなってしまうだろう。そうするとこれはどうも保証されたんでしょうか、されないのでしょうか。誠に困った事であります。

さてこの中に何処が一体注意してみなければならないところでしょうか。この中にきっとあるに相違ない、そこを見ましょう。どうもこの辺にあるらしいのです。それは二十六節です。するとイエスは彼らをじーっと見つめて言われた。「人にはこれが出来ないが、神にはすべての事がお出来になる。」

これを聞いて踊るような人だったら、これは確かだと思う。踊れるような喜びが感ずる。ああ、人には出来ない。ああ、しかし神にはお出来になるのだ。ハァと、もう飛び上るに違いない。だがこの中にも「先なる人は後に、後なる人は先になる」と言うが、ここにもまだ後先があるようであります。ハハハハ。えぇですか。どういう人が先で、どういう人が後でしょうか。さてこの御言葉を聞いて喜こんで踊れる人には相違ない。ところがこの中で、そうか、それでは神さまが何でもお出来になるんだから、私の永遠の生命を得る事も、神さまはお出来になるんだから、それでわしはその保証を得る事ができる。何故かならば、この御言葉を盾に取って、盾に取ってわしは信ずる事が出来る。だから神は必ず自分を救うてくださる事が出来るんだと喜ぶに相違ない。そうでしょう。これがどうも先の方の人であります。先になっている人はそうじきに取る。聖書にこう書いてあるから私は確かだ、とこういうのです。よろしいか。私はイエスさまについて来た。お前らは十二の支族を治める事が出来ると御言葉があったんだから、これは確かだと思ったならば、イエスさまは「先なる者は後に、後なる者は先になる」と。ここで下駄がひとつはずれたようにポカーとなってしまった。それと同じようにこの御言葉を聞いて、この御言葉を盾にとって、それではこんな者でも救われるんだ、何故かならば神さまには出来ん事はひとつも無いのだから、これを信ずる事が出来るならば私は救われるんだと、こう出て来る人があるに相違ないでしょう。わしもその通り。書いてある、確かに私共は救われるに違いないとこう思うに違いない。そうでしょう。そう教えるでしょう。そう考えるのであります。失望する事は無い、聖書にはちゃんと書いてある。人には出来ないけれども神さまには出来ると、書いてあるから必らずやってくださるに相違ない。すべての人を救うと仰るのだから、必ず救うてくださるに相違ない。こういう風に感ずるに相違ないと。私共はそういう信仰を持ちたいのであります。その信仰ははやっている。世界中はやっている。仏教でもその信仰は一番はやっている。ヤソ教でも同じ事であります。しかし先におる人じゃ。これは追い越されますよ。

この御言を読んで、そのまゝ喜びの来る人。自分が救われると救われないとかと言うそういう事ではなしに、その偉大な神が讃美、その神を讃美する事の出来る。その神をこれは讃美する事は出来ない、讃美させられなければそれは出来ない。だからその「神には出来ない事はないんだ」というその神を讃美させられる人が出て来るならば、その人が確かな人でその人は後なる人でその方が先に行く。神に出来ない事はないんだ、だから私は救われる事が出来るんだ、その神を信ずるんだというて出て来る人は、成程その人の気持ちは確かに救われたような気持になるし、保証を受けたような気持になるし、信仰を得る事が出来ますから、先なる人に成る事が出来る。後なる人と言うのとどうかと言うと、そういう事をすらりと取れて、たゞその神を讃美する事が出来るその喜びと有難さが出て来る人、その人は本当の、イエスさまのおっしゃるところのものであります。これが大切であります。これをこの青年にも聞かせたかったのであります。

どうしょうか、どう信じようか同じ事であります。どうしょうかと言ってこの青年は出て来た。私は永遠の生命を得るのには、救われるにはどうしましょうかと言うて出て来た。それだからイエスさまは、あれしたか、これしたかと言うたら、皆出来ました。未だ足りんものがある。お前の一番大切なものがある。生命にもかけがえないところの財産を出してしまえ、と言ったら出来なかった。よろしいですか。それは彼に教えたかったところであります。何しょうかと言うて出て来れば、私共は完全には出来ない。何ひとつ欠けたら駄目なんです。そうでしょう。ひとつ欠けたら出来ない事です。信じますと言って出て来たのに、御言を盾にとってそれを信じようとし、そこに確信を得ようとするならばこれまた先なる人で、これは後から来る者に追い越されてしまう。後なる人というのは何かと言えば、そういう救われるとか、自分が永遠の生命を継ぐとか、幸福になるとか、先では良くなるとか、そういう事が抜きにしてしまって、そんな事はもう消えてしまって、その偉大な神に向って讃美が上がって来る人です。よろしいか。その神を讃美すると言う事はどういう事かと言えば、向うのものがこちらに移って来なければ、絶対にそれは出来ないのです。出来ない、起きては来ない。これが大切な事であります。

これはまた青年にもその事そのまゝ教えていらっしゃいます。それは十七節を御覧なさい。イエスは彼に言われた。「善いと言うことについてどうして私に問うか。」どんないい事をしたならば永遠の生命を継ぐ事が出来ましょうか、得る事が出来ましょうかと言った時に「善いことについて、どうして私に問うか、善い者はお一方だけである。」善いというのは、たゞ神さまだけである。たゞ神さまだけだ。たゞ神さまだ。このたゞ神さまだけが、ここに善い事があるのだ。善いという事はそれだけだ。神さまだけだ。あと永遠の生命を継ぐとか、どうするとかああするとか、信ずるとかどうか、そんなものはポーンと切れてしまって、おひと方だけだ。たゞ神じゃ。たゞ神なのだぞ。善いと言う事はたゞ神だと言う事だ。これが図星をついておるのであります。最初からこの青年に図星を教えている。ひとつも隠さずにいきなり仰っている。どうしょうかと言うのなら、掟を守りなさいとこう仰った。やろうというのなら、皆出してしまいなさいと、こう仰ったのです。それでその青年は失望した。

弟子達は私共は皆やって来ました。そうか、お前らはもう永遠の生命の保証は出来たぞ。十二の位について、十二の支族をお前らは裁く事が出来る力を与えたぞ。そこまで来た。けれども「先なる者は後になりね、「後なる者は先になるぞ」、何だか分らん。ポツーンと切れておる。ここであります。聖書読むのにかすを読まないで。欲かいてばかり読むものだから、何でもかんでもここ読むと皆保証されておるように思うけれども「先なる者は後に、後なる者は先に」と、ガタンと落っこちてしまわなければならない。ハハハ。そうだろう。そこで何処に行くかと言うと、善き者はたゞ一人、神さまだけだ。たゞ神さまだけだ。そのただ神さまだけに讃美が起き、たゞ神さまだけにこの善びが湧いてくるという事が、これが大切な事です。何の為に、救われる為に、永遠の生命を継ぐ為に、何かこっちは為を持ってゆくのです。そしてそれに丁度合うような、その事に言う事を聞いてくる神さまがあるならば、それは信じようと言うのだ。得があったら信じようと。そういう神さんがいたら、わしは信じようと、こういうて出ているのと何んにも違わない。神さま拝んでいるようでも得があるから拝んでいる。そうではない。神よ、あなたを讃美してください。滅びるこの身に於いてあなたを讃美出来る事は有難うございますと。その滅びるここに、主よ、あなたを讃美せしめ給え。そのところに喜びと力が来るならば、それは神のものであって、神より他になす業はひとつも無いのであります。そこに永遠の生命があるぞ。それは後なる者、だから先になる事が出来る。よろしいか。どうしょうかというのは先の人、どうしたらよいかというのは先の人だ。ところが神だけに讃美があがり、神だけをのがす事が出来なくなって来る。そこに有難さがあるのであります。

さて、（十四節）「幼児らを止めないで、私のところに来させなさい。天国はこのような人たちのものである。」何故イエスさまがその幼な子を止めるなと仰ったか。幼な子には文句いらないで、神さまだけが喜べるのが幼な子の気持なんだ。何の為だとか、どうしょうとか、どう信じようとかという、そういう余計な事が無くなってしまって、神さまだけを率直に喜ぶ事の出来る、それが幼な子なんです。だから幼な子の来るのを止めてはならないぞと仰った。そして御手を置いてこれを祝した。祝したという事は、その中にあるものを喜んだのであります。つまり幼な子はものがないそこに、何故かという事はない、どうしてと言う事もない。たゞ喜ぶ。このたゞ喜ぶ事が与えられる人になる事であります。ですから神をたゞ喜ぶ、たゞおらなくてはいられない。たゞ神だけにしかおられない。その人にさせられる人が永遠の生命にあづかる事でありま す。その人はもうすでにあづかっておる。先ではありません。そこで神だけが神になって来た時に、いいですか、私の所では、「主が主となる」、神が神となるこれが我々の宗教です。こっちがどうなるとか、ああなるとかでない。「神が神となる。」神が神となるという事はどういう事かと言いますと、神のものがこっちに来なければ神が神となっていかない。それで何の為だとか、どうだとか皆ここ、神の子になるんだとか、ここが出世する事ばかり考えておる。そして向うに行って、永遠の生命で、一番ええところへ、ずーっと行く事ばかり考えている。そういうものがいくら信じても、救いという事はええ所に行く事だとそういう事ばかり考えている。そうでなくて、今神が神となる。神が神として喜ぶ、神が神として唯一のものとしてただひとつのものとして、私共が讃美させられるという事が、これが後なる人、本当の救いにあずかる人であります。否、あずかっておる人であります。

アメン。有難うございます。アメン。

復活につき

一九五七年二月一七日　御説教

ハハハハハ……アメン。今日は一九五七年二月の十七日でございます。今日の聖書日課はマタイ伝の二十六章になっておりまするが、その二十六章の六節から、ナルドの香油を注いだ婦人の事が書かれております。今日はそのナルドの香油を注いだ出来事について皆さんと御一緒に学びたいと思います。この出来事はマルコ伝の方の十四章に書かれておりますから、そのマルコの方の福音書をお開け願います。始めからお読みします。

「祭司長たちや律法学者たちは、策略をもってイエスを捕えたうえ、なんとかして殺そうと計っていた。彼らは〝祭の間はいけない。民衆が騒を起こすかも知れない〟と言っていた。イエスはベタニヤで、らい病人シモンの家にいて、食卓についておられたとき、一人の女が非常に高価で純粋なナルドの香油を入れてある石膏のつぼを持って来て、それを毀し、香油をイエスの頭に注ぎかけた。すると、ある人々が憤って互に言った、〝なんのために香油をこんなにむだにするのか。この香油を三百デナリ以上にでも売って、貧しい人達に施すことができたのに〟そして女をきびしくとがめた。するとイエスは言われた、するまゝにさせておきなさい。なぜ女を困らせるのか。私によいことをしてくれたのだ。貧しい人たちはいつもあなた方と一緒にいるから、したいときにはいつでも、よい事をしてやれる。しかし、私はあなたがたといつも一緒にいるわけではない。この女はできる限りの事をしたのだ。すなわち、私のからだに油を注いで、あらかじめ葬りの用意をしてくれたのである。よく聞きなさい。全世界のどこででも、福音が述べ伝えられる所では、女のした事も記念として語られるであろう。」

これが今日学びたいところの聖書の記事でございます。これを読みまして、ナルドの香油を注いでくれましたこの婦人の事は、全世界の何処でも福音が述べ伝えられる所ではこの女のした事も記念として語られるであろう、とございます。これは確かに私共に大きな衝撃を与える記事でございますが、これをお読みして皆めいめいが感ずるところがあろうかと存じまするが、今日はこの婦人の気持を、ひとつ冒険でございますが想像してみて、読んでみたいと思うのでございます。

この出来事はイエスさまが十字架につけられる二日前の事であったでありましょう「過ぎ越しと除酵との祭の二日前」と書いてあります。たぶんこの日は金曜日頃にあたりまして大変イエスさまは十字架を前にして多くの事を教え、また論じられた日であります。昨日は月曜日から火曜にかけて非常な、論戦と申しあげていい程によく論じられまして、また注意深くいろんな事を教えていらっしゃるように見受けまするが、そういう一日の教えを終りまして、そして今ここでは癩病人シモンの家においでにいらっしゃいます。弟子達も皆共にあったと思いますが、これがイエルサレムの都よりか少し離れた所にベタニヤという村がありますが、そこには何時もおいでになる所と見えます。そこに癩病人シモンの家と書かれておりますが、癩病人シモンとよばれている家に行って食卓におつきになられたのでございます。この癩病人シモンという方も多分イエスさまに癒された一人ではなかろうかと思います。ヨハネ伝の方を見ますというと、この時マルタはお仕えして、ラザロはイエスと共に席についておられたといいますが、もしこの家が死んで生き返ったラザロに縁があるとするならば、誠に機縁の深いものでございます。とにかくこの家でお食事を取られたのでありま す。

ところが一人の女が、とありますが、これはヨハネ伝の方を見るとマリヤという名前がでております。ラザロのお姉さんのマリヤか或はマグダラのマリヤか、いろんな事を私共は推量しますが、まあ何であれ、この一人の婦人が非常に高価で純粋なナルドの香油が入れてある石膏の壺を持って来て、そしてそれを毀したのであります。そして香油をイエスさまの頭に注ぎかけたのであります。ところがある人々が非常に怒って、互に申すのには、〝何の為にこの香油をこんなに無駄にするのか。〟この香油というのが大変高価なもので人々が非常にこれを尊重したものらしいのであります。ある方の言うのには、この油はインドの山の奥の方の赤松から取ったと、こう辞引には書いてありますがそういう物かも知れません。ともあれ非常に高価な物と見えます。この香油を三百デナリ以上にでも売って貧しい人に施したらどうだろうかと言う事を言うて咎め出したのであります。さようでございましょう。高価なこの油をですね、こうして無駄にイエスさまの頭にかけるなんていう事は私共がちょっと見ましても同感でございます。そして女を厳しく咎めた、とあります。するとイエスさまの仰るのには、「するまゝにさせておきなさい。何故女を困らせるのか。」そういう事を言うて何故困らせるのか。私に良い事をしてくれたのだ。貧しい人は何時もあなた方と一緒にいるから、したい時には何時でも良い事をしてやるがよいではないか、というような御言葉であります。「しかし私はあなた方と何時も一緒におる訳ではないからこの女は出来る限の事をしたんだ。即ちそれはどういう訳かと言うと私の体に油を注いで予め葬りの用意をしてくれたのだ。」イエスさまは十字架を前にして仰るのでございます。ここに来た所の者誰一人その事は分っておりません。勿論この婦人も分る筈はないが、油を注いで予め葬いの用意をしてくれたのだ、とこういう風にイエスさまはお取りになっておるのであります。またこれを仰ったのでありますが、「よく聞きなさい。全世界の何処でも福音が述べ伝えられる所ではこの女のした事も記念として語られるであろう。」良く聞きなさい。全世界の何処でも福音が述べ伝えられる所では、この所では女のした事も記念として語られるでありましょう、と仰っておるのであります。

これを先程も申しあげましたように、この婦人の気持になってここをもう一度味わってみたいと思うのでございます。これを見ますと言うとずい分高価なものを無駄に費しております。そこにいた弟子達がこれを咎めるのは無理もない事であります。ヨハネ伝の方を見ますというと咎めたのはイスカリオテのユダだと書いておりますが、ユダは非常に会計をやってくすねる方でそれがこういう事を言うたんだと言うておりますが、もしそうでありますならばこれは実に比較にならない事でございます。彼は、マタイ伝の二十六章のこれを書いたそのすぐ次の所に銀三十枚でイエスさまを売ってしまったという事が書かれておりますが、何を言っているんだかさっぱり意味をなさない訳でございます。

この高価な物をこの婦人がここに無駄と見えるような事をどうしてしでかしたんだろうか、というところが私共の想像してみたいところでございます。この婦人がナルドの香油を注ごうとした事はそれはこの婦人がです、イエスさまに対し神の大きな御恩寵に対して非常な感謝を持ち、また心より改心の情を持っておる方に相違ないのであります。病める者ならば癒されて改心し、或は心の汚れている者でありますならば、なおさらその改心の情を持っておる訳であります。でこの感謝の為にはもう全財産を投げ打っても惜しくないというようなものであったに相違ない。また無一文になるというような事も当然の事のように思うておったのではなかろうかと思います。その度にこのナルドの油が非常にこの婦人の関心になっておったに相違ないのであります。その度に思い出すのは、ぜい沢なようなこういう香油のような物を持っているというような事が気恥かしく感じたに相違ない。どうにかしてこれを神の喜び給うものにお使いしたいものだという事は、前々から思っておったに相違ないのであります。この場合これは三百デナリに売ってこれを貧しい人に施したらよかろうと言いますが、この婦人もかねてそう思ったに相違ないのであります。

しかし感謝の気持ちが起これば起きる程、神に対する恵みの大きな事を覚えれば覚える程、イエスさまに直接の事をしてさしあげたいと言う気持ちがあったに相違ないのでございます。しかしそういうふうな感謝の印として、或は感謝の行為として何かをしょうとする事もあったに相違ないですが、しかしこの婦人がここでイエスさまの前に出たその時は、たぶん、ここは想像でございますが、たぶんこのイエスさまの所に出ると一緒にこのせき上げるものを感じたのではないだろうか、即ち一杯に満ちてそして何とも知れない、この有難いものに満ち溢れておるその感じに打たれたのではなかろうかと思うのであります。それはこの香油の壺を手にした時にですね。この溢れるばかりのものを、せき上げて来る涙と共にぶち割ったその時そこは、外から見ると成程これはひとつの激情、感情に過ぎないのであります、またやっている事は実に無知な事でございます、無謀でございます。それは攻撃する人々の言う通り何の言い訳、言い開きも出来ないような事でございまする。

しかしながらその事とは別にこの婦人の胸の中にはせき来るせきあげくるところのものが一杯満ちておるそこに、この壺を手にして割っておるのでございます。何の計画もない、何の計いもない、外から見れば一片の、ひとつの感情に過ぎないけれども、彼の中に満ちるものは違っておった。そしてかねて感謝の印に何かと思うたそんな事をも消し飛んでしまって、ここで溢るるばかりの霊感と共にこの壺は割られておるように見受けるのでございまする。即ちこれを外から見るならば彼女は無思慮である。何の思慮もない、何にも知らないと言うていい位に彼女はここに来てここの壺を割っておるのであります。これがイエスさまの方から見るというと、これはもう「私を葬る為に神さまがこの婦人にさせているんだ」というようにお受けしていらっしゃるようでございまするが、まさしくこの婦人にとっては唯動かされるものに動かされているような恰好であったのではなかろうかと思うのでございます。

しかしこの婦人は誰も知らない十字架が迫って、しかもその十字架につくところのイエスさまを神が祝して油を注ぐ、即ち人類の救い主のこの王の王たるところの、その大いなる神のこの御意向の前に、この大役を務めるというような事は思いも知らぬ事であったに相違ないのでございます。しかし彼の耳は聞えなかったが、彼の全身はこれを聞き取れたのであります。即ち胸一杯になりせき上げて来るところのこの神から来るところの霊感というものがそれを聞いておったのではなかろうか、即ちこれを見るというと神御自身がこの知らずして為さしめ、神の御計画を今迫っておる十字架の前にこの事を為させておるように見受けるのでございます。言わばこの婦人の行為は一片の感情のようであり、無知無謀のようでありまするが、しかしこの為している事は「神の行為」であるという事に目を注がなければ、ここはよく読み取れないと存するのでございますする。もっと言えば予言的行為をしておったのだ、即ち葬いの時が来たからこれをここで神の為さしむるまゝに為さしめられて、主を慰め、主にその力付けを与えたと申しあげる事の出来る彼女が感謝以上の感謝の印がここに現われておるのであります。言わば知らずして神に導かれそして彼女がなしておる。しかし彼女はその耳をもない、目もない、何も分らんけれども全身が神に震えておるのであります。そしてこうしてここではイエスさまを慰め申しあげる事が出来たのでございます。この出来事は十字架に関係する。そして神の御計画にこれはそうておったのでございます。こういう葬いの為に知らずして導かれたこの事こそです、イエスさまの仰る通り「よく聞きなさい。全世界のどこででも福音の宣べ伝えられる所では、この女のした事を記念として語られるであろう」と仰せられるそこは、こういう知らずして為さしめられた、しかし胸には一杯神の憐みとそしてみ霊が、もうたぎっておるその有様を見受けるのでございます。ヨハネ伝の方を見ますと言うと己が髪の毛にて御足を拭いしに匂い油の香が家に満ちたとありますが、この油注いだ後はもう唯感激に満ちて、御足を髪の毛でふいて拭っておりますが、こういう事をみましても実にこの尊いものを見受けるのであります。

この婦人のした事は今申しあげましたように決して彼女の知っている事ではない。又計画でもなかったそこに神の霊感と共に起きて来たもののように拝察いたすのでございまする。それで未だ弟子も知らない十字架が迫っている事を、彼女は全身に於いてみ霊を受けると共にこういう事が行為として現われてきてこれを為しておるのであります。未だ彼女は何も知れません。これをイエスさまの方から見ればです、イエスさまはこの婦人のしているのは婦人であるとはお認めにならないように見受けるのであります。これは神直接に私を神が直接この婦人を通して私に祝し、十字架の為にこれを葬りの印をなしていらっしゃるんだと言うて、彼女が注ぐ油にもこの婦人の触るる手にもこの婦人の拭うその髪の毛にも、直接に我が身我が足我が体を神がさすり撫でて、そして祝して祝福してくださっているんだというこういうこの深いものを、神直接のものをお覚えになっておったのではなかろうか。この婦人はこのイエスさまの神直接のものをお受けになるそこには実にうやうやしい厳粛な主の面持ちを拝しながら彼女は涙ながらにこの御用をなしたのではなかろうかと思うのであります。油を注ぐところの資格は何にもございません。しかし神さまはこういう風にこの婦人を用いて、この大切な実にこの十字架という全人類に関わる救いのそのものに関わるところの重大なこの油注ぐ役をこの婦人に与えた、と仰るように見受けるのでございます。この中には無知の知との分ちもなしに、これは混沌として私共に拝察させられるのでございます。知らざるその世界に於いては神御自身の御計画既に明らかな事でございました。しかしこの役を勤める者にとってはまったく無知でございました。むしろ無謀でございました。唯感激というひとつの感じを外から見れば見える訳でございます。しかし中を見るというと実に神の憐みと祝福が、今人類の十字架に対するところのその事に関わるこの重大な事が行われておるのでございまする。これを見ましても私共はここに非常に尊さを感ぜざるを得ないのでございます。

こういうふうに主と婦人の間、婦人と予言の間、婦人と神の行為の間には、離れ離れのようでございます。しかしイエスさまに通うものはこの婦人に通っております。このイエスさまに通うものは神に通っております。そしてこの婦人は知らずして、神よりイエスさまに、イエスさまより自分にと通うてくるみ霊の働きをつぶさに受けておった事を拝察致しますというと、誠に導きかなと申しあげざるを得ないのでございます。こうした、ハハハハ、十字架の迫る前に於きまして、この婦人はたぶん普通の婦人でなかったかも知れません。そういう者を祝して、おもちいになって、また実に重大なる事をなさしめていらっしゃいまする。これは私共罪人にとりましては誠に感慨深いところの出来事であり、同じみ霊の働きを人々に与えてくださすって、そして小さき器も汚れた者も御用の為におもちいくださる事を私共に教えて余りあるかと思うのでございます。

勿体のうございまする。ハハハハ、勝利、セイレイ　アイラ　ボーロ　サンダ　ボーロ　スポロ　アメン

アメン　アメン　有難うございまする。アメン。

ゲラセネの悪鬼に憑かれし者
癒し

一九五七年二月二十四日　御説教

マルコ五章一―二〇節

アメン　アメン　勿体のうございます。ハハハハ。

今日は一九五七年の二月の二十四日でございまして、アサ山でお話しを申しあげましたものを録音でお送りしたいと思います。今日の日課はマルコ伝の第五章でございまするが、この五章の一節から二十節の間に、イエスさまが汚れた霊につかれた方を癒した事が記されてございます。これを読みながら感じた事は「分別」という事であります。神さまによりまして、知らず知らず私共は世の悪気流の中に包まれておりますが、これとお別れが出来なければならない。また自分自身の中にちょうど外にモヤのかかるように自分の中にもモヤがかかっております。そしてそのモヤの正体がその様相を現わしているのが孤独感でございます。こういうものからお別れをさせて頂かなければならない。これは神によるものの有難い「分別」でございます。それをこの中から色々と教えられてみたいと思います。

イエスさまがガリラヤの湖をお渡りになりまして、ゲラサ人の地にお着きになったのですが、舟からお上がりになりまするど、そこに汚れた霊が墓から出て来て、イエスさまに出合ったと書いてあります。汚れた霊が墓場におるというようなそういう事があるんだそうですが、そういう事であったかどうか知りませんが、とにかく墓場から出て来てイエスさまに出会ったとあります。この人は墓場を住家としており、もはや誰も鎖でさえも彼をつなぎ止めておく事が出来なかった。足かせをしましても、鎖を引き千切ったり或は足かせを砕いたりしておる。余りに凶暴で誰も押えつける事が出来なかった。そして夜も昼も墓場や山で叫び続けて石で自分の体を傷付けていた。ところがこの方がイエス様の「汚れた霊よ、この人から出て行け。」というお言葉を遠くから聞いたのでしょうと思いまするが、御言があったその時遠くの方から走り寄って来ましてイエスさまを拝しております。大声で叫んで申しあげるには、「いと高き神の子イエスよ」。もう誰も気付かなかったものを、この汚れた霊につかれた方は、「いと高き神の子イエスよ」と申しあげております。マルコ伝にはこの「神の子イエス」ということ、イエスさまのことを神の子としてよく紹介してくれますが、この悪霊はそう叫んだことが書いてあります。そしてあなたは私と何の係わりがあるのですか、と言うのであります。お願いですからどうぞ私を苦しめないでください、と言って神に誓ってお願いしたと書いております。イエスさまが「お前さんらの名前は何と申しますか」とお尋ねになりますと、レギオンと申しますと。連隊という意味だそうでございますが、ローマの軍隊の連隊という意味だそうでありますが、四千人以上、五・六千人もありましょうか、その連隊でございます。それはひとつの悪霊でなしに多ぜいなのですからそういう名前がついており、レギオンと自分の名を言うたのでしょう。そして自分たちをこの土地から追い出さないように、しきりに願ったのであります。

ところが山の中腹に豚の大群が飼ってあって、そして霊がイエスさまにお願いして言うには、私共を豚に入らせて下さい、その中に送ってくださいというお願いしましたが、イエスさまはその汚れた霊の言うまゝにお許しました。ところがたちまち二千匹の豚の群に入ったと見えまして、崖から海になだれをうって駆け下りまして、海の中で溺れ死んだと書いてあります。豚を飼う人達がこれを見まして逃げ出して、これを町や村に触れ廻りまして、そして大ぜいの人を連れて来たのですが、来てみますと言うと悪霊につかれた人は着物を着て正気になって座っておる。あの恐ろしいレギオンを宿していた者であるのを見て非常に恐れまして、そしてまた悪霊につかれた人の身に起ったことと豚のこととを彼らに話して聞かせたというようなことで、その地方の人々はイエスさまがそのデカポリスの地方に入る事を恐れまして、この地方から出て行っていたゞきたいと頼んでおります。そしてイエスさまは船に乗ろうとしておりますと、悪霊につかれた人がお供をしたいからと願い出ましたが、その時イエスさまはおゆるしにならないで彼に申されるのには、「あなたの家族のもとに帰って神さまがどんなに大きな事をしてくださったか、神さまがどんなに憐れんでくださったか、それを知らせなさい」と申しました。その方は立ち去りまして、そして自分にイエスさまがしてくだすった事をことごとくデカポリスの地方に言い広めたので、人々皆驚ろき怪しんだとあります。デカポリスというのは十の町という意味だそうでございますが、その地方に言い広めたというのであります。

この出来事を見ますというと、実に癒されるその瞬間と申しますか、その時にイエスさまの所に来て「いと高き神の子イエスよ。あなたは私となんの係わりがあるのです。神に誓ってお願いします。どうぞ、私を苦しめないでください」とこう申しあげておりますが、そこでは恐れと一緒に非常に崇敬と申しましょうか、神に対するひとつの畏敬と申しましょうか、誠に恐れおののいて敬っておるこの叫びでございました。そしてまた一方には私を苦しめないでくださいと、何の係わりもございますまいがというようなことを言って、まあ非常な大衝撃に会っております。そして恐れと敬まうものとのそういう気持ちが混乱の中におりますが、これはとりもなおさず御言によってこの人の中から分れねばならぬものが、ここに今はっきりしょうとしているその瞬間の彼の気持ち、大衝撃と混乱の中に起きる神の分別が、兆しておることを読み取らねばならぬかと思うのであります。つまりイエスさまの御言と一緒に、彼と彼についているところの汚れた霊とが分別、分れるのであります。そして汚れた霊は相手を失うのであります。のみならず彼の末路が結果的に来ているのであります。これは非常に彼にとっては大きな損失であります。致命的なものでありましたから、その分別に対して彼が叫んだという事は無理のない事であります。ともあれ彼には第一のお別れが来ました。それは悪霊との別れでございます。この霊とは好むと好まないとに依らずこれは親しい者として来ました。また同一行動をとっている者であります。恥も外聞もそういうことは一切お互の間に問題にならぬ間柄でございました。しかしこれと、一つになっている者との別れが御言によって来ました。これは彼が実に彼一人の人として彼がここに新らしく神の前に出る事が出来たのでございます。

そしてその中にもうひとつの大切なお別れが入っております。これは彼がただ癒されたというそのことだけに止まらないで、救いの為に自分自身とお別れしなければならないのであります。自分自身ということはどういうことかと言いますと、大体こういう悪霊につかれるとか、悪気流に浸るとかということのそのひとつの、私共には生まれながらにして持っておる、ちょうどそういうものを引きつける磁石のようなものがございます。それは綜合的にいうと、いわゆる孤独感でございます。独りぼっちだという感じであります。これはどういうものか人生というものを生を中心に、或は自由という自主性というものが出ると一緒に孤独感というものがどうしても綜合的につきまとうておるようでございます。これは一方には、友を作り家族の者と親しみ、また社会の一員としてゆくように、そのひとつの欠陥といいましょうか、そういう感じがやはり友を求めて行くのでございます。しかしながら今言うたようにこの磁石はいい方にもいきますが、またこの悪鬼にとりつかれるというような結果もまた含んでおる訳でございます。それですから孤独感ということは一方には発展的にも働らきますが、また悪いものを引き付ける磁石でもあるのであります。ここに私共は注意しなければならないかくれたものがございまする。しかしこの孤独感というものはひとつの示唆を含んでおります。いわば開かずの門の前に立っている関門のようなものでありまして、孤独の感を総合的に感ずるということ、これですね、その奥の方に意味があるからであります。それは何かといえば、神が私共の扉を叩いているという事であります。

しかし私共はそこを壁のように思いまして、その関門であるとは知らないのであります。ですからその叩く音を聞きまたそこを尋ねる方を見る目がございません。そこに私共に孤独感が出て来る訳であります。これはこのイエスさまの御言と共にですね、彼に一瞬にして開かれて来たのであります。一方には悪霊との分別、一方には自分自身の孤独感との分別、即ち神の憐みに浸り、神の憐みに接する機会がここに生まれてきたのでございます。

こういう風に見て参りますと、ここには一種の現代的な香りがございます。この衝撃の中に汚れた霊と汚れぬ人々の内心をゆすぶるところのものが、その香りがこの中に通っております。これは汚れた霊の行く手を見ますとはっきりするかと思います。この汚れた霊は豚の群に入る事を許されましたが、一番彼にとっては操縦し易い汚れを知らないものでございます。ここに同類と見せかけまして最後のあがきの道連れを作っておるのであります。この豚の群の滅びゆく洋上によく注意しますと、これらのものはただガヤガヤガヤガヤ、ガタガタガタガタやりまして、良し悪しもないのであります。或は動機も目的もないのであります。ただ行動だけしか無いということであります。これはちょうど今日の世界的にかかっている悪気流がただ行動主義という事だけにかかりましておりますが、これはつまり悪気流でございます。この悪気流の覆いを受けますというと、自分は非常な前進主義をとっておるようでありまするが、神のこの大いなる憐みを知る事も出来ずして、無分別に終ってしまうのであります。そして崖からガタガタガタガタとび降りて溺れ死ぬように、そこに溺れてゆくのであります。現代にかかったこの前進主義のひとつの悪気流が、ちょうど豚の群れの最後の様状をよく示しておるかと思うのであります。こういう事が悪霊につかれた様のように見えるのであります。

そしてもうひとつの悪気流は何であるかと申しますと、彼の生まれた町や村の人々でございまする。彼らは決して前進主義のようにガヤガヤ騒ぐのでもなければ、前から後から押しやっていくのでございません。きわめて冷静でございます。しかも利害損失をよくわきまえて考えております。そしてよくそのところの平安ということは彼らは乱すまいとしておるのでございます。それでこの方が神によって救われた事を大変喜こばなければならない。また悪鬼の去ったという事は彼らにとっては実に勿体ない事でございますが、そういう事よりかも、神の声を恐れそして宝というものに対する転倒をしておるのでございます。これがやはり悪気流にかかっておるからであります。そして神の業を損失であると見るようになってきたのであります。そしてどうしたかと言うと、この村町々に救いの起きなければならない、また起こす為にいらっしておるところのイエスさまとその一行を追い出してしまったのでございます。この人々は神より物であります。神の憐みよりも人の人情の方を深く考えておるのであります。こういう保守主義はこれまた悪気流でございまして、ここにはその一端を現わしております。

こういうふうに古来からのものでございまして、現代はその遺業を継いで或は前進主義或は進歩主義というものがあるかと思えば、一方には保守主義がありまして、これらのものも相戦い、相混乱しておるさまでございまする。ところが幸いにもこの方はこれらの気流から逃れておる。即ちこれらを破り去るところのそういう力を与えられます。これこそ神さまの、イエスさまの御言によりまして、彼は内側に悪鬼と自分との別れ、汚れた霊と自分との分れ、一方は外にさられ、そして自分の内になおひそむところの孤独感と別れて、そして拝せねばならぬものを拝せしめられる、即ち神の憐みを憐みとすることが出来るようにさせられたということであります。ここから神の道が開けて参ります。するとこれは悪気流と離れたのみならず、おおげさではございますが、極端に言えば彼は彼自身と別れるものを感じたと言って差しつかえないのであります。

この「分別」がきまして初めてこの人は悪気流を去り、そして自らのものに神の道が開けてくるのを拝する事が出来た時、その時から初めて彼は神の憐み、神の偉業が見えそこに開けてくるのを覚えたのでなかろうかと思います。彼の目が開いた時に、自分はこの前進主義や、保守主義に追われて墓場に来ておった。死の墓場に迄来ておった。前は湖であってここは死を自由に招いておるところであります。いわば彼にとっては死の海であります。死の海に於いて自分程不幸の者は無いと、後日思われるそこに置かれておったにかかわらず、しかしそこに尋ねて来る者があったという事であります。いわば一番彼は死の床につき、墓にまで来ているそこに一番近かったのはイエスさまであったという事を、彼は後日目が開いて分ったに相違ないのであります。で彼はそう思えば思う程そこに有難いものを感ぜざるを得なかったでしょう。神はレギオンについておる私を何処迄も殺さなかった。自分は自分の身を傷つけたにも係わらず、また死のうと幾度かしたが、神は殺してくれなかった。ハハハハ。そして自分たった一人の為にイエスさまは私をお尋ねくださいました。聞けばその夜は実に湖には突風が来まして船のくつがえるようなその難航を続けられて来られて来た。それも何もかにもたった一人の私の為にして下さったのだという事を思い出さざるを得なかったのであろうと思います。

やがて十字架が参りまする。その時彼が思う事は、あの時あの折が実に私にとって一生一代、いやこの地方の、この証の大切なる時であったという事が恵まれておった時だということを思う時に、彼は実に深き神の憐みを覚えたのではなかろうかと思います。そして十字架が焼きついて来たのではなかろうか。そしてやがて彼がこの湖のほとりに来たり、墓場を見る度事に鮮かになってくるのは、主がたったひとりの為に訪れてくださったという、ハハハハ、アメン、この有難い神の憐みを覚えずにいられなかったのでありましょう。そして彼は同じ病気の者にまた同じ孤独感にとじ込もってそしてあらゆる汚れたものを吸いつけようとする人々を見る度に、彼は神の言葉を証せなければいられなかったであろうと思います。

私共に大切なる「分別」を教えてくださる事を勿体なく存じまする。

アメン。有難うございます。ハハハハ

勝利　勝利　セイレー　エイレー　サンダ　ポーロ　ポーロ　アメン。アメン　アメン。有難うございます。

出エジプトとアサ

一九五七年三月三日　御説教

出エジプト三章。

（一五節）「アブラハムの神、イサクの神、ヤコブの神である主が、わたしをあなたがたのところへつかわされました」と。これは永遠にわたしの名、これは世々のわたしの呼び名である。これは出エジプト記に書かれておる所であります。今日モーゼがエジプトを出た時の事を少しお話し申し上げて、アサと深い関係のある事を教えられたいと思います。

このイスラエル民族がかって、紀元が分りませんが、紀元前千四百年前かどうかよく分りませんが、千年前の事でありますが、エジプトに捕われておりました。奴隷の境遇に入った人々、そこにモーゼという一人の子供が生まれました。その時分には非常に苛酷でありまして、余りその民族が広がったから産児制限をすると言うので、王の命令でもって、男の子が生まれたら殺してしまえと産婆さんにそれを言うた。ふれを出してあるんですが、そこに一人の男の子が生まれて来たんです。そしてそれをナイル河に流したんですね。それを拾ったのが王様のお姫様。それが宮中に連れて来まして育て上げたのがモーゼという一人の偉大なる人物であった。これが大きくなりまして自分がユダヤ人、即ちイスラエル民族だという事が分ってこの民族をかばうという事から、とうとうエジプトを追われまして、エジプトにおられなくて紅海の海を渡りまして向こうの土地に行った。今ちょうど中東問題でガタガタしておりますが、そちらの方であります。その辺であります。そしてそこで結婚しましたが、モーゼは妻の父のミデアンの祭司エテロの羊の群を飼っていたが、その群を荒野の奥に導いて神の山ホレブに来たと。これが有名な箇所であります。生れたとこを出て何十年かたったのですから、ここに四十年もたったように書いていますが、何十年かたちまして、そして結婚しておるのですが、ちょうど妻君のお父さんの羊の群を飼いながらホレブという山にやって来たのであります。そこで神の使命を受けたのであります。

（出エジプト三章二―五節）ときに主の使は、しばの中の炎のうちに彼に現れた。彼が見ると、しばは炎に燃えているのに、そのしばはなくならなかった。モーセは言った、「行ってこの大きな見ものを見、なぜしばが燃えてしまわないかを知ろう」。主は彼がきて見定めようとするのを見、神はしばの中から彼を呼んで、「モーセよ、モーセよ」と言われた。彼は「ここにいます」と言った。神は言われた。「ここに近づいてはいけない。足からくつを脱ぎなさい。あなたが立っているその場所は聖なる地だからである。」

今度の改訳は大変に読み良くなっております。このホレブの山に行ったところが芝が燃えておるんです。ところが良く見ると芝は燃えておらないのであります。つまりこれが神の霊であります。聖霊の火が燃えておるんです、芝が焼けておらないのを見たのであります。ちょうどこれはアサで大切な事であります。私共に火が燃える事は聖霊が降ることであります。ところが普通の教会、今迄の教会の者は中に入ったと思うている、つまり言えば聖霊が中に入っておってその人は当り前の人ではない、もっと偉い人になったとこう思うのであります。しかしアサで見るとそうでない。その上に火が燃えたんであって、つまり聖霊の火が燃えたんであってその人が燃えたんではない。非常にそれら読み違い、考え違うのであります。何か自分に位がついて何か自分が偉くなって、人と違ったものを自分が体得したように思いますけれども、そういうものではないですね。よくここで分るんです。芝が燃えておる、それは霊火が降るから。霊火というのは芝が燃えたんではなくて、霊が燃えている。ですから私共に来た火というものは、火が燃えている。神のものが燃えているのであって、私共が燃えたんではない。ここをよく取り違えてしまいますからとんだことになってしまうのです。あの人は聖霊が降って偉い人になった、とこう言うのです。自分もハアー偉い者になってって、人よりか違った者のように思うがとんでもない話。そうではない。その上に神が来て、特別に憐れんでそこに火を燃やしたんですから、勿体ない事だと言って、それが直ぐに神に「有難うございます」とこういう。そういうのと自分に燃えているのだと言って、自分が偉くなった、自分が資格を得たのだと、こういう風に誰でも取りたがるのです。そういう人はそこでじーんとなってしまって伸びないんです。これは大切な事でありまして、アサで初めてこういう事を私共が言い出したんです。

今迄はそうでないのです。宗教的体験だ何とか。体験という言葉はどういう事かと言いますと、何か中に、自分のものが入ってしまったような気持ちであります。内住したとか、何か入ってしまったような気持ちで、腹の中に入ったというて喜んでいる人がありますが、入ったとすればそれは燃えたんです。火が燃えたんであって、その燃えたのは火であって神の火であって私のものが燃えたんではないんです。ハハハ。それを何時でも取り違えてしまって、はぁわしに来たんだからわしは変わった、人とは違うと言って、もう目を丸くしていばっているが、そうではない。神が燃えたんです。でありますから、燃えれば燃える程自分が謙遜になってくる。勿体ない事だ、こんなものまできていらっしゃるからと言って謙遜になってくる。その人には何時でも神が来るのです。ところが来たのをひとたび自分の腹の中に入れてしまって腹の中に入ったから大丈夫だ、何んて言ってとんでもない話です。そういう間違った事……。

しかしここで分った事は芝は燃えなかった。それでモーゼはどうして芝は燃えないんだろうかといって傍に近寄って見た。そこに神の声があった。これ面白いですね。神の声があった。み霊が降った。そこに神の声が聞えてくる。神の声がしておる。これに会うたのです。これが大切な事ですね。こういう事はやっぱり聖書にちゃんと書いてある。私共は新らしい事を言ったと思ったが、そうではない。昔昔その昔、ちゃんと書いてある。それでモーゼに言うのには「お前の立っておるところは聖地だから、お前靴を取ってしまえ」と言って靴を取らせてしまった。私何時も思うんです。私がアサを受けた時の事を。イエスさまが私を支えているんだという時に何時でもここを思うのです。モーゼにあの芝の巻においてだね、靴を取らしたと言うが、ああそうだ。お前の靴を自分ははいておる、靴の上に自分は乗っていると思ったが大間違いです。「そこは聖地だぞ。神の地に乗っているんだぞ」これでであります。そこから改たまらないというと人間というのは分らんですね。頭の向うの方にばかり神の国があって、自分と神の国がこうなっているような恰好ではこれは駄目であります。自分の足の下がもう神の地だから、「お前の足の下が聖地だぞ」、と言われた。私は思うた。十字架は向うにあって私はこっちにおった。ところが十字架が私の下になって、びっくらした。その時から「アサ」と言う事が始まって、言い出して来た。それですからちょうど何時もここを思い出すのはそうであります。

それからモーゼがしたところが、モーゼは自信が無いんだ。「お前今から行け」と神さまから仰しゃるが、モーゼという人は仲々、そう仰ったって私はどうとかこうとかと言うて、みんな言うておるんです。大体元気が無いんです。行こうと言ったって自分が逃げて来た所であります。そこにまた元に帰って行ってご覧なさい。お事になってしまうのですから。行けないんですから、何とかかんとか言っている。大体神さまと言うが、その神さまから疑い出した。あんなどういう方かといって疑わにゃならない。そして今言ったように、「アブラハムの神だ、イサクの神だ、ヤコブの神だ」と言うているのはそれであります。「お前らの昔の神で、今もなお生きている神さまだぞ」と言うのであります。それで言うのには、向うでもってあなたは何と言う名前か（聞くから）、名前から教えてくれと言うのです。そうすると言うと、神はモーゼに言われる。「私はあってある者だ。」又言われた。「イスラエルの人々にこう言いなさい。私は在ると言う方」在るという方。面白い言葉だ。他の言葉で言えば「あらんとしてあらんとする」。あると言うそういうお名前だと言うのです。「在る」モーゼはないと思ったんじゃ。ハハハ。そういう生きている神さまは在るとは思っておらなかった。皆無いと思っている。ああ、神さまなんかあるもんかと言うてるのであります。何にも無いと思うている。

今日、今私は八時のニュースが始まりますが、ラジオのええのを借りて来たからやってみた、良く入る、これなら良く聞えます。聞くというと仏教の話だ。科学と宗教という話だ。科学は東大の何か偉い数学者の先生で、仏教の華厳経を研究しておる仏教学者でもある。もう一人の人は中村先生と言うて仏教学をやっている。インド哲学の権威者であります。大先生との間の問答で、科学と宗教をやっている。私はお経の話をするだろうと喜こんで聞いていたら、科学と宗教の何だか下らん、私にとってはつまらん事を言っているように私には思えたのですが、それよりか華厳経、その人の言うている事と何かやればよいと思うたがとうとうやらなかった。ただその中に華厳経という事と、一方は縁起論で「事々無礙」という事がありますが、事々無礙をやろうとするんでしょうが、引っ掛けようとするんですが引っ掛からない、話にならんのであります。華厳経というのは私は知りません、事々無礙という事も知りませんが、私は仏教学者でないし、仏教でないから知りませんが、まあ大体常識として聞いているところでですね、華厳経というのはひとつのものから出てくる、一切ひとつの所にこれはいわば真如と言いますが、真如によって結ばれておる。だから多くのものがここの真如によってゆく。そこを説いているらしいのであります。

私は華厳経を読んだ時に涙が出てしょうがなかったけれども、そんな事わしゃ思って読んだんではない。そこに現われて来る一つの仏の慈光と言いますか、仏の現われて来るものが書かれているから、私は涙が出て嬉しくてたまらなかったが、その意味でしょうと思うんですが、その話をしているのですが、事々無礙というのは一切すべてのものが関係論であります。すなわち縁起によって来るから、人間というものはおるんではない、色んなものが寄ってきて一人の人間、私共の心がそう、事々物々ことごとくこれはもののよった縁で結ばれているもので何も他にはない。他には何もないけれども縁で来たんだから、そこには何も無い。私共何かあると思うのは間違っている。何もない。ただ縁でそこの機会でそこに来たものが縁で結ばれておるのが「事々無礙」とこういうらしいのですが、間違っているかも知れません。それを見ましても何もない。あるものは無いんです。そうでしょう。無いんです。この縁起論からいいますと事々無礙から申しますと、今の真如という論は立たない。つぶすのであります。何かがあってつながるのではない。あるものに結集してしまうのでもない。あるひとつに行くのではなくてすべてが事々無礙で、何もない。関係で……。歌がありましょうが、武蔵野の草の庵を組んだけれども元に返せば野原となりけりというのがありますが、野原の草を取って来て一緒に集めれば住み家が出来るが、けれどもそれを解いてしまえば元の野原であります。ちょうどそういう風に事々無凝らしいですが、わしはよう知りませんから今日も説いてもらえればよーく分り、私も鼻高々とあんた方に言えるのですが、知らんから。そういうのであります。何も無い。

ところがここには「在りて在る者」、在るもの。面白いですね。あればこそ苦労する。あればこそエジプトに行く気にもなるし、あればこそあのカナンの地に、砂漠を通って行く元気も出る。あればこそ私共の人生は希望があるし、ここに行く所があるのであります。もし無いとするならば、ただ縁であるとするならば、それは私共は座って居って一生を過ごしてもそれでおしまい。何も働く必要はない。ことごとく空でただ縁である。ただおかれたわずかな飯を食って働らいて、行って、それでもってすべては終ってしまって、それで何もええ事は……、ええと思わなければならない。成程そうやっているらしいです。私にはどうしても奴隷にあるものは奴隷から自分の自由の天地にと行かなければならない、人生は事々無凝に唯空から空に渡っていくところのそんなものではない。我々のこの不自由から自由に向かって行くのが、これが人生でありす。奴隷にある境遇の者を救い出してそしてカナンの地に送っていくというのが、これが神のみ心でありまして、そこには何かがなければならない。動くものは何かでなければならない。すべての物は概念の内にあって、事々無凝であって何ら変化はなし。すべての事はただ一つの縁であると言うて、概念の中にあればそれは満足するかも知れないけれども、人間の人生は概念から始まったのではない。動くところから始まった。生きる事から始まった。そしてこの生きる事は何処に生きていくかという事が、これが我々の人生であって、事々無凝でただひとつの科学の世界と同じ様に、一と一とたせば二だという具合に、たゞそういうものが連がっておらない。人生は何かを夢見て行かねばならない。何かに向って行っておる。そのことは何を暗示しておるかと言うと、「在りて在る者なり」。神のものを、私共は分らんけれども、ひとつの示唆と言って何かに引き付けられているのであります。そこに私共の行くべき道があるのであります。モーゼはその神に会った。そして芝の燃えているのを見た。そして彼に与えられたのは杖でありました。一本の杖を与えられました。この杖を持って行けと言って、その杖を持った。たのみするものは、彼は神の使命を受けたと共に杖を持って行ったのであります。

今日は実は杖の話をしょうと思ったけれども、これはとても長くなってしまいますから。それでこのモーゼが行きまして色々の不思議をなしたのであります。杖によりまして、その杖は彼にとって非常な、いわば信仰の根城であります、その言わば信仰の杖を持って行った。で向こうに行きまして第一エジプトに帰って行かねばならぬ、そこには王様がいる。王様の名はパロと言いましたが、パロは皇帝と言う意味でしょうが、そのパロ王の所に行ってかけ合うのですが、かけあったって仲々行かないのであります。向うは奴隷を解放するなんていう事は馬鹿らしい事であります。それがあればこそ重宝しているんです。奴隷を解放してしまったら使っている民族を皆返してしまわねばならない。これ程損失は無いんですから、他の者は皆働らかねばならないのですから。それは仲々許すものではない。そこに行って根気よく今の杖を振り廻しては奇跡を現わした。そしてある時にはナイル河の水が皆血に変わってしまったなんていう。その杖を振ったところがそうなったと。いわば魔法使いのようなものであります。かれにはアロンという弟がありますが、この弟もついて行った。このついて行ったのは何故かと言うとモーゼが神さまに、私はどもって口が固くて物が言えません。わしはものを言うの嫌いだからどうしてわしがそんなもの言う事が言えますか。向うに行ってですね、物言うなんてこと言えますかと言う。物が言えないからお前にはアロンと言う弟連れて行かす、と言うのでそれで弟も連れて行った。弟も杖を持っておった。そして向うに行って奇跡を現わして、杖を出したところが蛇になったという。蛇になったところがその蛇をエジプトの魔術使が魔術を使うのがやって来まして向こうにも蛇を出した。蛇と蛇とやったところがこちらの蛇が皆向こうのを呑んでしまったという、勝ったという訳です。とに角そういう事をやってそして何もかもしたところが、向うはどうもしょうが無いものですから、それでは出て行ってくれと。こっちではそれでとにかく荒野に出てちょっと神さまを拝ましてくれという訳であります。ところがこの民衆というのは神の事なんか訳わからない。モーゼが大体そんなことがなかった、よもや自分に生きた神さまがおって、自分に命令して、またいやなエジプトに帰えすなんて事があろう筈がないと思っておったところが、そういう事が起きて来たんですから。ましていわんや民族が皆神に対する自覚を持っている訳ではない。何も信仰も無ければ確信もないのですから、そういう民族を連れて来るのですからそれは……。

ところが出た時にはどうしたかと言うとですね、ああエジプトの軍勢が後から追って来たというわけですね。ここは日曜学校で子供にうまく面白くやるところです。やあとっととっとと、すると向こうの方でとっととっとと騎兵が馬に乗ってぱーと来るんだ。するとこっちの方はびくびくびくしてしまって何処に行ってえだかワァワァワァワァワァしておったんだ。そこでモーゼが神に祈って、ヤァーと言って神さまに祈ったんだ。そして神さまのその杖でもって紅海の水を打てと仰ったもんだから、モーゼが先に立ってヤァーとやって、「神よ助け給え」とやって、そして水を打つと言うと、水が一ぺんにサァーと分れてしまうと、そうすると、河に来た所のイスラエルの者がたったたたったたったたとこの紅海の中を歩いて渡って行くんだ。そしてずーと向こうに上がった頃だ。そうするというとこっちからとっととっとっととっととエジプトから追っかけて来た。そして間一髪のまさに近付こうとするところに、向こうへ渡ったからこっちへやって来たんだ。ところがちょうど紅海の真中あたりに来るというと、モーゼが杖をポンと引くというか、水がサッと入ってとうとう皆死んでしまった。こういう所をやるというと子供らがワァワァワァワァと喜こぶところですが、ハハハハ。それはですなぁ、魔法の杖だ、信仰の杖があるからであります。それで行ったところがそれからまあ色んな事がある。それで困った事には水が無くて困った事がある。その時にも今の杖をもってやった。その前にアマレクの民族とぶっかった。そうしたところがアマレクの民族がなかなか強い、喧嘩した所がこっちの負けであります。そこでもってモーゼが杖をもってやった。山の頂きに上の高い所に行ってヤーッとやったところが向こうが負けてしまって、ところがこっちはだるいからしびれてしまったから、こう下になると言うと今度は負けてしまった。それではこれはいかないと皆が来て出てこうやって支えてやった。これは子供に話すとよーくわかるのです。あんた方にはよく分らんけれども子供にはよくわかる。手をこうやると言うと挙げておる間に向うは負けてしまった。とうとう勝ってしまった。杖を上げればええという事になる。とに角そういうふうな事があって行ったんです。

とに角ここには魔法の杖、これはキリスト教で言う信仰の杖、確信の杖、これさえ持っておれば大丈夫、神さまわしについている、これ上げたら必らず勝つと言う。こういう確信の杖。アサでは確信の杖がない。芝の燃えたとこまでは行ったけれども。さてこの杖が無いんだ。わしも捜してみた。それでどうしたらええだろうかと考えてみたら、あるわい。アメンじゃ。アメンが杖じゃ。ところがこのアメンがモーゼと同じように確信が無いんじゃね。確信がない。さっぱり確信がない。一体ここの山に来ると確信が無くなってしまう。小田さんが何やら言っておったがそうだろう。確信が無い。仏さんなら確信がある。やったら嬉しくなったとか、この頃変ったとか、何か喜こんで自分だけ幸福になったような事言いたい。さっぱり無い。何故かと言うと使命を帯びると無くなる筈なんです。自分がただこうやって飯を食っているのならそれは安穏でございますが、前には心配しておりましたが、この頃は心配なくなりました。それは確かです。前には暗かったけれども今は明るうございます。何処行って何を考えても、皆ぐじゅぐじゅ言っているがわしはホーゥとして一向そんな事は係わりはない。そんな事だれが言ったってそう、そうだろう。何言ったってアサ受けた人と話したら全く違うでしょう。それはもうみ霊の働きが、確かに人の見えないものが見えてくる。人がもう本当にウロウロしているのにこっちはウロウロしない。それは確かなんです。それだけでええ。しかし私共には前がある。前がある。前行く人はどうしても砂漠を通らねばならない。砂漠を通る人にとってはうしろを見たりあと見たりするのはこれは人間の当り前の事です。そうだろう。この連れた来た民族がそう。大体何処に行くんだかあてが無い。カナンの地と言えば成程向うにあるんだろうけれども頼りがない。それで自分らの思う事は、エジプトに帰って、やあ奴隷とか何とか言うけれどもそういう事はもう問題ではない、我々は慣れておる。仕事してあやって一日働いてきて、そして肉食って、皆たらふく食ってそしてお祭が来たらチンチントントン太鼓でも叩いて踊るのが面白かろう。ここに来たって砂漠でもって何も面白かろう筈がない。明け暮れ何言ったって砂漠で、暑い所をガサガサ歩いている。喉はかわく、飯は何時もひもじい思いがしてガサガサ歩かねばならない。こんな馬鹿らしい事をするよりかエジプトに帰った方がよっぽどよい。楽しくて面白くて、とに角我々の人生が今迄やってきたんだからと、こういう事をいう。そこには何もうろつく事はひとつも無い。成程その方が安住です。

けれども私共の人生がここから彼方に行くものだとするならば、ここに安心していられないものがある。彼方に行かねばならない、旅行者です。旅行者であるならば、安心して安住でございます、御安心頂きましたと、そんな馬鹿らしいこと言っておられますまいが。何故かならばここは渡っていく所の砂漠でなければならない。砂漠であるならここは水のかわきもあろうし、うまい物も食えなかったろうし、前にあったような幸福でないかも知れない。前の方が遥かにたらふく食って何しょうが一向に考えなかった。しかし今私共は、神の国に行くし、神の国に立っている。神の使命を帯びて立っていて、神の示すところに行かねばならぬとするならば、ここは砂漠であってここには実にそんなに安定すべきものはない筈であります。でそこには杖があった。よろしいか。杖があったんです。しかしアサ人には杖はない。信仰もない、とすれば何に行ったかと言えば、

イエスさまだけに他にないんだ。

在りてある者は、ただイエスさまが在るもの。その在る者が無かったならば、私共の人生は何もならんでしょう。だからここには砂漠、行く所は無いんです。前を向いた我々というものは確定した何者も持っていない。何故かならば前に行かなければならない。前は後に向いて歩いて行く事ではない。後見て歩く事ならば安心かも知れないけれども、私共前を向いた以上は安心はない筈であります。だからここには迷うても何であっても、神ご自身だけしか我々は頼る事はない筈であります。ここが私共の杖でなければならないのであります。イエスさまを見上げてイエスさまにおいて我々が今こうしておる……。それでなければならない。

私共は振り返ってここに仏を見出そうというそれはそんなに難かしい事ではない。難かしいあんな漢字を読んだり、サンスクリットを読む必要はない。何も読む必要はない。もしここで安心するなら安心する方法は今日迄沢山の人が教えてくれている。充分行く。間に合います。ここただ安心して行く道ならば、通俗の言葉で皆御安心をやっておるんです。皆やっておる。それならば何もそれでもってよい。そうじゃない。前に行くんです。神の国に行かにゃならんです。神の示しによってこの御言を伝えねばならんです。だからそこには前を見るより他には仕方がない。そこには頼る物は無い。けれどもイエスさまがあるという、この「在りて在る者」がそこになかったならば何にもならないのであります。ここに生きるというこれだけが私

共のアサ人の人生であります。これをよく気を付けていかなければならない。手元を見て喜こぶという時代ではない。前を見て私共は行かねばならんのですから、これがアサであります。

ラジオの話をたまわっておりますと、科学には何も不思議は無いんだと。何もない。それはそうに違いない。不思議はない。けれども人生は不思議だらけ。科学は経験の数であるから自分が経験した事しかわからないから、それで止める事も出来る。これだけしか知らんがこれでよろしいとそこでしまうことも出来るんです。私はこれまで研究しましたからこれでおしまいと本を閉じてしまいまして研究せんでいる事が出来る。人生はそれはいきません。人生はそれで終りではないんです。我々は神を見た以上は、神によって動く以上はそこは、ここでこれでよろしうございますと言う事はひとつもないんです。私は研究したがこれきりでおしまいですという事は言い得る。よろしいか。また研究せんで、私はそういう事は研究せんでも行きますと、それでも行けるんです。それでしょう。原子炉を作って原子炉の電気でゆこうと、いや私は原子炉はいりません、太陽熱でようございますという人も出て来るのです。何故かならばその必要がないからです。自由である。けれどもそうはいかん。人生神に向かっていくんなら、神に導かれておるんならば、神が示すところにしか行けないものだとするならば、これはそれではいかない。時々刻々これは新らしい世界を私共は見て行かねばならない。ここには奇跡がある。大体我々の人生の向うに神が呼んでいるなんて事は奇跡です。それは科学では出ては来ない。事々無凝のひとつの、それは縁起で出てくると、出会頭のひとつの出会いの機会で出て来ると。そんなものではない。これはどうしても神に向かっていかねばならない。時々刻々神ご自身の示すものにあらたかになって行かなければ、ここはどうしてもさびれてしまう。よろしいか。アサ人はいつでもいつでもいつでも飢えておる、かわいておる。何故かわくかと言えば、神のものを受けねば行かれん砂漠におるからであります。これを失なったならばこれはアサの何の意味もない事であります。それはエジプトに帰って来た。そんなものけられて、先づ神に行き、先づ「主よ生き給え。勝利してください。」これがアメンであります。始めからアメンであります。アメンとは勝利だ。神の勝利を讃美に私共は凱旋を上げた。

「われはアブラハムの神、われはイサクの神、ヤコブの神だぞ。おれは生きた神だぞ。お前の神さまだぞ。」こういう方であります。それを聞きながら彼は行ったというところに、アサの声を聞く事が出来るのであります。もしこの杖だけを頼りにするならば。モーゼもやがて行き切れなかった時代があった、いよいよカナンの地に入る時には彼はとうとう行き切れなかった。彼はそこに果ててしまったのであります。即ちここに大切なるものがある。何処迄でも進んで行く。モーゼの次に取って変わったのがヨシュアであります。ヨシュアという人が取って変わってカナンの地に入る。カナンの地を見たところがカナンの地は遥にこれは進んである。そして驚ろくべき進んだ民族であり、そして彼らは立派な力を持っている。とうてい彼らと戦う力はない、だからもう元に帰ろうと言ったのです。とうていかなわない、ああいう人のいる所に私共入って行って何が出来るか。それはそうです。エジプトの奴隷でやって来た者がちゃんとした所に入れる筈がない。ですから、恐れて帰ろうとしたところが、ヨシュアが何を何だって恐れる事はない。即ち「神先立ってお る」という事を彼らに言うた。ここに立って行く事が出来たという事は、つまりそこに入る事が出来た。

私共はそういうものをいくつも見るのであります。とうていけない、とうてい駄目だ、しかし「神生き給う」。そこに讃美があがってくるんです。この人生が無かったならば無意味であります。神さまが示すところが無いならばそれでよろしい。しかし神は示していらっしゃる。そこに行かなければならない。よろしいか。概念の中に入って事々無凝だ、何も変化はないんだ、恐る事はないんだ。人生これだけだ。ただ飯を食ってそして生きる、たゞここだ、ここが大事な事だ、奇跡はないぞ。それに違いない。奇跡というものはあろう筈はない。成程事々無凝の概念の世界においては奇跡はひとつもない。私共は原子はどうなったと言えば奇跡のように思いますが、そんな事は太陽の世界に行けば時々刻々太陽はそれじゃ。太陽の光というのは皆原子が爆発しているのだ。なにも不思議な事はひとつもない。ただそのかけらのはしっぽの所をちょっとこっちにやったら不思議がるだけの話であって不思議でも何でもない。やっておる、それを持って来るだけ。しかし人生はやってはおらない。原子の爆発、水素の爆発はやっておるかも知れないけれども、人生はあそこにひとつも出てはおらない。驚ろく事はない。科学のやっている事はそれだけの話し、人生迄解剖は出来ていない。何故かならば、人生いくら解剖したからと言って身体から……。

それ自体が何処に行くか。それは神の示しと暗示の中に置かれているという事を知らなければならない。そこには時々刻々奇跡が起きねばならない。何故かならば我々は砂漠を通っているからであります。アメン　ありがとうございます。アメン　アメン。

名の天に記されしを

一九五七年三月十七日　御説教

ルカ十章

祈りながら行きなさい。その祈りは、収穫多いけれども働らき人がありませんから、どうか働らき人を送って頂きとうございますと祈りながら行きなさい。それから持ち物や食べる事を心配しないでやって行きなさい。そういう事を仰っております。そして行った先で、向うで迎えたらその迎えたまゝでそこに居りなさい。そしてその家に平安があるように挨拶して行きなさい。何処でもあなた方を排斥したならば、それは向うが損じゃ。こちらは何も損してはいないのだから、伝えただけのものは、神があなたに来ただけのものはあなたに帰って来るから、そして行きなさい。一文の損も、あれも無いのだから行きなさい。その時仰った事は、「その町に居る病人を癒し、神の国はあなた方に近づいている。」神の国はあなた方に近づいている、神はもうあなた方に迫っておる、それを告げなさい、とこう仰ったのである。町でもって皆追い払って入れなかった時には、足の塵を払って「神の国は近づいた」と言いなさい。「迫って来ているよ」とこう言って行きなさい。ひとつの事は何かと言うと、「神は迫っている」というその事であります。

それでこの七十二人は行きまして伝道しましたところが、大変にこれは収穫があったと見えまして、十七節に、さて七十二人は喜こんで帰って来て言った。「主よ、み名によって悪鬼共さえ私共に従います」お名前で、あなたの御名前頂きましてそれで悪鬼が従ってしまった、癒されてしまった。これは実に非常な事を教えている。「御名によって」と言うのは神御自身であります。私共にとってイエスさまであります。イエスさまの御名によって癒された。御名によって栄えを拝するが出来たのである。これは私共の普通の言葉で言うならば、「神さまは生きている」という事であります。イエスさまは生きていらっしゃる。それでこのようなお仕事が出来ました、と言うて喜んでおる。悪鬼が服してしまったという事を申しております。

今日ラジオの宗教の時間を聞いておりますと言うと、セイロン島の大使が日本に来ていらっしゃる。その人が日本の仏教を見ての感想のひとつに、お釈迦さんがいわゆる仲介者になっておる。しかしお釈迦さんは仲介者ではない。お釈迦さんは指導者である。他の言葉で言うならば先生である。あっちに行きなさい、こうしなさい、こうしたらよろしいと言う事を教えてくれる方だ。決して仲介者ではない。つまりお釈迦さんが何をするのではない。お釈迦さんは御苦労したものを教えてくださる。ああしたら良い、こうしたら良い、こうしたら駄目だった、こうすれば良いというように教えてくれる方だ。という事を申しておりますが、それはそうであります。けれども「御名によって来る」これは違う。向うからこちらに来る、その御名による事であります。

キリスト教でも同じ事であります。聖書に従って私共参ります。もしそれであるならば、私共は憎まれもしなければ、こうして私共は孤立する必要は更にない。そうではない。イエスさま生きていらっしゃるのだからイエスさまが拝せられなかったならば、イエスさまが生き生きと、「神の国は近づけり」と、迫っているとこう仰るように、私共に生きこ迫っている方でないならば、我々の集会やこの集まりや、今日迄の来た事は何の意味もない事であります。もし聖書によって行く事が出来るならば、あえて集会をする必要もなければ、教会に来る必要もなければ、共に讃美する事も要りません。聖書を読んでおれば分る筈であります。即ち言えば聖書が指導者になるからであります。その指導を受けるならば家でもって一人でやっておってもやる事が出来ます。そうではないのであります。生きていらっしゃる方に、集まらにゃ。分らなければ、隣りの人が分ればそれが写って来るのです。そのイエスさまがあらたかになって来ないならば、我々の宗教は意味をなさないのであります。イエスさまが神の名によって悪鬼を追い出された。神さまあなたは生きていらっしゃるから、あなたのお仕事が拝せられました。これが宗教でなければならない。教えではない。どう考える事、どう思う事ではない。神さま生きているところから始まっていかなければならない事であります。

これは誠に大切な事でございますが、しかしこの事がすたってしまいますと、宗教も何も皆ガタガタになってしまう。ここをどう解したらええだとか、どう思うかその事にばかり日を暮らしてしまうのであります。どう考えるのがええだろうか、どう採るのがええだろうかと言って何百年も何千年も過ぎてしまうのであります。そうではない。生きていらっしゃる。御名によって新かなものがそこに現われて来る。確かにそうだ、そうだと胸に響くものが出て来なかったならば、宗教にはならないのであります。「主よ、あなたの名によって致しますと、悪鬼までが私達に服従します」これを知ったのであります。成程「神の国が近づいた」と言えと仰るがその通りだという事が分ったのであります。これは誠に私共に大切な事であります。向こうに生きたものがおいでなさって私共に教えてくださるのでございます。もしここに神の方からこちらに来るものがないならば、神の御名によって起こるものがないならば、また私共のさんびの内に神が現われるという事が、この事が実感されないであるならば、それは私共にとって無の事であります。で、そういうところには、非常に慎み深く自分らは真理を尋ねていかなければならないのであります。それについては、私共は私共の生まれたこの国に伝わっておる色々なものによって教えられて参ったのであります。しかし生きた神さま、イエスさまは生きていらっしゃる、イエスさまは新たかであるということが分る事においては、これは過去の如何なるものも教えていないのであります。これはイエスさま御自身のお仕事でございます。これにあづかる事が大切であると思うのであります。ですから特別から上に臨んでくる。特別神の方から運んでくださるものを受ける所に実に癒しがあるのであります。これを「受け」と申します。受けでございます。この「受け」という事が実に大切でございます。

神を受けるという事。何時も私はふたつの受けがあると申します。ひとつは自分自身を受けなさいという事を申しておりますが、これは大切な事であります。自分を受けるという事は、実は仏教の本を読んでもよくここはあらかたに教えております。で、思い上がっていかない。その中に自分が見出されるようになって来る事が大切であります。これはちょっと余談になりまして、それておりますが、そのそれた所で申し上げます。この間読みました本の中に、道元さんの本にこういう事が書いてあります。御名を受ける事に大切な事がこれによって私共が刺激されますから申しますが、「自己を運びて万法を修証するを迷いとす。万法進みて自己を修証するは悟りなり。」自分からこの出て行く、自分から事をするというのは迷いである。万法を修証するというのはそういう事であります。すべての事が自分から運んで行くと、自分という事を仏教では「我」と申しておるが、我執でやるという事は、我を主にしていくという事は迷いである。失敗である。しかし、「万法進みて自己を修証するは悟りなり。」事から事を、事の中に事が行われてゆくというそこに本当の悟りがあるのである。仏教というのは、神さまの事を教えたのではない。私共の日常の事を教えたのである。どうしたらええか、どうしたら正しいかという事を教えている。何処で本当の安心が出来るかという事を教えておるので、神の事を教えておらんのでありますから、仏教決して難しい事を言うておる訳ではない。難しくなったのは大乗教が出まして、どうしてもいけないから難しくなってきたのであると仏教信者は言うておるのであります。決して難しい事を言うておるのではない。悪い事をしてはいけない。いい事をしなさい。こういう事であってそれが安心であり、本当に幸福な事だ。一番幸福な事はそういう事だ。長上を敬う。そして父母に仕えるという事が一番安らかな事であって幸福な事、そういう事を教えているのであって、決しい難しい、何だか知らんが、万法を修証してなんて言ったって難しい、何のこっちゃ、万法なんて言うたって訳は分らん。そんな難しい事を言っているのではない。字は難しいけれども決して事柄は私共に分らん事を教えるのでない。またそういう事をお釈迦さんはしておらないのであります。根本仏教の本を読みますと誠によく分り易い。ところが日本のお経文を読むというと難しくてしょうがない。何だか訳は分らない。「万法を修証するを迷いとす。」これは何も私共日常やっておる事であって、万法なんて何処にもいやしないのであって、書いてありゃしない。毎日やっている事であります。自己を運びて、自分から事をしてはならない。万法進みて、事から事をやるように、即ち事が熟して初めて事が出来るのであって、ものが熟さないのに自分だけが飛び出して行くというような気持ちが、それはいけない事だ。即ちものをそういうふうにやってはいけない。そこに我がある。私という事を大変に大切に……。この事についてもっと面白い事をやりたいがこの位にしておかねばならん。

その次は、事の中に事をするんだ事の中に事が始まるんだという事であります。これはですね、受けの中にある。それは受けはどういう事かと言うと、暗さなら暗さを受けなさいとこういう事。暗さの中にあって暗さを受けなさいと。暗い所から明るい所に出ようと言うでしょう。これは自己を運ぶ方であります。暗い所から明るい所に出ようとする、成程それはええ事です、決して悪い事ではない。けれども、そこには実は暗さというものを受ける事が大切なんです。これ大切な事が分らない。そしてそこから出ようとしておる。そこに万法、事を失なってしまう。そうではない。暗ければ、暗いというのは自分自身であるから、それは有難く受かるようになってこなければならぬ。足らんと言えば、足らんという事が有難い世界であって、足らんところが自分の世界である。足りなくなろうとしてゆくところに、そういう希望はよかろうけれども、そこにちぐはぐが出てくる。そこに迷いが生じて来るという。そこで悪い時には悪い、悪うございました、アメン。そのまゝそこを受けていく事が出来る。だからアサではその受けが大切だ。分らない。分らなければ分らないところを受けていくのであります。道元さん何と仰ったかと言うと「生は生、死は死」と言われた。生と死を継ぎなさんな。ひとつひとつ切っていきなさい。悪ければ悪い。ハアと言ってそこが受っていく人は、その上にいらっしゃる神を受けることが出来る。ですから悟りはアサの受けの反面を語っておる、言えば裏を語っておる。つまり神の恵にあればその裏がある。その裏を受けなければならない。

図1、A

文句を言わないと皆がよく分らないから、こういう風にこれはひとつの線でしょう。これは（横線）私共の線としましょう。よろしいか。神の線（たての線）が来た時ここは宗教だ。神さまの線が来るというと、神さまの方は新たかに上から下に来るのであります。私共が（横に）行っているのに、神さまは（たてに）行っている時に、これとこれがかち合わねばならない。かち合わないでこういうものが切れ

B

て、こういうものが来たとするならば（図—B）これは私共に係わりない。どうして係わるかと言うと、自分が行っている所に神が重なって来るからである。その時の重なりはどうなるかと言うと、自分は裏に行かなければならない。神が表になって来る。つまり言えば裏に自分があってそこに神の表が来るから、ここを宗教というのである。よろしいか。その裏にある自分はどうかと言えば、暗い人でしょう。分らず屋でしょう。何時でも、神は何時も見えないで悲しくなって来る。神さまと言うと悲しいんです。見えないから、感じられんから。その悲しい自分というのは、線の裏に入った。これが無かったならば宗教にならない。そこだけ切れて、神さまがあったというならば、それは訳は分りゃしない。けれどもそうではなくて、自分がある、そこに神が重なって来る。その時に自分の裏が受からなければいけない。つまり言えば「見えないものでございます、あなたの前にはおろかなる者でございまして、途方もなく暮している所の実に哀れな者でございます。御免下さい。何時でも何時でも御心にそむいております。御免下さい。」こういう人は神の裏になった人であります。初めてこれは神に会った人であります。よろしいか。

　ここが分らないと受けという意味が分らない。受けというと何か神の物をとると、そういう受けでなくて、受けでなくて、受けというのは必らず(A)の受けだ。だから、その裏に自分が入る。今迄は自分が表に出ておった。表に出ていたからして救われなかった。ところが、神が表に、直接向うからこちらに来るものがあって、初めて宗教というものが出てくるときには受けふたつであります。先づ神の裏として自分が受からなければならぬ。共に、分らないという事が初めて分る。神という事がなければ、神が分るとか、分らないとかその事は意味はない。なんのことはない自分はおるのですから、自分は分かる者がそこに居るんですから、神なんて言ったところが、そんなものは嘘っぽちであります。無神論者が神は嘘だというのは本当なんだ。本当そうだ。自分ばかりしか見ないもんだから神がある筈がない。しかし神と会う事によってどうなるかと言うと、裏になる。初めて分らざるものが分って来る。

そこに「有難うございます」というのは、二つの意味。自分が分って来る。自分の足らない事が分ったらそれで有難くなってくる。それが有難くならなければいけない。わたしは地獄でございます。さっぱり分りません。それが有難くなって来た人は、神の表がちゃんと入った人。ところが分りません、分りませんという人はどういう人かと言うと、分らなければならないというひとつのものが、もうひとつ出て来ておる。それを自分でやる。そうすると分りたいという自分が出て来る、こっちから分らないという自分と自分のかち合いをやっておる。自分と自分のかち合いはこれを意味をなさない。成程、立派のようであります。私は足りないから足りるようにしたいという事は立派のようですけども、これは自分と自分のかち合いである。自分とのかち合いはこれは滅びであります。例えこれがどんなに神を見ようとしょうが、どんなに行こうとしょうが、どんなに神を信じて行っても、何時も私が言う、信仰が何故悪いかというと、自分から出たものとかち合っていく。ありたい、願いたい、そうなりたいという自分と自分の欲とが、このふたつがかち合ってしまうから難しいという。かえってこれはいかんという。そうでなくて本当に出来ないものなんだから、出来ないそこで、「アメン」。それが神との………。お分りですね。そこをよくはき違えないように。難かしく言うのはこういう所を言う。神を拝してイエスさまの所にして行くならば、それは問題は無いのであります。ちょっと問題がグラグラしましたが、その次に参りましょう。

その次にイエスさま何と仰ったかと言うと二十節に「しかし霊の従うことを喜ぶな。あなた方の名が天に記される事を喜べ。」よろしいですか。「霊が従う事を喜ぶな。」悪鬼が追い出された。あそこに行ったらこういう事があった。それは成程神の恵みだから有難い。それはよろしいが、もっと喜ばなければならない。それは何かと言えば「あなたの名が天に記されている事を喜べ。」よろしいですか。今のありました、「万法進みて自己を修証する」という事であります。これは万法進みて、事の中に事が行われる、がこれは内側の働きになって来る。これは先程申しました受けのあやのひとつの裏を語っておる。そこでも神がなしてくださる。御名によってなされる、神の中に神の事が起きてくる。つまり言えば、神の中に神が起きている、御名によっておきる事が、そういう不思議を現わしてくる。よろしいか。これ大切な事。これは自分の事の中でなくて、神の中に起きてくるもの、即ち神の御名によってなされておる、この有難さを語っている。

ところが今度はどうかと言うと、「あなたの名前が天に記されてある」とこう仰しゃる。これはどういう事を意味するかと言うと、あなたの名が天に記されている所で自分の目が上に向く。そしてこの名の記されている所に吸い付けられていく、いわば引き付けられていく。そこなんです。いいですか。自分の中に起きて来る神の恵を、自分の中に、人の中に世の中に現われて来る事を拝せしめられる有難さを弟子達は実際に味わった、喜んだ。ところがその事は、上からあなたを引いておる、吸いつけておるものがある。あなたの名が天に吸い付けられておる、あなたを奪って天に持って行くものがある。そこに目を置きなさい。喜びはそこにある。ここが大切な事である。神を私共は捜しておる、何処にいるか、この間は駄目だ。それで成程自分の祈ったら来る成程そうだ、と言って自分が実証している間は駄目だ。そうではなくて、神があなたを吸いつけて向うに引っぱっておる。その絶えず神は自分を吸いつけておる。奪うておる。この受けがはっきりして来なければいけない。よろしいか。そうでないとこちらは奇跡であります。何時も不思議があるというのはどういう事かと言えば、向こうが分らぬけれども、分っている事だけ分るという事はこれは奇跡である。ところが受けはその面ともうひとつの面は何か。吸いつけている。これが受けである。引っぱっておる。

名前が既に向うに引き上げられて記されるように、あなた自身を神が引き上げておる。この事が分ってくる。イエスさまに会って非常に有難く感ずるのは、神は自分を吸いつけておる。吸うておる。それであります。引き上げて引いておる。あんたを引いておる。そこであります。もう勿体なくてたまらなくなってくるのであります。それは何故かと言うと、そこは「受け」であります。このふたつの面が現われて来る。それでイエスさまは「霊が服した、悪鬼が服したという事を喜ぶな」まだ喜ぶ事はあんたが向うに引き上げられておる。引き上げられつゝある。奪われておる。これを「奪い」と申します。奪われつゝある。これでありま す。つまり言えば、向うからこっちに来たものを御名によって拝した。と同時に私共は向うに引き上げられる。吸い上げられて来る。よろしいか。絶えず神は奪って、先に先にと行かそうとしていらっしゃる。この事を教えていらっしゃるのであります。ですから、有難くなって来る。

「漏れ出ぬ国の確かさ　おそれ無き御世ぞ」

なぜかと向うからこっちに奪って行っている。奪って行くところのものが拝せられてくる時に、初めてこの驚くべきものを拝するのであります。これがここにお教え下すったものと思われるのでございます る。このふたつのものであります。

この間の十四日の木曜日に吉浦で集会しておりました。その時に十字架が、私には十字架のことが。こちらが明るくなりました。わたくしその時の感想はですね。私共はそねみだとか恨みだとか、そしてもうそのいわゆる汚ないものを皆持っておる。ところが十字架が既にそれを吸うておる。そのもう過去になっているものを私共は新しく自分の内に見ようとしておる。ところがもう十字架はそれを奪ってしまっておる。奪ってそこに終っておる。アサだけを与えておる。奪っておる。その奪っておるものを私共は盗んで来る。引きおろしてくる。それであります。十字架でもう終った筈なんであります。この世の暗黒、この世のねたみもそしりも全てのものは十字架で終っておる。に関わらず私共は十字架を盗んでおる。そして自分のものにしてしまう。この愚かであります。終っておる。そこであります。アメン。勿体ない。その時に御園生貞子さんは、イエスさまを拝しておりましたが、もう喜びに溢れてたまらない。イエスさまを拝しておる。そこでありますその座に神を拝しておる。不思議な事であります。ところがそこの隣りにおった孝子さんはどうであるかと言うと、イエスさまに吸いつけられておる。ふたつの面であります。現われて来る。神の方からこっちに現わして姿を見せてくださるその面と、一方は吸いつけられておる、孝子さんはもう、ワァワァギャーギャーやっておったが、二人でやっておりましたが、それは一座皆恵まれましたが、さんびでありましたが、現われて来る。吸いつけられて来る。神の不思議の業はそこにある。よろしいか。もし私共がここにおって神の業を拝しながら行くと言ったら、これはやり切れるものではない。奇跡はあるものではない。ところが吸い上げておる、御言御名が我々を吸うておる。この不思議なものに会う時に、この驚くべき神の栄えを拝せずにおれなくなって来る。よろしいか。これは不思議な事で、そういう風に神の業というものは、一方には与え、一方には吸い取る、奪うという事、これが「受け」のものでございます。受けの中にも自分を受けるのと、神を受けるという面を持っている。しかし、それと一緒にまた吸い取られる、奪われるところの面のある事を思わなければなりませんのであります。

ですから、ここで最後の注意を申します。この受けるという事でも、受けようとしたならばこれは自己を運びてという事になる。「万法を修証するは迷いとす」と書いてある。自分を運ぶ、信ずるという事はそこに出る。受けようまた自分の名の記されたと思う、とこれ信仰という。そう思いなさい。あんたはグジュグジュしないで、グジュグジュ言わんで、あんたの名はもう天に記されたんだから、その事をあなたは思いなさい。はあ何だってあなたには神さまが来ているんだから、あんたはそれを受けなさい。そこに居りなさい。信じなさい。これが「自己を運びて」であります。その人は自分を運んでいる人であります。それは意味なさん。それはいけん。そうではなくて「万法進みて」、向うからこっちに進んで来る。向うからこっちに行われて来る。道元さんの仰るのは仏さんで申す、私はこれを神さまの方に申すのであります。神さまの方に向けるというと、神の方からこっちに来る。よろしいですか。それと仏さんの方でいう進みてとは違うのです。仏さんの方は、事の中に事をする、事が円熟して事が出来る。事が整うそこに事が出来てくる。そこは事の中に事をする。つまり言えば事と自分というものが離れてしまわないで、自己を進むというのは、自己と物とが離れている。ところが「万法進みて」というのは自分がことが一緒になって、事が熟して事が成っていくのですから、自分とことがひとつになって来るところのものであります。ですからここではひとつとなる。ところが「受け」はそうではない。向うからこっちに来るものがある。ここ違う。よろしいか。万法進みてというのは、事が熟して事が成る。ここでは向うから来るものとかというのは、例えば道元禅師が「仏の方より行われて」と書いてありました。この前ご紹介申しました。仏の方より行われてというのは、仏というものがあってこっちに来るのではない。仏というものは、この自分とかあれとか、生とか死とか、そんな分割したものを持ってないで、そのまゝそこに行われるものが即ち仏であります。そのまゝそこであります。これはそっちの方の解釈になりますが、私は坊さんではないからしませんが、そこ違う。神の方から行われて来るものがある。これは仏さんを説く時と違う訳であります。で「受け」もそうです。名の記されるという。神の方からイエスさまは来ていらっしゃる。そのイエスさまに会う時に、向うからこちらに受けしめられ、拝せられ、奪われていく、そこを知らされて来るのであります。

ですから、み霊の働きなしに宗教はございません。み霊を受けるという事が全ての根本になって来る。それには集まるという事が大切であります。道元禅師は坐るという事だと仰いました。坐るという事は大切なことであります。私共も集まりという事が大切であります。聖書で導かれるならば、聖書を読んでおればよろしい。しかしイエスさまに導かれるならば、イエスさまの、お互の間に現われて来るイエスさまの所に皆集まってゆくのが、これが順当だと私は思う。で、その一人は一人居っても、イエスさまがあらたかになってくる方であります。そこに本当に「受け」という事があるという事であります。だから、信念だけを先に、自己の信念や気持ちだけを運んでいくのでなしに、向うのものをお受けする事の出来るようになってゆく。集会を欠けるという事は、一番の損失でございます。

アメン。有難うございます。　アメン　アメン。

十字架㈠
十字架とアサ

一九五七年四月七日　御説教

ヨハネ、七章

私は刷物を持って来なかったから、何時受難週が始まるか知りませんが、多分今週辺りがそうであろうと思います。今日は、十字架について申し上げたいと思います。十字架ということの外観だけ申し上げたいと思います。

十字架といえばキリスト教です。キリスト教といえば十字架であります。どこが変わっているかといえば、十字架というものがあるという事です。これは、イエスさまが偶々十字架にかかったかとか、其の最後がはりつけにあったとか、あるいは、誤解のためにはりつけにあったとか、こういう一つの出来事ではない。キリスト教でいう十字架という事は、確かに救いに係わる。即ちこの十字架を抜きにしては救いは無い。こういうのがキリスト教の十字架における大切な点であります。普通の宗教でありますと、良心的になったとか、あるいは、大変に徳を積んだとか、いわば立派な者になったという事で、其の人が救われたとか、あるいは神のようになったとか、神に近づいたとかという宗教が成立する。けれども、キリスト教では、十字架というここを通らなければ宗教にならないのであります。これは、一番大切なことであります。また私共の日常この十字架を通っておる、このことが大切な事であります。それで、十字架ということをどういう風に見たかといえば、十字架ということを、弟子達は主が十字架にかかるなんてことは思いもしないし、またここにも書いてありますが、「私はあなた方の知らない所に行くんだ」というようなことを仰っております。これは十字架のことを仰っているに相違ない。しかし弟子達によく理解が出来なかったのであります。主が死んでも直ぐには分らなかったのではないだろうかと思います。たゞペテロさんが、あのペンテコステの時に説教したのを見ますというと、あなた方のはりつけにして殺した人が生きて来たんだ、とか、あれが本当のキリストだったんだ、とかこういうことは申しておりますが、十字架がそれ程の意味を持っているという事は思わなかった。しかしこの十字架ということが、救いに非常な関係のあることの分った、書いてあるのは何と言ってもパウロさんの神学であろうと私は思います。その次に出て来たパウロという方が、キリスト教の敵であった者がキリスト教になった。イエスさまに捕えられた。そこからこの十字架というものを見る事が出来た、改めて見ることが出来たのであります。こういう事がその始めと言えば言う事が出来るかと思うのであります。

この十字架を、どういう風にキリスト教では見るかと言うと、神と人との間には、犯すことの出来ないへだたりがある。その隔りはどうして隔っておるかといえば、人間は罪の者であるから。その罪ということはどこから来たかといえば、人類が始まった時に、神が人間を神の像になぞらえて創った、その人間が罪を犯した。即ち自由な気持ちでもって自分も神のような知恵が欲しいといって木の実を取って食べた。こういう風な、まあ神話といえば神話ですが、そういう信念から来ておる罪がある。その罪を人間はどうする事も出来ない。それがキリストが、十字架にかかってその罪をいわば帳消しにしてしまった。こういう気持ちであります。これを原罪と申します。もとの罪、人間の持っておる原の罪、一番始めの罪を皆んなが受継いでおる。生まれるから罪の子であるから、この罪の子がどうして救われるかと言えば、ここに人間と神様との間にイエスさまが十字架についていてくださった。それで、これの持っておる罪を皆んな御一緒に十字架につけて下さった。それでこの隔たっておる者が、神と人間との間が和合する事が出来た。今迄罪の為に隔たっておったが、十字架が来てイエスさまがその罪を皆、人類の罪を皆背負ってしまった。だからここで罪の根というものが無くなってしまった。それで始めて人間は神と人との間に仲直りができる。パウロ先生が「和合」とも言っておる、人間と神とが和合する事が出来るんだ。こういう風に取っておるのであります。ですから十字架を信ずるという事は、大切な事であります。

しかも昔かかったもの、かかったものだがその十字架は、実に私共の罪を受けた。これを「連帯性」という。連帯性というのは、昔ユダヤの人がはりつけに釘けましたが、そのつけた人の罪と同じ罪を私共は持っておる。それでイエスさまを殺したのは私共だ、とこう言うのであります。連帯性、あるいは昔のアダム・イヴの時代のその始めに神の創った人間の犯した罪を、遺伝的に皆連帯性として持っておる。こういう風に考えておりました。それでこの十字架によって初めて神と人との間の和合が出来ると、こういう考えを持ったのであります。これが神にゆるされた。キリストを信ずることに依って神にゆるされ、その深い神と自分との間の親しい仲、和合であるその気持ちを説くのに、これ以外に説く道が無い、こう説かざるを得なかったのであります。ですからこの十字架を信ずるという事が、大切なる信仰であります。でこの十字架を信ずる事によって赦されておる罪、ここに改めて自分は意識して神と交わることが出来る。なにしても神と人との間はどうしても隔りを持っている、どうしても行き得ない壁がある。これがキリストに会うた時に、キリストを信ずることによってその壁が無くなってしまう、和合してしまう。そしてそこに初めて新らしく生まれるという事が出てくる。「新生」であります。人間は新らしい人としてそこに生まれ出た。それで神の前に正しく歩み、神を信じて行き、そして神の恵みに興かってゆくそういう人生が始まってゆくのがクリスチャンであります。その意味に於きまして十字架ということは、非常に尊いものになっておる。

今日は、率直にたゞアサの比較だけを申しましょう。

アサは十字架をどういう風にとるかといいますと、アサでは、私共がもと罪があった。それは昔人間が始まったときに罪を犯したというような事は、ユダヤ人には分るかも知れんけれども、私共は聞いてそうは思っておりますが、しかしそれは実感じゃない。そういう一つの信念です。そういう信念を受継ぐという事がキリスト教であるならば、私共はクリスチャンではない。何故かなれば、昔我々の先祖なり我々の魂なりが犯した罪がある。でそれが十字架について帳消しになったと言われましても、我々異邦人にとっては誠に解しられない事であります。しかしこれはですね。イエスさまのみ霊にあづかった時には確かにすべてが赦された気持ちが確かに起きるのです。すべてそこに平和に見、誠に神の大いなる御恩寵を私共は受けることが出来るのであります。しかしながら、それなるが故に十字架の救いという事がそういう意味であるかと言うと、私自身異邦人でありまして、パウロ先生がユダヤ人からキリストを見たのとははるかに違ったものであります。大体私共は罪の子だなんかという事は思いもしないことであります。そういう人間にこの原罪説を唱えられましても、しっくりこない。これはキリスト教の分らない点であります。どうもしっくりこないのであります。この十字架というものは、キリスト教によりますとすべて終ったことであります。結集した結果であります。つまり人類の罪は既に贖われて十字架で贖われてしまった。この地上に於けるたゞ一回の機会、即ち十字架というたった一つの機会ですべての人類の罪が赦されておる。いわば今迄来た所の罪のその結晶がこの十字架で解消してしまった、という意味があるのでございます。すると十字架は罪のいわば終りであります。これを信ずることが出来るならば、その神の与えた恵みがそのまゝその人のものとなってゆくのであります。これを信ずることが出来なかったならば、昔犯した所の罪がそのまゝその人の罪として、今尚その人に何の恵みもなしにその人はそれを拒絶したという事において、その人のものになってしまう。またそういう風に信じておるのであります。ですから信ずるという事が大切である。

しかしアサはどうであるか。アサでは罪が無くなってしまったという、そういうもう既に結果してしまったという事を信ずる宗教ではないのでございます。これを信ずるならば即ち救われるんだというのでもないのです。どこが違うかと言うと、十字架は私共にとって始めなんです。終りではない。解決した事を私共が信ずるという標本ではない。でなくて十字架は始まっておるものであります。

図1

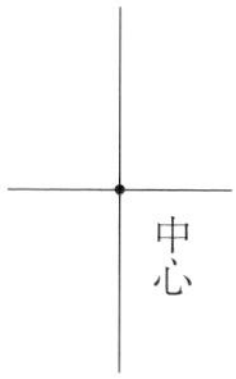

図2

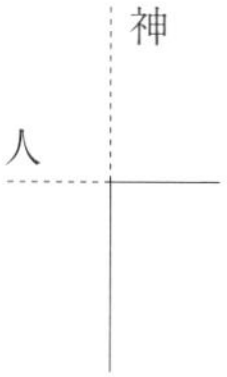

それからもう一つ。「原罪」ということは、アサではどういうふうにとるかといいますと、アサでは原罪という事を説く前に私共は何時でも一つの、これは十字架を書いて見ればよく分かる。（図1）このキリストに会うここが中心としましょう。そうすると私共はキリストによって十字架によって既にもう無くなってしまったとすれば、そういう意味の十字架は図2のようになる。かってはあったものであるが、横線の方は人間の方、縦線の方は神の方としましょう。すると十字架が来てどういう風になるかといえば、十字架によって私共の持っておった罪が、ここで消されてしまう。神の方からきたものに会うとこういう風な図2になる。ところがアサの十字架は生きておる。私共が十字架に会うという事は、どこ

で会うかといえば実は罪人として会っている。もう既に無くなってしまって、帳消しにされたものを信ずる。もうそんなものを今更救われるとか救われないとか、そんな問題はない。もう今は救われておる。だからそれを信じなさい。とこういう宗教がまあ私の習ったキリスト教です。

しかし私共は事実の世界から行かねばならない。そういう信念の世界ではない。信念からはそういう信念を持つ事が出来る。また持たされるんです。しかしそうではない。私共の事実からいえば、私共はここにこうして、アサ受けて分かる事は、絶えず逆っておって、絶えず神を拒んでおる自分を見る事が出来る。もしこれがかって取れておるならば、この拒みがないはずであります。しかし事実は私共にとっては拒みでありまます。しかしこの拒みというものが、今そこに来た出来た出来心ではない。ここが大切な点であります。ここに起きた出来心ではない。つまり私共よりかもう先に、既にこれは私共に拒むものとして来ている自分の罪を見るのであります。今拒むのではない、今逆っておるのではなしに、もう知らざる先に、それこそは生まれざる先に、既に私は拒みの石として私はあって、その拒みの石からの子としてある事を、これは現実に見る。現実から見るとそう見えるのであります。私は如何に、丁度パウロ先生が嘆いたように、いくら私が神を受け様としても、どうかその神のじたいを私自身のものにしょうとしても、どうしてもできないものが人間であります。これは何故かといえば、ここには心では成る程神を要求しております。あるいはキリストの如くなりたいとか、キリストを受けるとか、こういう事を願っても、それは束の間のたゞ一つの私共は気持ちとしてそれは直ぐ去って消えてしまうものであります。これは何によるかといえば、私共は既に先立ってておるもののあるという事を知らねばならない。

永野先生が倫理学の論文中に「中」という事を「中庸」という事を論文の中に書いていらっしゃいますが、その中にアリストテレスとカントの「中」、まあカントの方では「中」と言うかどうか知りませんが、その事をお書きなすっている。カントという人が何と言ったか、アリストテレスが何といったか私は無学でわかりませんけれども、この「中する」という事はたゞそこにこれとこれとがあるが、これが正しいとか、つまりいえば空間的なものをそこに置いてそれに判断をしてとる所の中庸でもない。あるいはそれが必然性にそのまゝ来るものもあるでしょう。いずれにしてもそこに何かあって、そこの中庸であるか真中方であるか、それが正しい事であるか知らんが、何かそこに空間性があってそこを貫ぬいてくる、その中庸として見る所のものを中庸とする。こういう考え方がこれはあったろうと思う。あるいは既に私共は動機として出る所にこうせにゃならぬ、行かねばならぬという事がもう既に私共の中に、発するそこに来ているものがある、即ち良心の閃きがあるのであります。これは一つの動機としてくるのである。即ち一つの純粋性というものが既に私共に備っておるから、あっちをやってはいかんこうだということが自分にくるにちがいない。またやったという事についても同じ事が結果で現れてくる、するとそこに私共がゆかねばならぬものがあるに違いない。そういうような所に「中」という事を申すことが出来るかと思う。

しかし、アサに於いては「中」という事は、中することができない人間だということが、第一に分からなければ「中」は分らない。中庸をとってゆくことが出来るという人間を見ておるか、あるいは既に動機に於いては神からくる所の一つの良心の閃きがある、それだからして、そこにまあ必然性というか、当為というか、むつかしい事は知らんが、とに角そういうものがあってそれにのっとってゆくというようなそういう単純なものでなくて、神のものは受けない、受けられない、どうしても受け得ないものだという事が大体分っておらなければ、「中」という事は分らない。これはうかつに「中」ということを思い出して、決して必然性も出なければ本当の中庸もない。実際はない。ない。絶対ない。あり得るはずがない。けれどもそういう事をあるが如く、存し得るが如くまた人間にはそのものを捕え得るが如く思うておるのはこれはいわゆる派生的な一つの錯覚であります。そうではない。出来得ないという所から出発した中がはっきりしなければ、「中」という事は出てこない。よろしいか。

私共は、ある時に神に会ってその前の方は帳消しになってしまう。これが新らしいものとして出立していくんだ。つまり我々は生れ変わるんだ。一八〇度の転換をするのだ、そうするというと新らしい人になって生まれ変わって今度はクリスチャンとしてゆくことが出来るんだ。こういう事をよく言うておる。私自身がそんな馬鹿らしい事を言ってこの教壇でいうておった。しかしアサに来てポロポロとそんな馬鹿らしい事が解けてしまった。そうじゃない。いかに受けようとしても、如何にせん我々にはなし得ないものがある。拒み続けるものがある。今更ここで決心しょうが何しょうが、祈ろうが讃美しょうが取れないものがある。それは即ち私共が生まれる先からここに現在している所のものをどうしてもこれは想定して、そう思わなければならぬ。あるといいませんよ。あるとはいいませんよ。そういう風に見なければならないものがあるのでありますす。これ大切です。消えてしまわないものがある。今受けたかと思えば直ぐ私共は拒む、というその自身を見つめねばならない。

すると罪は（図1）生きておると同時に、二千年の昔に事済んでいない。今尚上からくるものがなかったならば、これは成立しないところの救いでございます。ここは違うところでございます。こちら（図2）では連帯性であります。即ちユダヤ人がキリストを殺した。私はそのユダヤ人と同じ血のついている人間じゃ。だから私はキリストを十字架にかける。これを連帯性という。連帯性ではなくて私自身が、連帯性でも何でもない、私自身が事実現実キリストを拒み十字架につけておる。今尚そうなんです。ここが違うのでありま す。生きておるのであります。それだから事済みと思いそして、自分は新らしく生まれたんだという信念を、一生懸命に持ってそれを鼓舞して、そしてそれを新らしく生まれた、新らしく生まれたと、丁度生長の家と同じ様に、今汚ない事をしたり今つまらない病気になったり、こういう汚い気持ちになるのはこれは仮の私だ。本当の私はこっちにあるんだからそれが私の本当だといえば、誰でもそうだと思います。わたしは立派な者で、神の子で、完全無欠でもって病気もなければ何んにもない立派な、私は完全無欠な人間だとこういう風に思えば誰でもせいせいしますよ。そうでしょう。清涼剤だこれは。ちゃーと苦しんでおったけれどもあなたはもう神の子だ、そこにあるのはあなたの仮のものでそれはあなたの幻のようなものでつまらぬものを持っているけれどもそれはウソっぱちだ。本当の所はわしは完全無欠の何の汚れもない。永遠を持っておって何んにもそこには一つの汚れも罪も何もありゃしない、健全なる我は、完全無欠の我こそ我である、とこういえばインテリの人は、おお、それならとセイセイする。そしてやっていることは同じです。やっている事は同じですけれども、そういう一つの信念を持たすのです。そういう惚れさせればそこは何百万人でも人が寄ってゆくのです。化かされるから。そんな馬鹿らしいことがあるもんではない。もっと忠実にならねばなりません。それは未だ神に会わんからそんなことを言うているのです。神に会えばそんな傲慢な気持ちには絶対なれんのであります。それは何故かと言えば、人は神に会えば会う程どうしても神に対し前に瞬間拒んでしまう所のその動物だという事がよく分って参ります。動物だといわれて怒るかも知れないが実はそうなんです。これが悲しむべき人間の宿命でございます。

ここにキリストの十字架を覚えるのであります。ですから「受」という事は、これを受けねばならぬ。これが受かってくる。イエスさまを受ける時に自分の罪人だという事が起てくる。今日は一寸道元さんのあれを忘れて来たから言うことが出来ませんが、もって来ないから頭は悪いから覚えていませんけれども、これが悟りとか自覚とかという事は同じことです。キリスト教の十字架に於ける神の子自覚だとかというのは悟りと同じです。何にも違いはしないのです。本当のものを受けてはおらんのです。悟りとか何んとかいうのは自分に陶酔してゆくとこなんです。三昧という言葉ええ言葉です。三昧してしまう。例えば無我の境地になっているというと、無我の境地の中に三昧してしまう。あゝ気持ちのええもんだ。何もない。何んにも無くてたゞそこには生きておる、息ついておるその自分たゞそれだけだ。何んにも煩わすところのものは一つもありはしない。ぐじゅぐじゅ言う事一つもない。生死を考えることの必要もない。そんなものでなくて、生きている自分そのものが陶酔することが出来る、三昧であります。それと同じように十字架の自覚とか、信仰によって自覚とか確かにくる。この神の憐みに会った時にはもう本当に解けてしまう。平和になってしまう。何にもそこには無くなってしまう。そして神のみわが神であるとは言い得る。そこに自覚性あるいは悟りからいいますとそこに陶酔してしまう。陶酔することが救いだと思っている。とんでもない話です。アサでは、そういうものは外道と言うて追払ってしまう。われの内には「受」がある。「受」は何かと言えばこれが（図1）生きておるということです。受ければ受ける程これが（図1）生きてくる。ここ（図2）では自覚ですから陶酔するそれだけの話です。そこには宗教はない。これは今抽象的で面白くないが……。

ええそれで陶酔してしまう。それは宗教ではない。宗教は罪が生きなければならない。もし原罪があるならばその原罪が生きる。どうしても拒む。どうしても拒むそこで私共は受けながら煩悶する。それが人間だ。それでええんだ。そういうものなんだ。煩悶するはずがない。そんな事はない。神の前には罪深くして私共は出ることとの出来得ない自分を、それこそ自覚だが、それが起きてくるのが本当の神の前に立っている人だ。

なればこそこの焼けつくようなこの恐ろしいところの神の恵みと憐みが私共を一杯刺激してくる。光が一杯満ちてくるのはどこにあるかと言えば、私共が罪がなくなってしまったのではなくて、それが生きてくる。生きてくればこそ罪を犯さなくなる。罪が消えてしまうから罪を犯す。それから犯してゆく。新らしく生れないのだ。新らしく今度は犯してゆく。それはこれでええという事が、もう既に罪を犯してくるのです。これでええんだ、あゝ今迄やった事は成程解決した、これでええんだ。それが神を拒んでいる事だ。何故拒んでいるかというと、神はそんなものではなくて、どんどんどんと受けさせられてくる筈じゃ。その受ける事実を失なってしまって、陶酔してしまうのでありますから、これは受けたと思う瞬間もうその人は転落してしまっておる人であります。これは恐ろしい事であります。ですから生きたものを生きた自分を見る筈であります。その人こそ十字架に会うことが出来る、即ちキリストに会うことが出来る。

ここ（図1）には十字架は生きております。生きた十字架に会わされるという事が実にありがたい事でございます。それでキリスト教の十字架は赦しの十字架じゃ。今迄犯した罪もとが皆んな神はこれを赦してしまって今は、新らしい人として、新らしい子としての取扱いを受けるところの赦しの神であります。しかし私共は如何に赦されても、この拒む現実を如何とも私共はごまかすことが出来ないのであります。即ち先立ちを持っておる、肉の先立ちのあるという事を知らなければなりません。これによって初めてキリストの生ける十字架に会うことが出来るのであります。これは会う人だけの分る世界であります。

ですからアサはじっとしておれんはずであります。なぜかならば打ってくるものに会うからです。ここに事実と事実、即ち「受」というのは神を受ける事の事実と自分を受ける事の事実、おかしな事であります、自分を受けるという事の事実がある。これはどういう事かと言えば、これが（図1）生きている。成程拒みの石である。何時でも神に反逆してキリストを十字架につけているものだ、という事がはっきり受けさせられてくる。いいですか一方はこれを忘れさせてしまう。アサはこれが生きてくる。これが生きれば生きる程神の十字架が生きてくる。そこにたまらない現実の救いがでてくるのであります。

アメン。ありがとうございます。アメン　アメン。

十字架(二)
エマオの二弟子と二つのウケ感じ

一九五七年四月一四日　御説教

ヨハネ十四章、ルカ二四章一三―三二節

アメン　勿体のうございます。アメン　アメン　アメン、勿体のうございまする。ハハハハ　アメン。

今日は、エマオの町を行かれる二人のお弟子さんが、復活していらっしゃったイエス様にお会いしたその時の記事を拝見しながら、私共がイエス様をお受けした時に起きます、二つの感じについて学ばせていただきたいと存じまする。このエマオの町に行かれる二人の弟子のことは、ルカ伝の二四章一三節から三二節に見えております。

この日の朝は、実にイエス様の御弟子にとり、また私共にとり、全人類にとって実に輝かしいことの起きた日でございます。それは、この日の朝婦人たちがイエス様を葬つた墓に行きました所が、はからずもそこに輝く衣を着た両人の天の使が現れて、そして、イエス様が甦ったことをお知らせ下さいました。二人の婦人たちは、驚き恐れてそしてかっ喜んで帰って来たのであります。ちょうど、こういう知らせを聞いた二人のお弟子が、今エマオの町の方にエルサレムから立って来たのであります。

第一三節以下をここで朗読いたします。

「この日、ふたりの弟子が、エルサレムから七マイルばかり離れたエマオという村へ行きながら、このいっさいの出来事について互いに語り合っていた。語り合い論じ合っていると、イエスご自身が近づいて来て、彼らと一緒に歩いて行かれた。しかし、彼らの目がさえぎられて、イエスを認めることが出来なかった。イエスは彼らに言われた、『歩きながら互に語り合っているその話は、なんのことなのか』。彼らは悲しそうな顔をして立ちどまった。そのひとりのクレオパという者が、答えて言った、『あなたはエルサレムに泊っていながら、あなただけがこの都でこのごろ起ったことをご存じないのですか』『それは、どんなことか』と言われると、彼らは言った。『ナザレのイエスのことです。あの方は神とすべての民衆との前で、わざにも言葉にも力ある預言者でしたが、祭司長たちや役人たちが、死刑に処するために引き渡し、十字架につけたのです。私たちは、イスラエルを救うのはこの人であろうと、望みをかけていました。しかもその上に、この事が起ってから、今日は三日目なのです。ところが私たちの仲間である数人の女が、私たちを驚かせました。というのは彼らが朝早く墓に行きますと、イエスのからだが見当らないので、帰ってきましたが、その時御使いが現われて『イエスは生きておられる』と告げたと申すのです。それで、私たちの仲間が数人、墓に行って見ますと、果して女たちが言ったとおりで、イエスは見当りませんでした』。そこでイエスが言われた、『ああ、愚かで心の鈍いため、予言者たちが説いたすべての事を信じられない者たちよ。キリストは必ず、これらの苦難を受けて、その栄光に入るはずではなかったのか』。こう言ってモーセやすべての予言者から始めて、聖書全体にわたり、ご自身についてしるしてある事どもを、説きあかされた。それから、彼らは行こうとしていた村に近づいたが、イエスがなお先へ進み行かれる様子であった。そこでしいて引き止めて言った、『私たちと一緒にお泊り下さい。もう夕暮になっており、日もはや傾いています。』イエスは彼らと共に泊るために家に入られた。一緒に食卓につかれたとき、パンを取り、祝福してさき、彼らに渡しておられるうちに、彼らの目が開けて、それがイエスであることが分った。するとみ姿が見えなくなった。彼らは互に言った。「道々お話しになったとき、また聖書を説き明してくださったとき、お互の心が内に燃えたではないか。」そしてすぐに立ってエルサレムに帰って見ると、十一弟子とその仲間が集っていて、「主は、本当によみがえってシモンに現れなさった」と言っていた。そこで二人の者は途中であったことや、パンをおさきになる様子で、イエスだと分ったことなどを話した。」うんぬんと書いてあります。

この中に、私は何時も読みまして疑問に思うことがあるのでございます。それは一七節の終りの所に「歩きながら互に語り合っているその話は何んのことなのか。」これはイエス様が二人に問うていられます。二人は語る方がどなたか分りませんのです。ところが彼らは悲しそうな顔をして立止った、という所でありますす。悲しいはずはないんだろうと私は思うのです。なるほど、十字架にもついただろうが、かねてからイエス様は三日目に甦えるということを仰っておるし、そして女たちの話を聞いても外の弟子たちの話を聞いても、甦ったということは既に分ったのですから、それならばこんなに悲しい顔をせんでもよかろうではないか、どうしてこんな悲しげな顔をしているのかということであります。これがどうもよく分らない点でございます。ところがですね。私共は、この二人のことはとにかく、実際生けるイエス様にお会いしておるその時に、何んとはなしに悲しくなる、すなわち悲しげであります。それは、受け得ない者に、拒み続けている肉のかたまりには、どなたか知らんと思うておる見えないイエス様、またみ声も聞えませんが、しかしそのイエス様に会うているそこが、です、何んとはなしに悲しげであります、いや涙が出て耐らなくなって来るのであります。これが引いて十字架が実に私共の罪の深い関係のあることが分ってくるその一番の初めがそこにありはしないかと思うのです。

ここに生けるイエス様に会うて深かーいものを私共が内側に感ぜざるを得ない、すなわち主は深く私共に入っていらっしゃる、下さるということを覚えるのであります。しかし悲しいかな、悲しげな顔であります、涙が出て耐らない、ハハハハハ。それは受け得ない、そしてそこには事実イエス様がいらっしゃるのでありますのに拘らず受け得ざる自分の悲しさがそこに来るのであります。ですから、単にここは十字架につけられて亡くなったと、しかしその方にまだお会いが出来ないんだというような悲しみ以上に、すでにそこにイエス様に接している、接しておりながらこれを受け得ない所の、その所に来る、否すでに受けておる訳です、そこに悲しさが来るのです。やがてこれが自分の罪を明らかにし、肉の如何なるかを明かにする一つの扉がそこにあるように見えるのであります。この悲しげこそ、一つの秘密の扉を開いてくれるように思われるのでございます。

もう一つは、イエス様の復活は、ふつうの甦りとか永生とかあるいは霊魂不滅とかということがありますが、それに言うふうな思想や信念に伴うて魂だけが生きているんだとか、あるいは身体《からだ》を持っているんだとか、まあこういう説を皆持っておりますが、イエス様においてはっきりしたことは、今申しましたように、二人の方がイエス様に「十字架につけられた」と、しかし「その方は甦ったんだ」ということであります。つまり言えば、十字架を通してそして神から生かされてゆく、というここにイエス様の復活が他のものと変っている一つの特長があります。また、これを受ける者の、このイエス様に接する者の違う点がそれでありますす。ここに悲しげな気持というようなことは、十字架を通してくるイエス様の復活の身体に会うているそこに、私共が深く肉として受け得ざるもののこの悲しげが自然と湧いて出てくる、だからお会いしたそこに出てくるのであります。それと同時に、イエス様の復活は身体をお持ちなすったということです。それですから、身体から身体にと通ずるものがあるのでございます。

三二節に「彼らは互いに言った。道々お話になったとき、また聖書を説き明かして下さったとき、お互いの心が内に燃えたではないか。」二人の者が、ですね、ここでイエス様の御様子や復活の御様子やその時起きた光景なんかを語り合う以上に、特にここではこれを振返って見て「お互いの心が燃えたではないか」、これが二人の重大なもののように見えるのでございます。これは何を意味しておるかと言うと、イエス様の甦り、すなわち生けるイエス様は「身体から身体に通じてくるものだ」ということを私共に教えて下さるように見えるのであります。

イエス様は、宗教思想を語ったり信仰の態度を語っただけではございません。そういうことはそこに置いて、身体から身体に響かして下さる、ということでございます。いわば体当りとも言いましょうか、対身体と身体によって接して下さるのであります。ですから「お互いの」と言うのは、二人同時に起きた一つの出来事でございます。生けるイエス様にお会いした時には、五人おり十人おりそこに何十人が居りましても、分らん人は別としまして、もう讃美に燃えているそこでは、お互いが一度にその時そこで分らせて下さる。これ不思議なんでございます。お互いの心、一人だけがあるのでない、もうそこに居った者が、主は見えないけれどもみ声は聞えないけれども、そこに主のいます方向までも一致するのであります。これは不思議なことでございまして、これは「お互いの心が内に燃えたではないか」、しかもそれは方向付けられてくる一つのものをそこに感ずるということは、全く生ける主がお立ちになっておる、ということを、私共は長い讃美の中にお互いがもう理解し合うことが出来たことを感謝せずにおれないのであります。これは、イエス様は身体から身体に通じて下さる、喜び溢れてくる、霊感が燃えてくるというような時には、決してこれは思想や考えやそこにあった条件から来るのでなしに、内から湧いてくるのであります、内にうって来るのでございます。

これがこのお二人の弟子の方が、よく紹介して下さる点でございます。

トマスさんはこういう出来事を信じなかった。それからイエス様が現れて来られました時に「見ずして信ずる者は幸いだ」ということをトマスさんに仰っておられます。それと同じように、見たり聞いたりその様相ではなしに、全くこの身体に響いてくるここを知れ、と仰るのです。ただ見たり聞いて、見ずして信ずるというのは見えなくても信ずればええんだ、ただ信ずるんだという、それはちいと私は賛成しかねるのでありますぞうではない。見なくても、聞えなくても、身体に響いてくるではないか。こういうことの意味であろうと私は解しておりますが、その通り、生けるイエス様にお会いの出来た時には、体当りしてくる、身体に当って来るのであります。ですから、喜びが湧いてくる、しみてくるものを感じなければいられないのです。それは、もう向うから下さるのでありますから、信ぜさして下さるのでございます。こういう所に注意しなければならんものがあると思います。生けるイエス様にお会いする時には、悲しげな場合がございまする、と同時にまたこういう風に、心の中が燃えてくるその喜びと力を感ぜざるを得ないのでございます。

こうした二人の者がすぐ立って、エルサレムに帰って見ると、十一弟子の仲間にやっぱり現れた、シモン・ペテロにも現れたなんとか云々と書いてありますが、こういうことの出来たことを喜んでおりますが、生けるイエス様に会う者は一つとならなければいられないのでございます。お互いが一つとなる。そして、イエス様が復活していらっしゃったということは救いのためでございます。それですから、伝道、福音のために一緒になって、それが喜びとなって、身体からむくむくと湧いて来、体当りして下さるイエス様を覚えながら、そして、遣わされて行くというところが、これが本当にイエス様の甦りを受けておる者の、その弟子たちのものであろうと私は思うのであります。

今日は、エマオに行く二人の方が、私共に深くお教え下さったことを感謝せずにはおられないのでございます。

アメン　勿体のうございます。ハハハハハ　勝利　勝利。


十字架で、イエス様の十字架で私共は罪のもとが消される。この罪の元がある、「原罪」。罪を別に犯さないでも、生れて来るそこに罪の根を持っておる、それは到底拭うことの出来ない罪の根を持っておる。つまり言えば、人類の初めにすでに神から離れておる、それは人間の自由意志を持ったからだと言うのでありま す。自分勝手になって神に従わないで自分勝手に行動するようになった、それがつまり神に叛くもとであって、それからこの罪ということが初っておると言う。それで、十字架によってそれが消されてしまった、それで罪の赦しを受ける、それで人間が新しくなることが出来るという解釈をしている。

アサではどうであるか、と言えば、アサにおいてはそういうふうに、もと犯した罪があってその罪が十字架で消された、もう無くなってしまった、信じたその時から無くなってしまった、という解釈についてはそのまま受け入れるということは、そういうふうに信ずる人を攻撃する訳でも何でもないが、そうされない。

どうしても信じられない点がある。私共はやはりそこに赦されても赦されても犯してゆくものがある。つまり言えば、神様から新しい人生を受けながらも、なお古い自分を見るのであります。ですから、この罪の根は消えてゆかない、というのを自分らは事実として見る。だから（図1）今まで犯した罪が赦された、新しい人生が出発する、神の恵みによって新しい自分が出立してゆくと、こういうのではなしに依然として私共には何か知らんけれども、罪が先立っている。ゆるされてもゆるされても犯す罪を持っておる。そして、ここには新しくなるはずですけれども、何時でも先立つものがあるということを申上げておきます。

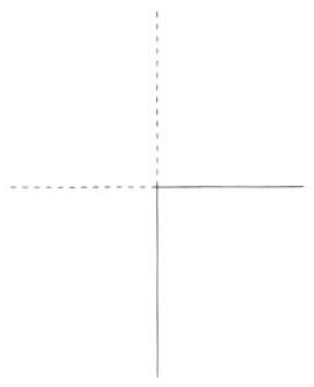
図1

イエス様は「贖う」ということは仰ったが、罪の赦しということは、ユダヤ的な宗教信念から来たものと私は思っているが、それがそのままキリスト教に継がれておる。けれども、どうしても私にはこれが信じられない。犯した罪が、その原罪のあることは認める。生れながらにして神に叛くというこの事実をどうすることも出来ない。しかし、いくら神に会っても、新しく生れたと言いながら、そこからもすでに自分というものが構成されてゆく、そして罪の根が消えたどころではない、ますます深くそれを感じさせられるのであります。慰めだとか、赦しだとかというこの宗教は、これはキリスト教としてヨーロッパを渡って来たのであります。私共異邦人にとりましては、もうそういうことは感じられんのであります。とすれば、この原罪罪というものは何処までも残っておる、生きておる。ここに私共が立っておりまして、ここで赦されないとか、あるいはそういうことはあり得ないとかということを言うのではない。神の前に出て、イエス様にお会いする時に何んとも言えない愛を感ずるのであります。そこにおいては、決してこれを私共は否定し得ないのであります。けれども、自分自体を見る時に、残っているものがある、なおそこにあります。そこに来れば来るほど、神の愛の深さを感ずるのであります。それだけを申上げます。

さて、それならばこの罪の根はどうなるか。私共には（図2）罪、原罪というものがここに先立っているのであります。この先立ってくるもの、いわゆる将来してくるもの、向うからこっちに来るものそれに対して私共に救いが初らなければ本当の救いにはならない。その救いはどういうふうにして来るかと言うと、「イエス様が先立つ」ということであります。「イエス様が先立つ」ということはどういうことかと言えば、「十字架が先立つ」ということであります。「十字架が先立つ」ということはどういうことかと言

図2

えば、これはイエス様が弟子たちに仰ったお言で分かる。主はなんと仰ったか。

「十字架を負うて、われに従え」

と仰った。「十字架を負うて、われに従え。」

私共は、この死というものは「罪の値は死なり」とパウロ先生が仰ったが、死ということは罪の結果であるということを知るのであります。我々は生きていながら死んでおる、ということは自分の罪において知る。それで死ということが出ている。ただ息しているとかなんとかという生理上の問題でなくて、神の前に死を覚える、死んでおるのです。死ぬるということがどういうことかと言えば、「罪の値は死なり」、罪の結果としてそれが出てくる。ところが、イエス様はその死を先立てた。これは生きている者が「生くる」という所より出発している者の宿命として、私共に罪が先立っている。「生くる」という所から出発する、生きようという所には自分が主になってゆかにゃ。これ自主性とか申しておりますが、生きる所には自主性というものが大切な役割をしている。だから「生きる」ということが起きてくる所には罪が先立っておる。罪が先立てば、「罪の値は死なり」でそれは死を、いわば神に反逆してイエス様を十字架につけるものがそこにある。

ところがイエス様は、この者に対してなんと仰ったかと言うと、「十字架を負うて、われに従え」、つまり言えば、「生きる」から出ないで「死」から出発せい、死んだ所から出てこい。つまり言えば、死というものが生きた結果としてくるものでなくて、この死を先に持ってゆけ、と。結果でない、死ぬる身体を先に神に捧げてしまえ、罪によってお前は死ぬるんだから「十字架負うて、われに従え」、この死ぬる身を先に神に奪われて来い。

イエス様に会って、何を感ずるかと言うと、イエス様の救いの何が大切かというと「十字架」ということです。十字架の救いはどこにあるかと言えば、イエス様の十字架に、私共と一緒に十字架につけられてしまう。つまり言えば、私共を十字架に奪って下さる。神は私共を十字架に奪って下さる。この奪いより来る時、初めて罪の先立ちが死になってくる。罪が死ぬ。死ぬというのはその意味であって、私共はどうしても罪を消すことが出来ない、だから十字架についたということを信じて、イエス様が皆んな取って下さったことを信ずれば、気分的にはなるほど安らかにはなる。キリスト教になったということにおいて今まで煩悶しておった自分の罪の影というものが、どこかに行ってしまう、それは事実です、それは無いことはない。しかし、と言って自分を見れば、自分は自主になってしまう。だから「罪の値は死なり」。何時でも罪が先に立っているから、死が先に立っている。そこでです。この死を先に、イエス様の十字架に奪われて先になってくる、死が先になってくる。これが大切であります。

何年来ても、何十年信仰してもそのままそこで恵みだけを教えておる、そうしてこういう恵があった、こういう嬉しくなった、拝んでいるというとこういう安かさが来るとか、こういう恵みがございますとか、こういうのは仏《ほとけ》さんという。そういう行き方はそれは本当のものではない。本当のものは、「死が先に立つ」、もうこの身この身体は神の御用以外に用うべきものでないんだということが授ってくる。つまりこれは、十字架に奪われてくる。よろしいか。その人にはもう罪が先立たない。十字架が先立っておる。この意味において、十字架が罪を贖うとか救うとかというのはそこにある。ですから、私共にとって神の御用に捧げられるという、これ程の大きな恵みはない。だから最初にやる。ええかな。「罪の値は死なり」で必ず死がくる、この死を先に立てる。死で生かされてゆく、死で生かされる。よろしいか。私共は幸福で生きようとする、自分の自由で生きようとする、自分のよしとする所で生きようとする。結果はどうかと言えば「死」である、「滅び」である。だからこの滅びを避けようとする。神様の前にこの身も身体もこれは神のものだ、これは御用以外にないんだと、その人が勝利を得る人であって、その人は十字架を受けている。それは何故かならば、十字架はそれを奪っている。だからイエス様は何んと仰ったかと言うと「十字架を負うて、われに従え」。よろしいですか。これがもう最大の恵み。

この恵みを拒んでおって、やれ御利益だけを頂こうとか、やれこういう幸福があるんだとか、やれこういう気分がよくなったとか、それは下の事だ、第二義という。第二義。下のことだ。先ず捧げる、全身全霊神のものにさせられてゆくという所がイエス様の十字架に。イエス様御自身が十字架についたということは、神の御用の前にみんな捧げられてしまった。それはイエス様はもうそういう必要はないんですが、そこに私共に感じしめるものが何か、と言えば、奪う力がある。十字架は奪ってくる、吸収する。ものを奪ってくる力がそこにあるのであります。

ですから、イエス様に会うということは、実にありがたいことであります。ですから捧げられる、もうこの人生は、今まで自分が生きようとしたが、自分の幸福のために、自分のなんとかということが主になって来ておったが、もうそういうことは第二義でもって、第一にこれは捧げられていかにゃならぬ。それが自分の決意でゆくのではない、決心でいくのではなしに、十字架は奪ってくる。奪うとはそういう意味であります。その奪いということは、ただ自分というものを奪っておるのではない、もうお前の死も生も奪ってしまう。ですから捧げられない人は不幸の人で、この人はまだ死が先にある。今生きておるが彼には死がついておる。彼には罪が決して消されない。私はいつも言う、罪はそのまま消されない、だから捧げられるより外に道がないんです。ですから、十字架がそれをなしていらっしゃるのであります。ですからこの十字架によって初めて「生きる」ということが出てくる。それは神に生かされるということが出てくるのですから、先ず捧げること、何んにも御用以外にないんだから。何をしたら一生食うことが出来るだとか、やぁ何んとか、それもありましょう。そんなこっちゃない、捧げられたかどうかが問題。神を何時も逃げておる者が、何んの幸福があろうか。必ず地獄が来る。わしはそう思う。必ず来る、決まっておる。この世では喜べます、この世では自分の勝手がなんでも出来ます、嘘っぱちを言うことも出来ます、けれども嘘つけんところがある。必ず来る。それよりか今捧げられることです。

十字架はまた復活であります。初めてここに罪が先立ちながら、しかし我々の死が先立っておる。そこに初めて「十字架の救い」ということが分ってくる。献《ささ》げられない自分が何んで救いか。なんにもいらん、神の御用が第一だ。これから初まる。先ず第一だ。御用以外にない。これがイエス様が、弟子として「十字架を負うて、われに従え」、最大の恵みをお教え下さった。それで、弟子たちは皆最大の恵みとしてまいりました。

ここに輝かしいアサの、イエス様の救いが初まったのでございます。

アメン　勿体のうございます。アメン　アメン。

十字架㈢
（復活祭）アサは復活の主において アサなのだ

一九五七年四月二一日　御説教

今日は世界中、キリスト教界においては復活祭の祭りであります。イエス様の復活について宣伝えられるという記念日であります。イエスは生前に御伝道なされ、十字架におつきになられました、そして復活していらっしたのであります。イエス様の御伝道は、復活によって始った、と言うても差支えないのであります。それでお弟子の方々は皆ガリラヤの湖のほとりで生れ育った訳ですが、しかし復活して何処に行らっしたかと言うと、ヨハネ伝を見ますと、ガリラヤに帰って海辺において彼らに会うていらっしゃいます。これから見ましても、イエス様の御事業がこのガリラヤから始ったということが、復活によって初めて実を結んで来た、と言うて差支えなかろうかと思うのであります。

アサを一口で言うならば、復活のイエス様に会う、ということであります。これがアサでございます。アサは、ですから説明が出来ませんのでございます。復活の主に会わなければならないものであります、ただ説明したから分るものではない。そういう教えではないんですから。アサは復活の主に会うことであります。

この復活の主に会うということは、一度《ひとたび》や二度《ふたたび》ではありません。ずーとこの尊いものに接することを許されたということにおいて、色々な点において私共は教えられたその結論から言うても、アサは復活のイエス様に会うことから始まるのであります。これが「アサ」という意味であります。新しいものです。それで、イエス様に会うたそこは何処であるか、と言えば、十字架から始まっておる。この前申上げました。十字架にすべてを結集して下さいました。これが復活のそもそもの始まりでございます。そこに結集された所に切断があったのであります、此の世との別れであります。すべてを引取った。引取られた者は此の世と別れる。これは十字架の実に尊いものでございました。それが復活において始まったのであります。このことを知らされるほど大きなことはないのであります。復活は体当りだと申しましたが、正しくその通りであります。アサにおいて初めて分らせて頂いたことは、イエス様が本当に在まし給うことでございます。

つい此の間の木曜日の集会の時、今ここに笠原孝子さんがその時の光景を葉書にして書いて下さいましたが、これは大変結構なことであります。

「アメン　アメン　勿体のうございます。今日（木曜日ですね）吉浦の集会の終り頃、先生と元吉さんの間に先生の方を向かれてイエス様が立っていらっしゃるのを強く感じました。目には見えませんが、前に下げられた手を一寸こまねいて、少しうつ向き加減にして白い衣を召して立っていらっしゃるのを、まじまじと感じさせて頂き、ただただ勿体なくて、申訳けないような恐れおののくようで耐りませんでした。先生がお帰りになられる少し前です。帰って母に申しますと、母もイエス様のいらっしゃるのを感じたと申しまして驚きました。帰宅して食後、身体がぐったりしてとても疲れた感じでずーと休んでおりました。夕方甘いものが欲しいとココアを飲んで元気が出ましたので、お風呂をたいたり、私が食事の仕度をしたりして身体が楽々と働きます。兄に風呂の水をうめるのに汲んでいる時、何時の間にか、アメン　アメンと言うていました。気が付いたらなんでもありません。風呂の中でも何か知らん勿体なく、今日は不思議に身体がこんなに楽に働いたことはないのに、と母にも話したら、母が孝ちゃんは云々」と書いてあります。

これは、復活のイエス様に会うているからであります。復活のイエス様に会っている時に、そこに喜びが来、そしてマルコ伝の終りに、あなた方が行って伝道する所に不思議が現れると、その不思議の色んなことが書いてありますが、まさしくそういう不思議が現れてくる、すなわち癒《いや》する、いやしが現れてくる、あるいは平安が来る、いろんなことが、あるいは悔改めが来るのであります。ここで悲しくなるとか、恐れおののくとかということは、これが悔改めでございます。悔改めということは、罪をそこにおいて何か言うことではない。そこには勿体なくなって、そして恐れ多くなっておるということは、すなわちこれが悔改めであります。こういうことが、イエス様に接するというと、そこに起きて来ます。そこには復活の主が立っていらっしゃるからでありまして、前に集会でごらんなすった様に、そういうふうに立っていらっしゃる。ただ見えないだけであります。

「見ずして信ずる者は、幸いである」と仰しゃることはどういうことかと言うと、身体に響いてくるからであります。アサは何時も申上げます様に、ただ喜びが来る、勿体なくなる、止めどなくイエス様が本当に恐れ多くなる、なんとなつかしい有難い方かということが分ってくる。この時には、そこにはイエス様がいますのであります。これは長い、私は三十年の歴史においてこれを申上げることが出来ると思うのであります。この会にもいくたびか現れて、いく度かここにおいて皆がアサを拝したのであります。その度にこのアサの燃え上がる熱ということは何処から来るかと言うと、生けるイエス様がここに立っていらっしゃる、おいでなさるからであります。ここで讃美歌を唱い、それからしている間に、あなた方に何んとも言えない憐みと涙が出てくるというのは、これは普通のことではないのです。感情とか、そんな問題ではないのです。

イエス様が、そこに復活して立っていらっしゃるからこそ、そこにはそういうことが現れてくるのでございます。

イエス様はすべてのものを握ると、すべてイエス様から始まる、ということが出て来たのであります。イエス様の復活は、あなた方のやっていることを私（イエス様）が助けるという意味ではない。すべてのものが十字架で終ってしまって、すべてのものが復活によって始まって行く、というこの大真理をここに示していらっしゃるのであって、十字架によって終った、復活によって始まった。この始まっておるものを、私共は何時までも古い型でものを見て考えて、そしてやろうとしている所に罪が残って来るのであります。ですから、イエス様はもう始まっておる、復活は私共に来ておる。それで、イエス様はガリラヤの湖のほとりに連れていらっしたが、そこでは魚を取らした。びっくりする。それがイエス様だということが分った時、ペテロはもうその着たままで海に飛込んだとここに書かれておりますが、これは何を私共に語っておるかと言えば、生活が始まった、ということです。私共は、こちらに産業があったり、あるいは経済があったり、あるいはこの世の中のことがあるが、そこに宗教観念を持って立派な生活をして行こうとか、そんな生ぬるいことではない。イエス様から産業が始まらなければならない、ということが、これがここに教えておるのです。つまり言えば、ガリラヤの湖のほとりでもって、イエス様が命じて、イエス様によって始まる所の産業が、彼らに初めて分ったのであります。

その時、ペテロは着ておった着物そのままで海の中に飛び込んだ、と書いてあるのは何を意味するかと言いますと、恐れおののいた。自分らは主を信じながら漁をしょうと、神様のいらっしゃることを恐れおののきながら漁をするという時代は過ぎたという。イエス様から始まる時が来たという。それが新時代であって、それを「神の国」と申すのであります。すなわち、神から始まってゆく所の時代が来たのであります。私共、

このわずかの者が、今日までこうやって、ハハハハハ、アメン、保たれて来たのは何かと言いますと、

アサのために、アサにある。

復活のために復活しておる。よろしいか。どうしてこれが、私共もし名を出そうとするならば、何か社会事業して見せるのが一番よろしいんです。ああ感心なことをする、ええことをやっておる。それええことです。復活ではない。なぜこの「復活から、復活に」ここだけを根城にしているか、と言えば、ここから始まるべきものであるからであります。ですから、このアサがそのままアサになってゆく所が、新しい時代でありま す。決して人間が自由を得るだとか、やれ人間が誠に立つだとか、そんな時代は過ぎたんだ。人間が立つ時代は過ぎて、復活から起きてくる時代が来たということを、イエス様はガリラヤの湖畔でもって示したのであります。ですから、イエス様はすぐにそこで食べ物を持って来て、魚を与えたと書いてある。よろしいですか。食事をなさったという。人間が作って、人間がこしらえて、誠の神を信じて、真実に会って、こしらえた物を食べる時代が本当の時代だ、というような時代は過ぎたという。神のものを食べる時代が来た、と言うんです。それが、実にイエス様が与え、イエス様が為しておるそこから始まる、アサから始まる。アサ人が讃美から生き、讃美に生きて行くということが、それが新しい時代で、それがイエス様の復活を証明している所の証であります。それ以外のことではないということをイエス様ははっきり教えておるのでありま す。私共が小さい者がどうしてこんな所にしておるかと言えば、その復活の唯一の点を、ただそこが生命の源で、これが新時代であり、これが来るべき時代であるということを証明して証しするからで、ここまで来ておるのであります。これは尊いものでございます。語ることが出来ない、主に会わなければ出来ないものが、すなわち復活でございます。

ユダヤの暦によると、一週間の終りは金曜日、その日に十字架が立ちました。そして安息日土曜日は神の日とした。日曜日は事の始まる日だ、つまり終りに十字架が立った、そこで世界は止《や》んだんだ、そして神の日が来たんだ、その次には人間の働きの時代、すなわち日曜日が来た。その日曜日の朝復活して来たということは、その始まりがそこから始まったということ、朝まだきから始まった。それがすなわち「復活」の意義でございます。それですから、讃美に生き、讃美に動かされて行く所がアサであって、復活の主はそこにいらっしゃるということを、まざまざと私共に証明して下さいました。

そして、これを見ますというと、イエス様はペテロに、「愛せよ、愛せよ、愛せよ」と言ったが、ペテロはしまいに悲しくなってしまう。三度も言われた。何故かと言えば、「お前の愛ではないぞ、お前が愛する愛でもないぞ、お前の熱心でもないぞ、お前はわしに忠誠をつくすというその忠誠でもないぞ。お前は、愛せよという言葉そのままが、そのままがお前に生きている。それを受けて行きなさい。」そこに「わが羊を飼いなさい」と仰るのであります。ですから、アサ人の中には、ただそれだけ、すなわち主の生命が入っておる。この生命が無かったら復活は無いんですから、アサは讃美に生きる、讃美によって行く、この言葉がすなわち復活でございます。全世界はそれを要しておる。すでにこれは病んでおる、全世界の動きはあらゆる所を通って来ておりますが、これはもうすでに腐っておる、もう駄目であります。ここに来るものは復活の世界しかないのであります。それが、主によって始まるものが今始まって来ておる。

アサ人三十年の間に燃えるようなものが来ました。色んなものが来ましたが、ただその一つの点をやって来たということは、主は実に勿体ない恵みを私共において下さいました。

さらば、遣されてゆけよ。

これより外にないのです。我々の使命は。それ一代の使命は、それだけでつきてしまうのであります。この尊い使命を我々の小さな群れに、小さな少数の者がお受けさせて頂くということは勿体ないことであります。復活を拝しながらいることが出来るということは何んたる喜びでありましょうか。これがすなわち、新時代、新紀元であって、これがこの世から彼の世にと渡っておるところの、永遠の続いておるところの世界は、これであります。

アメン　勿体のうございます。セイレイ　エーレイ　サンダ　ポーロ、アメン　アメン　アメン。

十字架㈣
ステパノとパウロ

一九五七年四月二八日　御説教

使徒行伝七、八章一―三

八章にまいりますと、「サウロはステパノの殺されたのを見て、これで良いと思っていた。その頃、エルサレムの教会に対して大迫害が起った。そして使徒たち以外の者は、すべて、ユダヤ、サマリヤの地方に散らされて行った。信仰篤い人たちはステパノを葬り、彼を思って大へんに歎き悲しんだ。一方、サウロは教会を荒し、家から家へと入って行き、男や女を引き立てて牢屋に渡した。」

ステパノが石で打たれて、そして死んでゆく所を見ておったのはサウロであります。この時サウロは、みんなが石でステパノを叩き殺している時に、その人々の着物を預っておった、と書いてあります。このサウロこそ後のパウロであります。彼は、ステパノの殺されたのをこれで良いと思った、これは本当だと思って、これは殺されるのが当り前だと思って殺す者の手伝いをしておった。そして彼は教会を荒し、家から家へと入って行き男や女を引き立てて牢屋に渡した。どこまでも徹底的に迫害してやろう、抹殺してしまおうと掛ったのであります。このサウロがパウロとして甦り、彼はついに殉教まで遂げるに至ったのであります。

このステパノの、ここにおける一人の聖者の死んでゆくそこに、大きな真理が渦巻いているのを彼は後で知ったでしょう。彼にとってこのステパノが、多くの者の前でユダヤの歴史を語り、神の恵みを、次々に起こる恵みを語りながら、人間で作った宮に神は住まず、そして多くの人々が予言者を殺し、神の生ける御言をないがしろにして来た、遂にはりつけに釘けたあのイエスがキリストである、ということも知らずに敵になって来たことを言うておる。それが実に彼の口から言うているのではない、聖霊がこれを言わせておったんだということが後で気付いたでしょう。そして彼が、ステパノが言ったように彼らの守って来た律法的な宗教、宮を中心に起きてくる宗教そういうものが、神の栄えにならずして反って神の生ける御業を毀つところのものであり、あの殺された予言者こそ真に、十字架で殺されたイエス様を証明しておったんだ、ということを知ることが出来たのは、多分彼がここで聞いておったことが、やがて彼の中に甦って来たのではなかろうか。して見ると、彼の魂はこの時撃たれておったに相違ない。しかしポウロの人となりは実にこれに叛いたのであります。

人間には分らない奥があります。私共自身、自分と思っているものが本当のものではない。やがてパウロさんが、我々には神の霊が来る時がある、救われるんだ、私共の身体や肉は滅びるんだ、しかし御霊が来た時にはこの滅びる身体をも救って下さるのだ、というようなことを説き明したのをよく見ながらここを見ますというと、ここにそういう風なものがすでに宿していたのを彼はやがて知ることが出来たでしょう。自分自身が良く分ったでしょうと思うのであります。「自分はこの時反対した、敵になったんだ、しかし神は私の生れる前から捕えておったんだ。母の胎を出ずるや神は実に私を捕えておったんだ」ということを申しておりますが、ステパノの時には、こういう自分を憎んで、そして石で殺す者の着物を守っておるような者でありました。これから彼は身を投げ出して迫害に向ったのでありますが、しかし彼の魂はすでにそこ闇の中に神の手につらまつておった、ということを後で知ったのは、これではなかろうか。

して見ると、ステパノの中から彼は「律法によっては救われないのだ、ただ神の憐みとイエス・キリストの十字架によってのみ救われるんだ」というようなことが分ったでしょう。殊にステパノは、キリストの十字架が、あの予言者が殺されたように、この神を信じている民族に殺されたことを告げておりますが、さらにパウロは十字架に殺されたということは、これは私共の罪のために殺されたんだと、その罪という言葉を入れた最初の人のように、聖書から言うと見えますが、そのこともここでやがて思い返した時に、罪の深い自分を思うことが出来たでしょう。単に十字架に迫害によって殺された、というだけではない、これは〝私の罪のためだったんだ〟ということを知ったのもこういう所から来てはおりはしなかったか。これらはみな予想でありますが、しかし神によって捕えられておったことを私共は思う時に、それを思うのであります。

ここでステパノが、ユダヤの依って来ったことを語って神の恵みの如何に大きいかを語っておりますが、このステパノは「聖霊と知恵に満ちておった」と書いてあります。それですからみ霊につかり、そして神の知恵・知識を受けることが出来た人であります。そして彼が外国人で悔改めた人々すなわちユダヤ教になった人々で、外国に住んでおってユダヤの国に礼拝のために住む、そういう人々の会堂に行って彼は臆面もなくキリストのことを語ったのでありますが、それが一つの端緒になりましてこういうように捕えられて、ついに殺されるようになりました。しかしこのステパノによってパウロは罪を知り、そしてみ霊の捕えられを知ったばかりではありません、殉教ということが如何に尊いかということを彼は知ったでしょう。それだからこそ、彼は身を投げ出して働くことが出来た。それをこのステパノの死において、目のあたり自分は見たでしょう。これが敵としておったがやがて自分がそのごとく仕えねばならぬ、ということが本当に強く思わしめられたであろうと思われます。こうして見ると、パウロにとってステパノは実に大切な方であります。

また、ステパノはここにあえなく終りましたが、そこには敵になっているソウロがやがて同じ道を往くかと思えば、実に不思議なものを私共はここに感ぜざるを得ないのであります。

このステパノは、これ程の偉大なものを持っていましたが、その信仰はどこにあったでしょうか。これを尋ねて見たいのでございます。（七章）五五節に「しかし、ステパノは聖霊に満ちて天を仰ぎ」、石で殺されたその時でありますす、「神の栄えと」アメン　ハハハハハ。「神の右に立って居られるイエスとを見て言った。ああ、天が開かれ、人の子が神の右に立っておられるのが見える。」

彼の中に見えるものは、主イエス・キリストである。神の右に座してそこに現れておる方でございます。私は実に不思議を感ずるのであります。

救いは、イエス様から来る。

これをキリストと申しておる。キリストから来ると申しております。これを私は信ずることが出来なかったのであります。人間は真理で救われるんだ、とばかり思っておった。真面目になって、立派になって、神を信ずるような人になれば救われるのだと思った。そこにはイエス・キリストは無かった。本当の意味の神はない。ところが、イエス様で救われる、イエス様が救うて下さる。ここで神の右に座しているイエス様を見た、ということはですね、私共は、神という言葉を使いますが、本当の神は、右に今座しているキリストにかかわる神でなければならない。イエス様がその神の右に座して代理をしていらっしゃると書いてある。この代理をしているイエス様は、全世界が救いの一大審判に会うその時まで神の右に座していると書いてある方であります。これを注意して見なければならない。ステパノはこの五九節に「彼らがステパノを石で打っている時に、ステパノは主を呼んで言った〝主イエスよ、私の霊を受けて下さい〟」

主イエスよ、私の霊を受けて下さい。アメン。

人間と神との関係は、哲学的にも説くことができるのであります。しかし、救いは生きておるキリストと私共との関係であります。ここをよーく知っていただきたい。よろしいですか。イエス様が右に座して私共の救いのかかわりを持っておる、ということです。ですから、主を通さなければ救われないということがはっきりして来るのであります。この死ぬる時に万事が終る時に「主イエスよ、イエスよわが魂を受けて下さい。」これが大切なことであります。この主イエス、イエス様という方が私共に近く、私共にないならば、救いは無し。私共の宗教はございませんのです。この、イエス様が無かったら救いは成就しないのでございます。ですからイエス様がどんな大切な働きをする地位にいらせられるか、ということを本当に深く感ずるのであります。イエス様を取ってしまえば、私共には神が空になってしまうのであります。そして、そこは押せども言えども、答えず、答えない。ちょうど私共が長い間無神論者であったと同じように、この神との間の雲は分らなくなってしまうのであります。

「イエス様」、アサの中にどうして不思議が起きてくるか。イエス様がいらっしゃるからであります。私共一代かけての証明は何か、と言えば「イエス様がいらっしゃる」。ここにイエス様じゃ。これが私共一代をかけての証でございます。

今笠原の昭信さんが燃えております。熱いイエス様のみ霊の火を受けております。「アメン有難うございます。何故こんなにまでして下さるのでしょうか。ああ何んと幸せなことでしょう。主が居なかったらこんなことがありません。主は主です、本当に主が主です。このガラクタはどうして喜び得ましょうか、うれしくて嬉しくて今日四月二六日には、広島の婦人集会に送らされました。もうこのガラクタの肉のことなどかまっていられません。どうしても生けるイエス様がおられる。この事実はどうして否定できましょうか。主いませばであります。主が主であります。このガラクタの肉など、どんなになってもかまいません。勿体のうございます。主が主。勿体ない、実に有難うございます。主のみ栄え永遠にありますように。アメン　アメン　アメン　有難うございます。」

この前にも手紙に、受けているそこを忠実に書いておられますが、これはイエス様がなければ救われません、私共はどんなに立派な宗教観念を持っても、心の清さを持っても救いにはなりません。それは、イエス様に会って始めて分ります。むしろそんなものは肉のことだと言って退けてしまうのであります。これがガラクタのやることだと思わされるのであります。イエス様がいませば、イエス様と一緒で。淋《さび》しくなります、「イエス様、さみしゅうございます」と言うたら最後、燃えて来るのでございます。ハハハハハ。アサはイエス様でございます。イエス様の響き、イエス様の息《いき》これがアサでございます。

「主イエスよ、わが魂を受け給え」

これをステパノが教えて下さいました。パウロがやがてこれが分ったでしょう。「私は主によって死に、主によって生かされるんだ」と言うておりましたが、後はユダヤ民族の拝《おが》んだ神を拝もうとして来たけれども、それは多分、空なものだったに違いない。イエス様に会った時に、イエス様に捕えられたことが分った時から、彼には熱が射して来たのであります。そして「主よ」と申し上げる所に答があり、響くものを感じましたのです。「求めよ、さらば与えられん」ということがありましたが、ここここそ生ける神の御業《わざ》でございます。パウロは、この重大なものをステパノによって知るべきであったと私は思います。受けたか、受けないか知らないけれども、深いものを感ぜざるを得ないのであります。

今日は、八時に東京の増上寺の僧正が、戒律について語りました。今、受戒ということが仏教界ではあちこちに興っておるそうであります。受戒は戒律を受けることであります。律は、法律とか習慣とかという律だそうであります。戒というのは十二の戒律があります。それを読んで聞かせましたが、その戒ということはどういうことかと言えば、天地の生けるもの、石といわず光といわず何といわず皆生命を持っておる、その生命と共にあるということであります。なるほど殺生ということの出来ない意味がよく分りました。この生と共にある。そしてこの生の奥に、慈悲がある、この慈悲と一体になることが戒ということである。これを言えば、法律と習慣と道徳と分ければ、戒は道徳に入っておる。しかし、道徳はこれは権威の下に行われるが、仏法の戒は実に宇宙の生命と一つになることである、ということを申しておりました。まことに尊い教えでございまする。しかし、私は思いました、こういうことを言うておる宗教哲学は、私共には本当のものは打って来ないのであります。行けども行けども一つとなることの出来ない砂漠でございます。正直に出来ないんだと言った方が、私にはよく分るのであります。出来ようはずがありません。

主は生きていらっしゃる。このイエスによって救いの門が開けたということは、実に勿体ないことでございます。つきない恵みを感ぜざるを得ません。「主イエスよ、私の霊を受けて下さい」これが、この時初めてステパノに分ったことであったとしても偉大なことであります。常にイエス様と共にある、そしてその魂がイエス様で支えられ、否イエス様から与えられるとパウロは言っておるが、その魂を受けているのでありますます。「それから、彼は膝まづいて大声で叫んだ」、何時も申しますが、死ぬるのに叫ぶことは出来んはずであります。死ぬる時にはうなだれて、ずっと死んでゆくのがいわゆる大往生というのがそれであります。しかしそうではない、大声で叫んだ。イエス様が十字架につけられた時に、血の引くようにすべての力の終ると一緒にずっと大往生をしたんではない。叫んだ。同じことが起きました、大声で叫んだ。アサ人は大声で喜んで行きます、私共は度々それを見たんです。そして嬉しがって行ったのをよく見ました。ここでは大声で叫んだ。「主よ、この罪を彼らに負わせないで下さい。」

私共は、ステパノの心も知らないで、ここをこういうふうに読みはせんか。「主よ、彼らの罪をゆるしてやって下さい」、こう言ったでしょうか。私はそう思えん。「主よ」、それはイエス様しか言えない言葉じゃ。イエス様が神様に申上げる言葉であります。彼らの罪をゆるしてやって下さい、とはイエス様が神様に申上げる御言葉ではないだろうか。多分、ステパノは「私も同じ罪人です。どうぞ彼らの罪を彼らに負わせないで赦してやって下さい。」こういう気持ではなかったろうか。どうも私にはそういうふうに思える。「私も同じ者でございます、彼らを赦してやって頂きとうございます。」その同じ者が、神の敵になって亡びる。その同じ者が、神の御用をして「主イエスよ、わが魂を受け給え」と申上げ、主にすべてが捕えられてゆく人、それは同じ人であります。同じわれであります。「主よ、この罪を彼らに負わせないで下さい。彼らの犯した罪、私も同じ者でございます。この先祖の犯した罪が、同じ私は血を持っておる者でございますが、どうぞ彼らにその罪を負わせないで下さい」とは、彼の言葉ではなかったろうかと私は思うのであります。彼はあくまで謙遜であったと思います。ここに尊ぶべきものがありはしないか。私共は、人の罪を許すだとか、勘忍してやるとか豪慢なことを言います。しかし、同じ人間であります。しかし、「主よ、同じ人間でございますが、どうぞ赦してやって下さい。」これが私共にゆるされたものではなかろうか。

アメン　勿体のうございます。アメン　アメン。

み霊による一致
み霊の自由

一九五七年六月二三日　御説教

聖書　コリント人へ第二の手紙三章

……と言う事を申しておりますが、これは私共に非常に教えられるものがあると思います。お互いが推薦状を持っているように、私はこう言う者でございますと言うことを向うに知らせる、向うの人はこういう方だということを知ることが出来るということは大切なことであります。しかし、パウロ先生はここで、私が言うたことはあなた方にちゃんと書いてある、そういうことを申しておるのではないようであります。つまり、あなた方には神のみ霊が通い、神のみ霊が働きかけている。だから、その意味において、私からあなた方にもう私の事を言う必要がない。神直接にあなたに来るものがある。また、あなたに直接来るものが私にも来るのであると、こういうことをおっしゃっているのではなかろうかと思うのであります。神からのもので証明されているんだと言う事は、非常に私共が日常生活をしましても、宗教生活をしましても、この点が現れることが大切であります。

この前に、仏教で使います「単伝」と言う事を申しましたが、つまり、ある師匠からそのものがその弟子にと移つて行く、単伝して行くのだという事を申しましたが、ここでは〝あなたの心の中に、私のものも書かれておる〟と言うているが、そこにはパウロ先生がおるのではない。パウロ先生の書いた手紙なり、教訓なり何かやった事に対する注意というようなものを書いてある。私のことを知る必要はないんだと、あなたがたに言う必要はない、あなたがたにちゃんと植えつけてあるんだと、そういう意味でなしに、あなたにきたるものは私にもくる、その門がもうひらけておるんだ、とこういうことを申しておるように見えるのでありますｏ それで、モーゼさんの事を引いて、モーゼも神に直接したのだ。彼は石に神の言を書きつけて、それを持って来た。その石に書きつけたものを土台にして行った所に、まだ行き切れなかったものがある。つまり、書き記して、こうだああだと信条個条にして、或いは教訓にして、書いたものを持って来て、それを読んでその事を行っている所に、神と離れてしまっておるんだと。それで、私が今推薦状を出すのは、私が、こういう事を思っている、考えておる、信じておると、こういうことを個条に書いてあなたに言うならば、それは、ちょうどモーゼが神から直接受けたものを石に刻んで持って来て、それをそのまま行おうとした時に、既にそれが本当のものを失っておると同じようになってしまう。だから私共の大切な事は、神から来るものが自分に直接すると共に、またこの事が他に直接して行くということが現れてこなければならないのでありますｏ ここが大切な事でありますｏ

人さまの事をかれこれ批評したり何んかする事はありませんが、この方は私の見たことのある方で立派な財界のある婦人でありました。この方はかって霊感を受けた事がある。ですから一種の気品を持っておった。大阪の方でありますから、大きな商売をして会社の社長であって、立派な方でありますが、それが、ですね。

色んな所から導かれて来て、山室軍平先生の言葉でもって祈って、それから霊感を受けたのであります。それから、神の声を聞いたのであります。こういう事があちこち起きて来る。多分これは、キリスト教でいくらでも言われている、各々皆そういう実験を持っている。所が、そういう事が、一つの話しになって聞かされているのであります。話しになって聞かされるということは、それを語る者にも聞く者にも、大変な損失であります。そこに来ている神のものを互いに受けるという事が起きてこなければならないのであります。ある人は自分は神を見たとか、神のものを拝したとかと言って、一つの宗教経験であります、その宗教経験を人に語る、人々がそれを聞いて非常な感銘を受けるとしましても、もしその人がその証しを持っているならば、その人の教会なり、そこはいつでもそういうみ霊の働きが、どんどん起きて行きそうなものであるが、一向そこには起きない。いわゆる昔し話である。話しを聞く人も語る人も、ただそれは珍しい出来事としてそれを聞いておる。いく分のこれは力にはなっておるが、しかしそれは本当の神の国を受ける、互いに受けて行くというその事が行われてゆかない。そこに非常なさびしさを感ずるのであります。

この間、私は熊本から宮崎あそこを歩いて来ましたが、新しく会った人々の多かったのは熊本であります。やはり、そういう感じを受けたんです。ただ言葉を聞いている、話しを聞いていると思って帰って来た。所がそうでない。やはりそこに、神の働きがあるのを後で知らされたのですが、びっくらしたのであります。語ると言う事は話しではないのであります。モーゼが十戒を受けて来ましたが、その十戒は言葉ではないはずであります。書いた所の箇条文句ではないはずでありまして、それは、それを受けて来たその時そこに働くものが、一緒に働いて行く所に、その条文が生きてゆくのでありますが、その一緒になって来るものが、おろそかになってしまえば、いくらそれは立派な事を書き、神の言葉として伝えられても、それを行っているそこはバサバサした荒野でありまして、結局は、神の栄えになるのでなしに、かえってキリストを十字架にかけられる律法に変ってしまうという事が起きて来るのであります。ここを一つ私共は深く考えなければまた注意しなければならぬと思うのであります。

み霊の一致という事をパウロ先生はおっしゃいますが、ここで言う推薦状とか何んとかという意味も、その意味でありまして、み霊の一致だ。向うにみ霊が来るならばこちらに来るのだから、もう語る必要がない。神によって行われているものだから。こう言うふうなみ霊の一致を書いているのではないかと思うのでありますですから、ここに書いてありますが、パウロ先生は私たちは資格を持っている者ではない、と書いてある。資格はないんだ。資格は神様から来るのだ、とこういうふうなことを申しておりますが、これがひとつ添え文と書いてある推薦状の中にある意味があるのであります。こちらに何も資格はないけれども神から来るものがあるんだ、と言う事を書いておりますが、それであります。そして、み霊によって行くんだということを申しております。このみ霊の働きが私共に大切な事になるのであります。

神から来るものを受け取ってしまった時にどういうふうになるかと言うと、今言った法典と呼ばれるようなものが出て来るのであります。あるいは神から来るものがそのまま私共に受けとる時に、一つの良心のひらめきにもなるし、あるいは、これはじっとしておられない、神の事を伝えねばならないと言うような動機にもなって来るのであります。そう言うふうな動機にもなって人間に働きかけて来る。人間はこれを受け取って、向うに働きかけるということは大変大きな仕事をしているようです、けれども、それはもう次の時代です。もっと大切な事は、神から来る、いわゆるみ霊によって来る、神の国と言うたらよい、神の国を受けて行かねばならない。これが大切な事であります。神のものを受けないでおって、動機として私共がそこから出立して行く。これはじっとしておれない、福音を伝えねばならない、と言ってそこに福音を伝えてはいるけれども、それは自分の、神から来た所の声なり、あるいは霊感なりの話を伝えてゆくのであって、一つも自分にその時来ておったものと共に行くのでないんだから、ここに非常な相違が出て来るのであります。

いつでも、ここに神の国にあって、神の国という事は神様が御支配して下さるという事です、自分がそれを受けてそれを受け継いで行くのではなしに、神様が御支配して下さる。そのものを受けながら行く所に、私共の人生がなければならない。つまり言えば、自分は神を受けていくのでなしに、神の中に包まれて行く人になって行くことが大切であります。ですから、この神の中にある者に来たった者は共に来たることが出来る。その時に、私はあなたに証明をする必要がない。私はこういうことを言う必要がない。神があなたに直接していります。私にもして下さる。そのものを受けるようになって行く事が、これが大切ではなかろうか、と思うのであります。これには、つまり神の国が来る時に、どういうふうになるかと言うと、これはちょうど人間の気が退けられて行く所であります。受け取って行く所はそうでない。受け取って行く所には人間が生きて行くのであります。これは近代の人が一番喜んでいる。何んだか、人間が位が上って強くなって、ここに何だってチャーと行くと言うと……。ところが神の国の中にあった時には自分が退けられておる。罪人として退けられながら、しかも携えられて行く。しかも、このみ霊にあづかって行く。そこが本当に生かされる所、場であります。いわば、そこには自分の場が無くなってしまう。自分のおる場所が無くなってしまう。自分のおる場所が無くなってしまう。そしてそこには自分というものの格が破れながら神に携えられて行く所に、これが神の国が働いておる一つのしるしであります。

こういうふうになって、神と共に行く所に本当のここで言う所の推薦状という意味があるのではなかろうかと思うのであります。

この間も申上げましたが、この地球の事を毎晩、今まで何回にわたってか、東大の先生が中心になって、地球についてや天体の事を各方面の権威者が来て話しておりましたが、その中に一つの事は、この地球の近い将来はわからんけれども、宇宙の遠い将来はわかっている。それはどういう事かと言えば、遠い将来地球が爆発するという事であります。これは、木っ端微塵になってしまうと言う。これは面白い事であります。それから宇宙と言うものがありますが、これは膨張している。光の5分の1の速さで、非常な速さで、ポッポポッポとこれが膨張して走っておるのであります。するとこれは止め度なしに膨張して行くものかどうかはわからない。けれども初めどっかに一つになっていた物がある。その一つになった物が割れて沢山の星になって来て、これが膨張し出したのですから、この勢いでもって、ズンズンズンズン膨張してしまう。これはまた反面から言うと、膨張した後はくたびれてしまいます。くたびれたらどうなるかと言うと、またジューンと元に寄って来る。また寄って来たらこれはまた元の爆発が初まる。そうでしょう。寄って来てジューンとくたびれているんだからジュクンと元の物になりまた爆発する。これは私は愉快に感じた。ハハハハ。遠い将来地球は爆発してしまう。何んと愉快なことだろうかと思うた。今来っても差支えないが……。それは、私が小さい時の問題なんです。学校に行くと先生が、正直でまじめにちゃんとやれと、人が何か言っても、真面目で正直に真直ぐにやれ、とこう教えるのであります。自分もそれは正しい事だと思っている。しかし、外に出てこうやって見ると、天に何んにも道徳が書いてある訳でない。太く短く行った所で、この地球はどうかなる。星の世界で、ポーッとどっかに行ってしまう。カントのように不思議に思うたのではない、わしの方は悲観的な考え。馬鹿らしい事だ。太く短くやった方が本当だ。何もここに道徳書いてない。何も書いてない。正しい者が生きるなんて事も書いてない。いくら正直にやった所で、何んにもなりはしない。これはポーッと行ってしまうもの、こう思ったのであります。

しかし、今は面白いのであります。ポーッと飛んでしまっても一向差支えない。それはなぜかと言えば、神の国がある。神の国につらなってくれば、ここが爆発しょうが、無くなろうが、一向に問題にならなくなって来るのであります。一つもそれが悲観材料ではない。何か面白そうになって来る、と言うとおかしいが問題にならない、喜びがあるのであります。死がそうです。死んでしまえば無くなってしまうのだから、馬鹿らしいそんなことに真面目になってやっている必要はないではないか、誰でも思う事であります。しかし、神の国が来たならばどうだろうか。イエス様のその神の国を頂いたらどうだろうか、と言えばそれが違って来る。そこはもうちっとも問題にならなくなってしまう。宇宙がかたまりから拡がって、かたまりになろうとかたまりになるまいと、爆発しょうとしまいと、神の国につらなって来る時に、その問題は解けてしまうのであります。ですから、物になっておる、物の世界にのみ私共がこだわっておる時には問題であります。しかし物の世界が切れた時には、つまりいえば自分の場が無くなってしまう。もし私共は地球が爆発してしまうと聞くならば、死んでしまった先ですよ、先でも私共は地球が爆発すると聞けば寂しく感ずる。自分の子孫はどうなるだろうか、ここに生きている物はどうだろうか。私は今まで生きておったが、死んでもまだおしまいにしない。地球が無くなってしまったら、まだ寂しくなってしまうのであります。爆発してしまって無くなってしまうとなったら、やるせない気持ちがあるのであります。と言うのはどういうことかと言えば、そこに、「永遠」と言うものが解決せられないで、のこされておる。無くなってしまったはずのものがなくならないでおるということはどういう事かと言うと、解決のつかんものがまだ残っておるからであります。

ところが、神の支配を受けて来る時に喜びが来るということは、もう向うからこっちの間の境が無くなって来る。いわゆる自分の場が今生きていながら無いんですから、地球が爆発しょうとしまいと、宇宙が無くなろうとなくなるまいと、今ここで場が無くなってしまって、神の場が、神の中におかされることが写って来、人に写って来、語る間にその人々に写って行くならば、そこに初めて「神に生きる」ということが、神から与えられるということがわかって来るのであります。そこに大切なものがあるのではなかろうかと思うのであります。

この次にこういうことが書いてある。十七節

「主は霊であり、主の霊のある所に自由がある。」

と書いてあります。パウロ先生は、主の霊、イエス様のみ霊のある所に自由があるんだ、と言うておりますが、現代の人々は、この自由ということを急に終戦後となえて来た。即ち民主々義と言うのは自由ということであります。お互いの自由を許し合う、これは人道人権の問題として皆んなが考えて尊重し合うようになって来ました。ここにおいて戦うべきものは、不自由であります。即ち、因襲だとか今までの自由を圧迫していた色んなものと戦おうという気持ちが出て来たのであります。ですからここにおいて活溌に古いものの破壊が、当然起きて来なければならない。若い学生、青年男女がこの方面に、ことに多く目をそそいでおるのであります。しかし、彼らに自由が来るかと言えば、来ませんのです。それを誰も教えてくれない。自由が来る、来ると言っている。破ることが自由です。なんて言っている。決して自由はない。そんな事いくらやって見た所で、社会を改革しまして、民主々義の基盤に乗せて見ても、自由は来ない。絶対来ない。何故来ないかと言うと、人間は釜かぶっているから、自由ではない。この釜かぶりが、釜かぶっている人間をどんなにやって見た所で自由ではない。その釜や鍋をかぶっている奴が自由とか何んとか。何を言っているのか分からない。そうでしょう。自分の生きる場を持っておって、そして、神との間には立派に釜をかぶっておる、通じておらない。これが、自由だなんて、ゆけるはずがない。自分が、不自由の中に飛び込んでおって、そして、ただ因襲を破るのだ何んだと言うて、喧嘩をするだけの話です。結局、年とって見なさい、わ

しや、やったけれども、何も自由はなかったんだ、とこう言うのが本当だ。きっと来るに違いない。今、皆ばかされておるから、だから、自由だ、自由だ。何んだかんだと言うと、世の中の人はみな自由が来ると思っている。何んの、自由なんかあろうかい。釜かぶりが、ただかち合うだけの話です。釜かぶればかち合うだけです。かち合って頭が痛くなるから、お互いがそーっとかち合うことにしょうと。そして、あなたの人権もゆるす、それで私の人権もゆるしてもらおうと、それは、お互いが釜をかぶって、お互いに頭が痛くなる。それで、そーっとすり合おうと言う。それが今日のやり方ですが、これもうまくゆかん。戦争が来て、ガターと来ますというと鉢合せが来るのですから、これは自由はないはずです。

だから、この場が、頭の釜が破れなければいけない。釜を破るということがなかったら行くものではない。だから、み霊が通うということは、どういうことか。神の国があるかと言えば、釜が破れてしまわねば。アサが来る。それで、本当のアサが来たら、釜が破れてしまう。

今度私は旅行したが、たった一つの手を使った。それは何か。それは「釜かぶり」。この手ばっかりわしは話して来た。旅行して十五日間、釜かぶりの話ばかりして来た。こういう手付きでやったが、うまいです。皆釜かぶっている。何を言ったって、釜をかぶっている。それでわしは、教会の皆んな洗礼を受けた人たちが来たその真中あたりで、やっぱりこれをやった。あんたがた、いくらやったって、神様を信じたとか、何んとか言ったって、釜をかぶっている間は駄目だとハハハ。なぜかと言うと、自分の場をつくってそうして幸福になろう、神を信じて自分は神の子のようになろうとか、人格者になろうとか、何んとかかんとかこれをやっている。そういう初めから欲をかいているのでありますから、こういう者がうまくゆくはずがない。早く釜を破らにゃいかん。神様のみ霊を射して来ねば、み霊が射して来ると、これが破れてしまうね。

釜をかぶっているから、地球が爆発すると聞けば恐ろしくなってしまう。死んでいながらです。墓場でもって、重石をかけられておりながら、地球が破れると言ったら、未だ死に切れん。それと同じこと。それにもって来て、宇宙が全体爆発するなんて言うたら、それはとんでもないことになってしまうでしょう。ところが、地球だけが酸素があるそうです。外のには、水素だとかガスだそうです。どう言う訳か、地球には酸素がある。それで人間がおるらしい。酸素がなくなればこれも皆お佗仏であります。そういう弱ったらしい者が、やれ神の子になるだとか、やれ人権を尊重しょうとか、しゃちほこばったって、どうにもなるものでない。けちな者が。そんな事を止めて、先ず、神の国を受ける。そして神の僕になる、僕にさせられる喜びを喜びとしなければならない。買い被ってはいけない。余り買い被っておる。皆おだてて来た。西洋の学問すると、皆んな人間をおだてるように書いてある。ギリシャあたりから始まったらしいですが、おだてる。そして神がない。何んにもない。自由しかないなんて、ふんぞり返っておる。釜かぶりしておる。よろしいか。それを知らん。知っているのは皆んな気狂いになって死んでしまいました。天才は皆これにぶつっかる。鈍才は当たらぬ、楽観しております。音楽やったり、藁人形こうやって喜んでおりますが、天才は釜にぶつっかる、余り痛いものですから、皆自殺して死んでしまう。自殺しないかぎりは、いまだぶっつかっておらんのであります。ハハハハハ。

それでですね。ハハハ。今日はおかしくなってしまって。この釜が問題です。これを早く破れねばなりません。神様の前に通ずるものがなければなりません。この神の通ずるということは実にうれしい。パウロ先生、これを書いて推薦状をやる必要はないんだ。あなた方には、私の事を言う必要がないんだ。もう神様が来ている。私にも来るんだ。そこで間に合っておるんだ、とこう言って喜んでおる。ですから、「主のみ霊のある所に自由がある」のだという事を申している。ですから、この自由がある。でこれは、昔も今も変わらない自由がある。一人の人間が自由を得るとかと言うようなそんな………。先の人も今の人も後の人もつらなっていく、この一つのみ霊の働きの中にあるこの自由ということはおそろしい事であります。ここをパウロ先生は言うているように、見えるのであります。

私共の中に、この「み霊の一致」と言うか、「み霊の働き」と言うか、「神の国の臨み」と言うか、こうしたものをお互いが受けて行かなければなりません。ね。

アメン　有り難うございます。　アメン　アメン。

空墓を訪ねて 先立ちを知らさる

一九五七年六月三〇日　御説教

聖書　マルコ十六章一―八節

今日は、墓を尋ねた、マグダラのマリヤ、ヤコブの母マリヤとサロメ、この数人の方々が墓を尋ねた、ここを読んでみたいと思います。この人々は、イエス様が殺されて、十字架についた、そして墓に葬ったのを確かに見た人々であります。明日の朝は行って、その屍《しかばね》に物を塗ろう、香料などを持って行って屍を葬ってあげようと用意して、今その朝やって来たのです。この人々の心持ちを思うと、一つの何ともいえない暗い気持ちがあったであろうと思うのであります。この人々は、マグダラのマリヤのごときは、非常な病身なのであります、確かにイエス様によっていやされた。他の方々も同様であったでしょう。そして、確かにイエス様によって救いを覚えしめられたということについては、みな一応同じであります。しかしこの方が十字架につけられて殺されてしまった。そのありさまもまたこの方々は見たのであります。この方こそ、神の事をなさる方だと思ったのに係わらず、十字架につけられて殺されてしまった。いわば呪《のろ》われて居る者でありますます。その形をよく表わして居るのであります。

この墓に来た前に、彼らはこの出来事に対して、全く失望といいましょうか、さっき申したように暗黒と言いましょうか、途方に暮れてしまった人々であります。この方こそ、私どもを救う方だと思った方は磔にあってしまったのであります。これは私どもは今日二千年もたってからこれを見るならば、そこにはよほどの空間がありますから、遠くから離れているそこに、またそれを考える余地がありますが、この人々にとってはちょうど石か木でもって打ちのめされたように思うたに相違ない。この世の中に信じられるものは、一つもなくなってしまったのであります。これが、この墓に来た人々の気持ちであったのではなかろうかと思う。ただ一つ確かな事は、イエス様が屍《しかばね》になって、あの葬った墓に行った、それがせめてものこの人々にとっては確かなものであります。その確かなものを尋ねて実は来たのであります。来て見たところが、その置いてあった所が空になってしまって居る。いわば洞穴になって何にもないのであります。これだけは確かであろうと思っていたら、確かと思っていた所も空であります。これはこの人々の今朝起きた出来事であったのであります。せめて墓に行ってあのしかばねに供養してみたい、慰めてみたい、思いかぎりの事を思ってみたいと思って来たに係わらず、そのものはないのであります。そこは虚ろになってしまって居る。あると思うものを尋ねて虚ろであったのであります。

この人々はかってイエス様に会った時には、まさか七つの悪魔のついている私をなおす事は出来ないと、こう思ったに違いない。にかかわらず、イエス様に会うと一緒にいやされてしまった。これはみな同じ事であったろうと思います。信じます、と言ったけれども、信ずる一面においては疑ぐっておったに相違ない。しかしそこには確かが来たんです。それで、その確かによって彼らの見た事は、イエス様こそこれは神の子であり、救い主であると思った。ところが事実はそうでなしに磔《はりつけ》にあって殺されてしまった。彼らの確信は、どっかに飛んでしまった。そして確かな屍を尋ねて来たら、その屍もなくなってしまって虚ろになって居る。あるかと思えばないのであります。これがこの人々の今朝会った出来事でありました。

ところが、そのない、虚ろのその穴から声がして来たのであります。これが天の使いの声であったのであります。そして「イエス様はよみがえった」という事を告げられたのであります。ちょうど「生ける者を死んだ墓におまえらは尋ねるか」というお言葉でありました。いつも私ども尋ねて行くのは、神の確かさであります。確かさを求めている所は、神が死んだ死骸のようなものであります。動かないものは確かに見えるのであります。しかし行って見たならば、なくなってしまった。いよいよそれに行って、その屍《しかばね》に会った時には屍はなくなってしまっておる。虚《うつ》ろになっておる。ちょうど私どもが真理を尋ねて行って、いつもそういう事を見るのであります。

神は生きているか、生きていないか、尋ねて行きます。初め聖書で読んでおる時は、確かにこれは神はあると書いてあるのですから、これを信じておるのは、確かに私どもは屍を見ているように、これは確かに違いない。しかし尋ねて見るというと、そこには何にもない所であって、ちょうど洞穴のように空であります。これは私どもは本当の真実を求め、真理を求める時に出くわすところの出来事であります。けれどもその虚ろの中から声がしてきたんです。その声によれば、「よみがえった」という事が知らされたのであります。確かな所から来ないで虚ろから出て来る声が確かなものを教えておるのであります。これは、実に私どもは考えさせられるものであります。いわばこれは、どちをふんだようなものであります。お前らは生きている者を墓場に求めている。生きている者は生きている所に行けばよいのにどうして墓に来るか、と言うようにもとれるのであります。とすれば、私どものいつも確かなところをたどっているのは墓場しかないのでありま す。

一番私ども確かだと思うのは数字でありましょう。一に一をたせば二だということは、たとえ事実がそこになくても、私どもは頭の中で一に一をたせば二だと、二に二を掛ければ四になるということは、そこに掛けてみなくても頭の中でこれを思うことが出来る。事実の世界においては、或いは困難な事かもしれないけれども、頭の世界では数学のいろんな難問題をどんどん解いていくのであります。世界に盛りきれないような数字でもなんでも、数学の世界では出て来る。とても私も考えられないような小さい事でも数学の世界ではどんどんどんどん出す。顕微鏡で見て小さいというけれども、まだまだ小さいものが数学の世界ではどんどんどんどん出て来るのです。我々は、何をやっても一つも確かなものはない。けれども数学の世界に行ったならば、確かなものが確かにある。ではその数字をたどっておれば確かな人生が得られるかというと、その確かだと思うたのは実はそれは屍であったのである。ハハハハ。骸骨であった。

「生きた者は生きた所にしかおらない」という事がわかったのであります。

数学を頼って私どもは人生を立てるわけにはいかない。いくら科学が発達したからといって、科学に自分の身を任せて永遠の世界を見ることは出来ない。救いにもならない。それはちょうど私どもが確かだと思うておった屍は、神の前にはそれが出てしまわなければならない。つまり言えば、それは虚ろになってしまわねばならないことを教えられるのであります。しかし、いつでも私どもは、どちをふんでいるように見えるのであります。なぜならば、いつでも神に会わない。いつでも神を捜して居る。いつでも幸福に会わない。いつでも幸福はどっかにおるだろうと思って捜しておる。一番確かであってほしいものが、なんと何時でもぬけのからでありまして、いつでも私どもは墓場に、行ったり来たり行ったり来たりして、べそべそしているのが私どもであります。慰めどころの話ではない。いつでも空手で帰って来るのが、私どもの人生であります。そうするというと、生ける者を生ける所に見ることは難かしいのであります。

けれども、ここで一つのことを知らなければならない。それはどういう事かといえば、この墓場こそイエス様が復活して行った所である。

これをよく知らんといけない。よろしいか。ないと言うが、そのないところが、イエス様が復活していったところだ。そこがわからされる時に、初めてマグダラのマリヤは、イエス様に会うことが出来た。ここから復活したんだ。尋ねた所は虚ろだけれども、虚ろになったのは復活してなったのだ。初めから虚ろではなかった。墓はそこに屍があった。ところがその屍を尋ねたという所は、これは人間の世界である。行っても行っても私どもは真理を求め、生きたものを求め、救いを求めておるが、しかしそこは屍だ。が、しかし本当に行ってその屍に触った時には、虚ろでもってぽーっと消えてしまっておるところの、虚ろの世界であって、いつでも神様どこにあるかわからない、この虚ろの世界に私どもはおる。だがしかし、そこはイエス様が復活した所だ。復活してきたところはそこだ。それ以外の所ではない。そこから出て来た。これをよく知らなければ。まずそこから始まらねば。なるほど虚ろでしょう。なるほどそこは何にもないでしょう。おっしゃる通り生ける者は生ける所に行かねば、お前の尋ねているのは墓場ではないか。生きた者を死んだところの墓に尋ねるとはなにごとか、とおっしゃる、そのとおり。しかしその墓場こそ、その虚ろな墓場こそイエス様が復活したところであります。

私共は、アサの信仰はどこまで行っても救われたということは言わない信仰であります。確かを与えないのであります。それは屍になるからであります。そこはいつでも虚ろでありまして、〝さあ救われましたか〟〝さあ知らん〟。今刻々起きて来るこの神の事実を受けている者にとっては、それはしかばねを持つわけにはいかないのです。刻々に変わって来る、刻々打って来るところの生命の流れの中におかされる者にとっては、確かさは必要がないのであります。で、もし私どもが目を見て何かを尋ねて神さまのものを尋ねるとすれば、その打って来るそこはなんと虚ろであります。だが、しかしその虚ろこそ主は先立った。すなわちそこから復活しているところの、復活した所だということをよく知らなければならないのであります。これが私どもは何かを聞きだす、ここでは天の使いが語ったといいますが、その語り来る者はどこにあったかといえば、そこから出発したから、そこから声が聞かなければ。そこをよく知らなければ。今見たところからである。今は耐えられないところであるが、しかしそこは神の出発したところだから、そこから声を聞くことができるのであります。いわゆる、先立っておる。アサにとっては、いつでも虚ろであります。なぜかならば、神は先立っておる。イエス様先立ってるからこそ虚ろであります。虚ろであればこそ、神からのものがありと示されて、そこに本当の曲がらない道を行くことが出来る。

この人々が、もしも墓にこなかったならばどこにイエス様がいらっしゃるかわからないですんだでしょう。また復活した事を一番早く知ったのは、この虚ろの墓を尋ねた人々であります。この尋ねることがないならば、たぶん彼らは遅く、聞いたり見たりする位置におったかもしれない。ところが尋ねた。どこまでも尋ねる。これが私ども人間の世界であります。わからなければ尋ねる。神様あるといわれれば尋ねてゆく、これが私どもの人間の世界であります。しかし、そこに真実行った時には空《くう》を見なければならない。けれども、その空こそ神の先立ちであって、そこはただの空ではなくて、そこから先立っている神がそこにいらっしゃるということを知らなければならない。そこに生ける者を拝することができる。

まずマグダラのマリヤに現れた、とここに書いてありますが、今読んだその次を見ると、一番先にマグダラのマリヤにイエス様現れてということを言いますが、その人こそ虚ろの墓を拝した人であります。しかも先立つ者を拝することを許された。そこから声がした。だからここに私ども考えなければ。いつでも私どもはからの墓に行っています。いつでも確かであります。なぜかならば、そこを先立っている方があるからでありますか。ですから、本当にからの墓を私どもが見いだすことが出来た時に、幸であります。ところがいつでも墓の中は一ぱいであります。骸骨が一パイ入っております。虚ろではない。ハハハ。いつでも一ぱい。ぐじゃぐじゃぐじゃぐじゃぐじゃぐじゃぐじゃしておりますが、これは、復活しきれないのです。これは頼りにならない。これはおけば腐ってしまう。ハエがついてきたなくなってしまう。それが一生涯骸骨の中でぐじゃぐじゃぐじゃぐじゃと、そして蛆とハエでもって、ごじゃごじゃごったがえしているのが私どもであります。マグダラのマリヤはイエス様に会ったとき始めて生ける者を拝する、救主にあづかったのであります。

アメン　勿体のうございます。アメン　アメン　アメン。

トマスとウケ

一九五七年七月七日　御説教

聖書　ヨハネ二〇章二四―二九節ガラテヤ三章一―二節

今日は、トマスさんの所をひとつ読んで見たいと思います。トマスさんはちょうど私共と共通点があります。横着者には、不信仰者には。向うで言えばトマスさんは不信仰者に入るわけですが。イエス様が復活していらっしした、そして体を持っていらっしゃったと書いてありますが、それをまあ、弟子たちに見せた所が、ちょうどそこにトマスさんは居なかった。そこでトマスさんは、皆んながイエス様を見た、見たと言うのでもって、それを聞いた時に彼は、まあ内心悔やしかったかも知れない、ちょうど我々と同じように、或いはしゃくに擦ったかも知れない。見た見たと言うが何を見たか、あばら骨もあった、体もあったと、そんな事信じられるか。ちょうど我々に似ているのです。それでトマスさん、非常に親しい訳であります。ところがトマスさんそれを聞いて何んと言ったかと言うと、私はそんな事は信じない、わしの手でそのあばら骨に当てて見なければ、実際わしは見ないで信じられるか、と言うのであります。

今日は科学思想が大変に盛んになって来ましたから、実証主義なんていうことを言うようになって来ました。もうとにかく深い事はどうでもよい、それは後に付け足して、とにかく見える世界しかないのだからというような所と共通なようにも見えるのであります。ところがそういう事を言って、ちょうど八日経ったのであります。弟子たちはまた家に居てトマスもまた一緒にいた。入口の戸が閉てあったのに、イエス様が入って来て彼らの中に立ち「ごきげんよう、平安汝らにあれ」、平安でありなさいと仰ったのであります。それからイエス様はトマスに言われた。

「あなたの指をここに出して、私の手を見よ。また、あなたの手を出して私の脅に差し入れよ。不信者とならずに信ずる者となれ」と、イエス様は体をちゃんとお見せになったのであります。そして、お前さんの言う通り手を当てて見なさい、とこう言うのであります。それからもうトマスさんはびっくりしてしまった。「これを聞くやトマスは言った」、これを聞くやですから手を伸ばさないで、まだ手を当てないで聞くやです。聞くやトマスはイエスに言った。「私の主よ、私の神よ」。びっくりしてしまった、恐れおののいてしまった。それで「我が主よ、我が神よ」とこういう訳であります。その時にイエス様はトマスに仰るのには「あなたは私を見たために信じたのか、見ないで信じる者は幸である。」見ないで私を信じる者は、これは幸いであったが、と仰るのであります。

そこで、私はアサは事実の上に立っているのだ、事実主義だ、空《くう》な事を言うてはいない、ということを申しておるし、またアサではそれを拝しておるのですが、トマスは事実を見なければ信じられないという事を申しておる、またここでまさしくその事実を見た、と一緒にとたん彼は「わが主よ、わが神よ」、始めて目が明いてしまった。そして自分の神様が分った、誰であるか、イエス様が自分の神様であるということが分って来たのであります。

この「見ずして信ずる」ということは、どういうことでしょうか。今日はそこを学んで見たいと思うのであります。

見ないで信ずる、普通こういうふうに説いているのであります。私共の世界は見える世界、見える世界におる。しかし神様の世界は見えない世界で、神の事は信じなければこれは分らない。ここで私共は色んな物を調べることが出来る。目に映ってくる、実験することがあるから、ここでは私共は色んな事が出来て、科学的に色んな事を知ることが出来る。けれども神の事を知るには信じなければならぬ。まず信じることから初まらなければならない。だから信仰ということが無い限り、神には行けないというのはどういうことかと言えば、見えない世界なんだ、見えない世界は信ずるという気持が出てこなければ成立しない。見える世界ならば、それは見ることが出来るかも知れないけれども、見えない世界だからどうしてもそこには、信ずるということが先に立たなければ成立しない。だからここで「見ずして信ずる者は、幸なり」という事はどういうことかと言えば、その事を言っている。すなわち、見えない世界だからそこは信じなければならぬ。お前は、わしが出て来たということを聞いた時に直ぐ信ずればええのだが、信ずればよいというような意味に私共は採りたいのであります。しかしアサはどうしても事実に立っております。見えない、見ずして信ずるという意味が、アサでどういう事を意味しているか、本当の意味はどこにあるかということが大切な所であります。

「見ないで信ずる」ということは、見える世界にあって、見えなくて信じられる事実がそこに重っておることであります。イエス様に会って分ったことは、見えるこの世界に、見えないものが重って来ておる。よろしいですか。これは、見ずして信ずるという意味は、見えないけれども信じられるものが来ている、その事実なんだ。その事実を受けるということである。受けから言うと、その事実を受けるという所に大切な点がある。見えないけれども信ずるんだ、信じかけるのだと、そして初めて分ることができる。お前さん、これから先き何処に行ったら、ここから先に阿賀（地名）があるという事は分らん、はじめて行く時には分らんから、信じて行けばはじめて分って来るのだとこういう意味なものでなくて、ここに、見える世界に見えないものが重って来ておる。重なるという意味はおかしいことだが、私共の世界では「臨《のぞ》む」と言う。その臨んでいる所を見えざる世界、見ずして信ずるというのはその意味であって、臨んでいるという一つの事実がある。事実があるから臨んでおる。そうすると、事実において信じられるものであって、事実なしには信じられないもので、ただ聞いたから信ずるというこの行き方は、やはり神に向いているようであるが、実はこの世の事を言っているのです。ちょうど向うに行くのに、信じて行けば、あの人を疑っておっては駄目だけども、その人の言葉を信じてゆけば確かだとこういうふうな事は、実のこと神様に向いているようだけれども、神様に向いているのではない、やっぱりこの世のことなんだ。ところが見ないで信ずるという意味の本当の意味はどこにあるかと言うと、事実が来ている。神の国は事実なんだ。この事実を受けるという所から出てくるのが信仰であります。いわば信仰は生れ出てくるもので、こっちから持ってゆくものでなしに、向うから生れてくるものが信仰でありますから、このことが見えなくてはならんのであります。

トマスは疑いました。どうも私は、あなた方が言うけれども、本当かうそか分らん。だから本当か嘘か見てみなければ分らんのだ、とこう言ったのです。彼はイエス様が現れて来たから、見える世界を見たわけです。よろしいですか。そこではその事を見ない世界として、こっちから聞いて、その事を信ずればええのだということではない。見ているイエス様、動いているイエス様、物言うているイエス様、あばら骨を見せているイエス様をそこに置いて、まだ見えざるものをそこに感じた。ここが大切な見方であります。よろしいか。見ないと言うのはイエス様を見なかった、見た人があってこう言うていた。ああそうかと言って、それを信じた人が幸いだと言うのではない。そこで見るのは見える世界についての信仰なんだ、だから宗教でよく信仰、信仰ということは、決断だとか、やれ見えない所を信じ込むとかと言うと、何か見えない世界に向っているようだけれども、実のことそれは見える世界だ。まだ見ない未知の世界に向って言っているだけの話である。本当のことは、

見える所に見えないものが見えてこねばならない。

これが大切な点であります。なぜここを私は申上げるかと言うと、トマスは今イエス様を見たんだ、目で見たんだ、耳で聞いたんだ、手が行けばすぐに触わることが出来るものを見たんだ。よろしいか。この世で見ていながら、彼の中にはその上からなお臨んで来る見えざる世界が見えたんだ。これが大切な事です。よろしいか。それは何であるかと言うと、彼が「おお主よ、おお神よ」、ここにある。彼はこのイエス様を見ただけでなしに、そのイエス様が来る所に臨んで来る所の世界を感じて来たのであります。うつさせてもらってきたのであります。ですから、そこにおいては何であるかと言うと、感謝感激、びっくらしてしまった。そしてもう驚いてしまった。そして彼は自分の疑っておったのは、見えるとか見えないとかの世界でなくて、その上にまだあるものを見た。ここ大切な事で、ここが見えなかったら宗教は分るもんではないのです。

その臨んで来るものを見た時に、始めて悔改めがそこに出て来たのです。耐らぬものを見た。それで、ううん、こりゃと言う所に驚きを見たと一緒に、自分の悔改めが出て来たのであります。よろしいか。見える世界を見て驚いて「おお主よ、おお神よ」と言ったのではない。それではなくて、見えるものを見ていながら、そこに見えざる世界を受けた時に「おお主よ、おお神よ」。これが与えられて来たのであります。いわば、そこは見えるものと見えざるものとが重っておるという事であります。これをイエス様は、「見ずして信ずる者は幸なり」と仰ったのはここであります。

これはちょうどですね。あのエマオ途上に二人の弟子が、エルサレムから逃げて行ったか何か知らんが、弟子たちと離れて行っている二人にイエス様が現れた時に、彼らがイエス様が現れた姿を見て、消えてしまった時に彼らは何んと言ったか。イエス様の現れたそのパンを裂いた事や、そのお姿や、その声のことを問題にしていないということ、何を問題にしたかと言うと、イエス様に会った時に「われらの心、内に燃えしにあらずや」。これが問題だった。見た現象を問題にしておらない。これを言うならば実証主義とか何とか、現象主義になり易いのですが、その現象を問題にしておらない、おらないで、我々は何かに会った時に、それこそは極端に言うならば、何かに会った時にわれらの心、内に燃えたではないか。そこに「イエス様だ」ということが分って来たのです。それが「見ずして信ずる」、信じさせられる、向うから此方に来る暖いものを感じたのです。これが眼であった。これが「見ずして信ずる者が幸なり」であって、それは彼らにとって空の世界を信ずることではなくて、事実臨んで来た、「わが内に燃えしにあらずや」、燃えたものの事実を見た時に、彼の中にイエス様と話し、語り、主であるということを確かに認めることの出来るものにあずかった。だからそこには、すなわち「見ずして信ずる」ものを受けたのである。

ここが分らないと宗教は何時まででも分らない。やれ復活だ、ええそんな事じゃ、現象じゃない。では何か。何にも訳分りゃしない。見ずして信ずる。どうなるか。見ないでもって説明して、こういうわけで天国はこうなってああなって、それが本当だと言って、誰が信ずる者があるか。昔はそうかも知れないが今はそうでない。私のような者がだいぶ増えて来た。そうでしょう。ところがそうでない、神の世界は事実でありますす。これを受けたんです。この時彼はこういうことが分ったのではないか。それはあの弟子たちがイエス様を拝した、目の当り、真実、体すなわち現象のイエス様として、現れてきたイエス様として見た。その時彼はどこかに居ったに違いない。おったから帰って来てその話を聞いたが、その時私も実は受けておった。その時見ずして信ずる。これこそは分らない、だがこの上から来る所のものをずっと引伸して見るというと、皆に来た時には私にも何か来ておった、確かに来ておった。エマオ途上の人々が会ったのも、その点来ておった。それじゃ、これが本当の「見ずして信ずる」という気持がそこにあるのです。よろしいですか。彼があとで考えて見て分ったことは何であるかと言えば、この一つの出来事の上に、既に来ておった。その来ておったものは、私はここと場所が違っておるにかかわらず拝することが出来たんだ、実はいわゆる、見ずして既に真は行っておったのだが、ここを私は取り逃しておったんだということが分るはずであります。見える世界は私共のここだ、ここは何んでもない。ただこうしている、しかしここに見えない世界が臨んでおる。この真実臨んでいるものが真実として私共に受けられる所に……。

受けと受入れの違う所を一寸申上げます。受入れというのは、私共に翻訳してくるものは受入れであります。どんなものでも直接は入りません。必ずこれは翻訳しなければならない。いわばちゆうとこのものが入らなければ、受入れではないのです。受けというのは「かかり」ということです。かかりというのはどういうことか。そこにかからせてもらうということ。よろしいか。向うから此方に関係づけてくることを「かかり」という。だから受取りというのはどういうのかと言うと、ここのものがここに入ってはこない。ここというものがここに出来てくるのは何か、あったものを翻訳して何か来たものであって、それは、本当のことは受取りは立派のようであるけれども立派ではない、本当のものは「かかる」ということであって、「かかり」というのは大切で、これはまた別に話さなければならんが。つまりいえば、この見える世界に見えざるものがかかっておる。

このかかりに自分がかけられた、という所に有難い世界があるのでございます。イエス様が現れた、彼（トマス）は「わが主よ、わが神よ」、ここに感激しております。彼の宗教はその感激の場だけではなかった。彼の中には、彼がまだ見ないで信じなかったと思ったそこに来ているものまでも、そこに拝することが出来たのであります。そこに有難い世界があるのであります。

今読んだガラテヤ書の三章の所をおあけ下さい。（一～二節）

「ああ、愚かなガラテヤ人よ。あなた方の目の前に、十字架につけられ給うたイエス・キリストが、まざまざと示されたのに、誰があなたをたぶらかしたのか。このことだけを私はあなた方から教えてもらいたい。あなたがみ霊を受けたのは、律法の行いによるか。それとも聞いて信じたからか。」

彼らはイエス様を拝した、現象のイエス様を見た、目に見える十字架を見た。これはどうしてそういうことを信ずるようになったか。それは、あなた方が聞いて、信じたではないか。ここも注意しなければならん。聞いて信じたということは、イエス様は生きているという事を、聞いてそう信じたからそうなったんだと、私共はそういうふうに見たい。なぜかならば、信仰が大切だから。聞いた時に信仰をおこして、そして分ったのだとこういうふうに誰でも見たいのであります。そうではない。これは全く違っている。聞いているそこには神の国が臨んでなければならない。その臨みが私共をすでにほぐいておった。そこに十字架のものを拝することが出来た。それは見たということでなくて、見たそこに神の国を感じてきた。神のみ霊の世界を彼らは受けた、すなわち、ここは見えている現象の神のもののかかっていることが分ってきた。ここにも「見ずして信ずる者は、幸である」、すなわち見ずして信じられる者が幸であるという意味がそこにもあるのであります。

私共が聖書を読んで遠く感じない、近く感ずるのはなぜか、実に有難いのはなぜかと言えば、それは昔の出来事ではない。なくて神にかかっているそこは、今でも見ずして信ずるその上からかかる世界に通じてくるから、昔も今も同じになって来るのであります。そこに有難い世界が出てくるのであります。ですから

「見ずして信ずる者は幸なり」

実に神の事実を事実とすることが信仰である。そして我々は、見ゆるものに見えざるものがかかっておるということを、よく受けてゆくことであります。トマスさんは私共に大変ないい事を教えて下さいましたが、一人の方が分らなかったけれども、イエス様の憐みによってこれが分らせていただいたことは、実に有難いことであります。アメン　アメン　勿体のうございます。

……トマスは受けたのであります。そこには感謝感激、もう沸騰するようなものを受けたのであります。そしてイエス様を見た時に、「わが主、わが神よ」と言った時は躍っている大讃美です。この大讃美こそ、静かに音もなしにどこにあっても直ぐそこに訪れてくるもの、臨んでくるのを感じさせられる、その一つのつながりをここで受けたのであります。かっては彼は弟子と離れておったそこにも実はそのかかりはあったのです。それを見捨てた自分を悲しく思う。また、弟子たちが会ったその事を疑っている自分のさびしさ。みなこの見えないものを見えないと捨ててしまったそこに、彼の罪を感じたのであります。

何時我々は救われるであろうか。見捨てられた世界ではない、そこには見えない「かかり」があったことであります。そこに静かにあるいは悲しみの中に、あるいは悲しみとも喜びともつかぬ涙の出るそこに、それは神にかかっておるのであります。「主よ、有難うございます」と、イエス様がそこに見出される時に、

そこは生きてくる、輝いてくる、有難さと勿体なさが湧いて来るのであります。かかる世界は、昔も今も同じように、憐みの中に私共に臨んでおるのであります。この「かかり」も知らないで、現象だけに、ただこの世だけの経験や出来事だけにとらわれてゆくのでなしに、その上にかかっているものが大切であります。これが私共にとっての実に恵みであります。浮き沈みして行く世であります。あるかといえば無くなる世界であります。今得たかと思えば本当に跡かたも無くなってゆく世界であります。

しかし、その上に見ずして、見えずして臨んで来る世界のあることを私共は受けてゆく時に、この全世界がくずれても、主の御言葉はとこしえに生きる、ということが、それが真理であるということが分って来るのであります。

アメン　アメン　勿体のうございます。アメン　アメン。

アサと直接性

一九五七年一一月一七日　御説教

聖書　マルコ　一一章一―一二節

今の所で二つのものが御用に立ち、御用に立たなかった事が書かれておりまする。一つはロバの事であります。生れて間もないものでしょう。つながれてただ草を食っておるばかりでした、いわば能なしでございます。しかし第一先頭に「主の御用だ」。このロバは何のために生れて来たか、行く先はどうなるか何んにも分らんのであります。「御用だ、連れてこい」。アメン。これに乗った時にエルサレムの都に最後の乗込みでございます。十字架を前にして、今このロバの子は勇み喜んで主を乗せて、そうしてそこには歓呼の声を上げて、ホサナホサナと言って人々は讃美を神に捧げていたが、このロバはイエス様を乗せて踊っておったでしょう。ここで気付くことは、この歌が、多分歌でしょうが、ユダヤの人はまず先に神を讃美することを知っておった。実に敬服いたします。まず讃美する、神に栄光を帰するのであります。

翌日の話は、イチジクの木の下に行ったら、ちょうど、まだ実のなる時ではなかったのに、そこへイエス様が行ってイチジクの木に実を求めたのであります。けれども無いというので枯れてしまったと書いてあります。彼は役に立つたんです、社会の役になったんです、飢えた人に食を与え、病んでいる人に慰めを与えたに違いないのです。しかし、イエス様の御用に立たなかった、そこでイエス様は枯れてしまえの御言葉であります。意味の深いことは分りませんが、ほかの方を見ると、信ずれば何でもなるんだということを仰っておられますが、ここに御用の二つがございます。

イチジクの木はただそこにあったんではございません。実は人々が食べたんですから御用に立っておったんです。一生涯社会のためになったんです、人々を喜ばしたんです。人のためになったにかかわらず「枯れてしまえ」。これは私共に大切なことを教えております。この世のため人のためになるならば、神はこの世を助けこの世を救おうとしておるんだから、そのことは切望しておるはずであります、にかかわらず「枯れてしまえ、用はないぞ」。何を教えておられるのでしょうか。深く考えさせられるのであります。人のためになれば人は喜んでくれます。いつ神さまを喜ばしたか。アメン。

先週来た便りの中に加川君子さんがこう言って書いておる。「アメン、アメン、もったいのうございます。先生お目出とうございます。御誕生日の生れ変り、まことにもったいのうございます。こちらはいつも御迷惑や御心配をおかけばかりしか出来ません。まことに申訳けございませんが、どうぞよろしくお願いいたします。加川も大分よくなりました。私も眼が痛みますが、痛みも苦しみも満々ている御慈愛にとかしていただいております。アメン」。

どこから来たんでしょうか、バセドウで目がとびくり出ておる、それでなくてさえ生れて間もなく出た病気を持っております。片方の目は引込んでくるそうであります、片方の目が出てくるそうであります。目のことは私よく知りませんが、そのドン底から讃美が上るということは一体どういうことだろうか。アメン。何のために生れて来たんだろうか、苦労しに来たんだろうか、みにくい顔を一生涯負うて歩かにゃならん運命だったんだろうかと誰も思うでしょう。御用のはしに立たせてもらおうと思って祈ってゆくここに、こういう驚くべきことがおきてくるのではなかろうか。私共の一生は長くはございませんよ。これは社会のためになった、人を喜ばした、おれは人のために尽した、あの事業もこの事業もおれが関係したから出来たんだ。ええ結構です、結構ですが何時神を喜ばしたか。お前の才能も力もそんな所ではないぞ、御用のために働くという一つが、お前の一生涯、出来ても出来んでも、半分でも三分の一でもよいから、お前の生涯はそこにかかっているんだよ、と仰っておるのではなかろうか。イチジクは自分の使命を果して枯れましたが、しかしそこに深く教えるものがあるのでございます。

アメン　勿体のうございます。セーレイ　アイラ　ボーロ　アメン　アメン。

（讃美、恵みのアサを受くる時）

アサの神学の中心はどこにあるか、と申上げまするならば、アサの神学の中心は、「直接する」という神の恵みについて語ることであります。神の恵みは直接性と間接性がございます。間接というものは、人を通したり社会を通したり、時代を通したりして人に働きかける、あるいは自然の恵みすべての万象の起源とし、根源となって現れるという思想の下に信じられるものであります。しかし、神ははたして私共に本当に生きて働きかけておるかどうかということは、直接するものによらなければ分らされないのでございます。それで、私共は間接を尊ばんことはない、間接はもちろん尊びますが、しかしより以上、直接するものをはっきりしなければいられないのです。

これがアサの神学の一番の重要点でございます。たとえば、今のイチジクの譬のようにです。彼は間接において神の御用をしております、なぜならば自分が育って、そして自分のありだけのものを実は実らせて来ておるのであります。そしてそのことは多くの人を喜ばせ、またその人々に力づけたのであります。とすれば彼はやはり神の恵みを受けておるものでありますす。そこに宗教がないはずがないのであります。なぜかならば、それは神によって育ったと見えるからであります。しかし、これは思想でございます。思想ということは見方であります。唯物論者は、物はそういうものではないんだ、そんな思想から出るんではない、物は物だとこう言うのであります。どちらが勝つも勝たぬもどうでもよろしいが、しかし神があらたに確かに直接するということがはっきりしなかったならば、宗教は成立しないというのが、アサの申す所でございます。

ですから、なるほど間接には働くでしょう、また間接に働くことによって神に奉仕するという言葉も出るかも知れない。例えば、人のために尽したということにおいて神は喜ぶ、なぜならばその神を彼らは愛して、それに付こうとしているのだから。それに貢献する者があったとすれば、その人は確かに神の御用の一端をしたと見えるのであります。けれども、アサではそういう間接性は先ずそこに置くのです、その論義は分らないのです。が、直接するものによって立ってゆかねばならない。ところが今までのあれは、直接するものが無にされてしまって、そういう事は夢幻の世界にされまして、間接の世界だけを確かな世界として私共は宗教して来た。私自身がして来た、私の知っておる限りにおいて皆そうでありました。そこで、夢か、幻か。本当か、嘘か。ここに神は本当に実在するかどうかということを私は非常な問題に考えたのでありました。幸なことに「直接するんだ」ということが分ってこさせていただいたのであります。

この集会は、イエス様と皆んなが直接交わることです、交わるという言葉は使いません。イエス様のこのみ霊に皆が一つにされる事、これが集会の眼目でございます。よろしいですか。集まるということは、十人集まれば十人が神のみ霊に一つになること。ここでは一人だけがいばる所ではない。たとえば、おれはこういうことが出来たからこうだ、とすぐ自分の内心をいばる。そういう人は神にあずかっている人ではない。なるほどあずかるまでは神に接しておりますが、すぐ自分に帰っておりますから、これはアサでは取上げないのでございます。それは堕落者でございます。ですから、み霊受けた瞬間私共は堕落します。おお、おれは分らんことが分って来たわい。おお、気持がええわい。おお、これだこれだ。人のやるよりおれの方がまだええぞ、ちいと立派だぞ、力があるぞ。己惚れてゆく。それは急転直下その場から落ちている人でありま す。それで、ひとりが偉くなるのではない。神の中におかれる、これが大切です。ですからこのことをよく知らなければならない。

たとえば、アメンにしてもそうです。大きなアメンが出てきたから、いかにも自分だけが人よりも熱があって、その大きくなって。とんでもないことです。そう思った瞬間、それは落ちている。それはもう駄目です、なぜかならば、それはもう終っている。

イエス様とどこまでも一つにされてゆく。神の憐みの中におかれる、というこの一つの事が出来てこなければならん。

幸いここでは異言が余り出ない大変結構でございます、しかし結構と私は言いたくはないが、異言の出るのもよい。しかし、異言の出た瞬間に人間は豪慢になる。誰よりも誰それよりもおれは立派な異言のようだ、なんとかかんとか言って、ここに生意気な者が出てくる。すると一つになっている者が自分だけ孤立してくる。これが集会の敵であります。一番恐しいのはこれであります。皆なが黙っておるが、おれだけ恵まれて来た、そんなことがちょぼっとでも出たならば、その人はもう堕落した人であります。そうでなくて、一つみ霊の中に、一つの中におかれてゆくというこのことが、この集会の眼目であって、そこへ行って修養して、おれの腕が上ったとか、いまだおれは経験しないことを経験したとかいうようなことは第二にも第三にもそんなことは後でよろしい、いくらでも出て来ること。それで一番大切なことは、

神の中に一緒におかれる、一緒におかれること。

ええですか。あのペンテコステの時に火のようなものが現われて、それが現われて各々の上に止ったと書いてある。これが一番大切なこと。だから大勢の人が寄った時には、その火は一つになってここに来るはずであります。そのもとに帰るはずであります。そのもとから来、もとに帰って、ここが大切な霊拝、さんびの座でございます。讃美の座を外すということ程恐しいことはない。必ず己れが勝っておるのです。何か知らん己れが勝っておるのです。そこに堕落がくるのであります。これが神の直接性を失っておる人であって、たとえその人がどんなに立派な人でありましても意味をなしておらんのであります。ですから、共に讃美することが出来るほどの喜びはございません。なぜかならば、一つ火に会えば一つ火を分け合う、そしてここに初めて、イエス様の仰る、汝とわれと、われと神とが一つになることが出来るんだと言って、それを一番の眼目に、ヨハネ伝を見てごらんなさい、一つになるんだと。勿体ないことです。

私共一つになる資格はございませんが、それが行われてくる一番最初の第一段が集会であります。ですから、その集会は神の座であります。ここに来たならば、どうか一つになって下さい。一つになって、自分だけが恵まれたとか恵まれんとか、やせたとか肥えたとかそんなことではなしに、一つになる。だから二人の者がアサ人が会った時に、アメン。両方アメン、一つになる。一つ神の中にとけ合うことです。アメン。それが本当に合った人であります。ええですか。ここをよく。ここは修養場でもない、修行場でもない。向う

の面を打ったから自分は強くなったとか、向うの小手を払ったから自分は強くなったとかそういう所ではなくて、一つにせられたという喜びがみなの中に湧いて出てこなければならない。それですから愛であります。

私は今度の病気を通して、実に愛だということが分りました。なんたる愛であろうか。この愛の中におかれるということは何んということだろうか。実に涙でありました。それは何故かというと、一つになる。イエス様は一つにするためだぞと、繰返し仰っておられますが、どうか一つにされられる。アサ人が、アメンが向うに通る、向うのアメンがこっちに通る、一つになる、神に一つにせられるということが大切であります。おのれが己れがと出てゆく所の者は駄目であります。

イエス様は「後なる者が先になる」と仰った。後ということは低くせられる。低いということは何も謙遜になったことではない。自分の本当のものです。今病気で、その治らないと思うている病気に関してこの君子さんのように感謝が出てくる。それは、その人がどういう気持が動いているかと言えば、神に対して病気を持っているということだけでも、その人は低くせられております。しかもその病気さえも受ける資格はない。そこに先にさせられる、そこに上げられるのであります。

神とどこで一つになるかと言うと、神を讃美する、神を崇める、神を信ずるこの力が両方合ったから一つになったんではない。それは立打ちの話だ、そんなことで救われるはずはない。私共は、一番下のラインに立ったからであります。讃美をする資格もない。アメン。生きてこうやっておるけれども、この資格はどこにあるんだろうか。神の前に自分の座が失われる人、その人は神に全部奪われていく人。病気の中に讃美させられるということは、喜ばしていただけるという、どこから出て来たかと言いますと、資格を失っておるそこから出て来た。これが分らなかったならば神のことは分りません。神の光を見る、何か優れたものを見る、なにか豊かなものを見よう見ようとする。とんでもない話です。先ず自分の、そんなものを受ける資格も何もないという自分がありありと、はっきりと、それこそは間違いなしに、そこがなった時でありますこれはもう既に光の包んだ時であります。

これをよく忘れないように。神に一つになる人は、一つになる資格のないことがはっきりと示されてゆく。ですから、どこまでもアサ人の中には一番後なる者、何時でも後なる者そこに勿体ない世界が開けてゆくのであります。

アメン　有難うございます。　アメン　アメン。

神の直接性について

一九五七年十一月二四日　御説教

誰も気づかない所ですが、しかしこの直接という事は、本当に受けるということは甚だまれなことであります。そのために宗教が倫理と一緒になってしまうのであります。今日は黒板がないから宗教と倫理の区わけを申上げることが出来ませんが、宗教は神から直接来る。

……倫理で必要な事は、自主性、自分が責任を負い義務を尽くしてゆく。神の方から来るものは神の光に打たれる。光というのは神様の方のものであります。み霊にうたれるというてよろしい。それに撃たれて人間という者自体がくっきり、完全に描き出されて来る、見えて来る。それまではわかりません。直接に会わないと自分という事が実はわかっておらない。自分は一番自分がわかっている様ですけれども、そのわかっているというのは実は頭でわかった。自分という者を全体に、描き出してそれを見ることは出来ない。これが人間の一番何をしても、どう考がえても何千年やっても、どんなに苦心しましても、外の方に科学の世界や天文とかというような外のことはつじつまがあうんですが、合いますが自分自身は一つもつじつまが合っておらない。どんなえらい科学者であっても、自分にかえるというとつじつまがあわんです。原子を一つつらまえても規制正しくなってますからよくつらまえて、これはこうだああだと言う事は言いうる、けれども自分をつらまえて原子のごとくはっきり見ることは出来ないのであります。これが人間の、今日までさっぱりわからない世界にほうり出されようになって来たわけはそこにある。それは何故かというと、神御自身が照らさなければわからない世界なんです。よろしいか。わかったというのは自分の頭で、生まれてきて今日まであの時はこういう事をしたあゝいうことをしたという事はわかるけれども、自分という事はわかっておらない。さっぱりわからない。ましていわんや、人間がわかるはずがない。神様に会わなければそれはわからない。

それでは神様に会った自分はどうであるかというと、ちょうど真暗なもの。光は上より照っておるもの。闇は知らないでおる。悟らない、わからないと同じように、この自分という者が真暗であるという事は、初めて神の光に会った時にわかる。その時に初めて自分の全体がわかる。どういうこれは質のものであるか、どういうものかという事が初めてわかってくる。よろしいか。これが、神の恵みの偉大な事を知ったその時です、悟られたその時である。その時に初めて人間が自分の作る世界、自分が行く世界というものを自分が切り開いておったけれども、これはただ生きるためだけで、神の前に救われる救いの道にはなかったという事がわかってきた。人間という者自体がどこに行くんだかという事は、私どもが神に触れなければわけは分らない。いったいどこに行くんだろうか、どうなるんだろうか。ところが上からの光に会った時に、くっきり自分という者がわかって、しかもそこに神が臨んで下さるという事がわかる。この神から臨んで来るという事が、そのまま私どもがそのところにおかれますとつかわされてゆくんです。ですから、神を受けた人は必ず遣わされておる。その人が一人おる為に、黙っておっても何か人に与えてゆく。見えないものが、神のものが直接にご紹介することが出来る。一つの管になることが出来る。というのは神から来るものが臨んで来る。そしてその臨んだものが、また人を通し、あらゆるものを通します、この時あらゆるものを通して現れて来るのです。ところが人間という者は、自分から神を見ようとしてゆく。これが間接という事のおきるもとであります。自分から……。

この間読んだ雑誌の所に、津田左右吉という人が……。かねてから私は津田左右吉という方の著書を見たいと思っていた方であります。日本研究の研究者のようであります。学問上の事は私知りませんから、どのへんの位置にある方かそれは知りませんけれども、よく日本の事を研究している方であります。この方の書いた中にも「宗教は人間の文化によって出来たものだ」と言うておる。これはおそらく世界の学者の代弁をしてるではないかと私は思うものであります。宗教というものは、人間が発生してきて、そして家族を作り社会を作っている中に、何かおごそかなもの、あるいは自分の魂の、死んだものいろんな事から、何かしらん人間以上のものがあるというような事を拝み出して来るというのが宗教の初めで、それからだんだんだんだん発達して、ついにキリスト、お釈迦さんという事になって大宗教になるんだと、大方皆そういうように解しております。そんな宗教ならばこれは人間が作ったもの、人間の発見した宗教である。それではアサはない。アサいりませんです。いままでの通りでよろしい。

向うからこっちにいらっしゃる。いまだ現われざる先にいらっしゃる方がある、と申上げて差し支えない。その上から来るものに会い、それにうるおされて行く所に宗教があるのでありまして、こっちから見て行くから宗教が出て行くのではないんです。

ああ神は善なる神であるとか、いやそう思う事が既に自分の領分だ。宇宙と言えば宇宙という事は既に自分の領分だ。神といったら神は自分の領分だ。だから自分以上の者はないんだと、森羅万象悉く自分以外に、大我のもの以外にないんだと、こうお釈迦さんがおっしゃればその通りであります。しかしそうではない。上から照らして来る。アサはその直接を重んずる。今こうやっておっても、〝神様あなたは私に何してくれますか。〟これから出ない。ここから出て行かない。〝私は一体どうなるでしょう、〟そこから出ないんです。

どこから出るかと言うと、神様が私をいだいて下さる。神様私を抱いていらっしゃる。神様私をアサ人として受けていらっしゃる。その神から自分を見て。見方が違います。ですからそこには神からのものを受けなければ出来ない。そういいますとこれも一つの理屈になります。「上から」と言った時には既にそれ自分が上と言うものを頭に描いているから上ではないか。だから上から来るという事もそれは自分の領分ではないか。そのとおりです。そのとおりです。私どもは描いた以上は自分の領分です。だがしかしそこに喜びが出て来る、力が出て来る、行かにゃいられんものが出て来る。これが自分の作ったものではない。領分でない。底がわからない。来ても来ても来ても底がわからない。領分にならない。限度がない。ああ悟りを開いた。森羅万象は一つである。自分の領分になってしまった。だから神はない。本当です。正直によく言いました。そのとおりです。そこに、自分に包含されたんだから、見たら自分だから、発見者がそのすべてを持っていると思うのは当然の事。私はそれについて何も異義を言いません。けれども、それは宗教ではない。必ず上から下に、量り知れざるものがそこに出て来るのです。取っても取っても、受けても受けても、量り知れない喜びが出て来る。そしてそれは予期することが出来ないがそこに打って来るものがあるのであります。これが直接するという意味。アサはいつでも神から人を見ている。神の恵みから人が見えて来る。神の光から自分が見えて来る。ですからそこには量り知れない。これはもう限度がない。量り知ることの出来ない深さと、そしてその泉を感ずる。神の愛がどんなに深く打って来るかという事を拝する事が出来るのであります。

キリスト教の喜びという事を殆ど代表しているかと思う事を今ここにある宣教師の方がおっしゃっておる。この方は、「初代のキリスト教は、皆喜んでおった」と書いてある。あの迫害で、もういつ殺されるかわからないような中に喜んでおったと、そうだろうと私は思う。よろこんでおったに違いない。嬉しかったに違いない。わしはそう思う。「だから我々は希望を捨てるな。神は必ず勝利するんだから喜んで行け」とこう言う。こういう人はもうこれはアサではない。神様ではない。つまり必ず勝利して下さるんだから喜ぶ、というのは間接であります。直接ではない。勝利はもう神にあるんだから、喜びそのものが既に来ておる。それで喜んだのでなしに、行った先はよくなるから喜びなさいと書いてある。これは二千年の間にずって行ってしまった。きれいにずりかえちゃってわからなくなった。私はそれをやって来た。長い苦しみはそれでした。やがて神が見える。やがて神は勝利する。その勝利を今から希望を持って、その希望を捨てないようにこれから今から喜んで行け、という喜びは本当の喜びではない。本当の喜びは神から直接に来るので、で勝利は神にもう来ておる、降臨しておる、下って来ておる。それにあずかっていくのですからもう。イエス様が十字架につけられる前に、「我既に世に勝てり」。既に世に勝てり、我既に世に勝てり、これが本当でありますす。ですから神からこちらに。いつでもここを忘れますといけませんよ。「こんなに苦しい、神様どうして下さいますか」。そりゃだめです。神様から、「有難うございます」と、有難うございますとお受けが出来るのは何故できるかと言えば、神からこちらに、「こんな者も勿体のうございます。あなたの内にお置き下さいまして勿体のうございます。」

これを「受け」と申します。

受けという字は、カタカナが一番ええ。弘法さんは偉い。弘法さんは世界一の知恵者であります。ウケのウというのは、宇宙のウである、家であります。八紘一宇というウということです。世界を一つの家にするんだというて八紘一宇撃ちてしやまんとかなんとか言って戦争をしたもんですが、それは一つの家。ウというのは家、神の家であります。ケというのはこうやってこっちにこうなっておる。いつも申しますが、まこ

とによく出来ている。神様は受台ではない。台があって受けるんではない。いいですか、自分に受ける人ではない。あるいはお供い物をしてお供え物を捧げて神様と通ずるのではない。それならこの个がいるんだ。ところが弘法さんこの个をこっちにけっちゃった。|がなくなってしまった。受け台がなくなってしまっておる。そうでしょう。こうやってこうやってこっちにこうやってしまった。ノこうすれば転んでしまいますよ。真直ぐなればよい。个がまっすぐならよい。これなら受け台になります。受け台になりますが、弘法さんのヶはこっちにけってしまった。それはじゃまっけだ。これはじゃまっけ。上からウヶる。「有難うございます」。そのままが通っていくのが受けであります。よろしいですか。

それですから勿体ないのはそれです。直接という意味のもう一つの意味がそこにあるのであります。ですから喜び溢れた。「いや、こうやっていても私ども天国に行けるから喜ぶんです」、そんなのはだめです。それはキリスト教時代に言うた事です。「天国に行くかどこに行くか知りませんが、嬉しゅうございます」と、これは本物です。ですから喜びからものがでる。神様の喜びからものがでる。神様の喜びからこの国が見える。こういうふうになって来るとこれがすなわち受けであって、目のつけどころが、下から上を見て、「神様どうしてくれるか」と言って財布をこういじりながら、「神様あなたはどうしてくれるか」というてこうして、そして祈るのであります、そうではない、上から下。

私は百姓さんが氏神さんの前を通る時にはおじぎして通るということ、あの姿が好きです。あそこでは、無病息災・家内安全なんて言うてはいない。ただ頭を下げて通る。これが本当です。注文ない。けとばしてしまった。ただ敬う、ただ受けであります。そこに尊いものがあるのであります。それで、神のものを受ける。直接受ける。自分も置かない。災いも置かない。病気も置かない。それをけってしまって、「ありがとうございます。」と、この目がついて、この道がついて来ればそこに本当の神の国が見えて来るのであります。

アメン　ありがとうございます。アメン　アメン。

イエス様直接

一九五七年十二月一日　御説教

この前は、向うからこっち、神の方からこちらを見ることが直接性の一つの特徴だということを申しました。私共は、神に向いておる間は道が遠い。ところが向うからこっちに私共が見えるようになってくる。向うからこっちに来るということは、イエス様の御仕事でございます。私共は、神のことをいくら話しても私共にとっては空《くう》であります。神からこっちに向いているとか、神からこっちを見るとかというようなことを、いくら言うた所で空なことであります。イエス様にて始めてそこが私共に開けてゆくのであります。イエス様を抜いたら神のことは分りません。ですから、神に直接と申しますが、実はイエス様直接であります。イエス様に会うて、イエス様から始めて直接ということが分って来るのであります。

近頃出来た派に何んとかというキリスト教のがありますが、それを始めた人に私がはじめて会った時に、我々にとっては神はイエス様だ、と言った。ところがその人は、イエスのみ霊《たま》の教会を建てた、神はイエス様だとこう言っておられますが、始めはそういうことを仰っておらないようでした。今そういうことを大胆に仰っておりますが。事実私共はイエス様を見て神がはっきりした、分った。その前には、天だとか、道だとかばくとして分らなかったのであります。神という名前は付いておりますが、その神は「道なり、真理なり、生命なり」と仰るようにですね、はっきりとうつって来る波を受けなかったのであります。これが、私共が神と言っても分らなかった。イエス様に会うということは、イエス様のみ霊に会わされることであります。み霊がなかったならば、イエス様との交通は失くなってしまうのであります。ですからみ霊に会うてはじめて分らされることでございます。

今日の所を読んでみまして、ここで大変むつかしい所の一つは、五千人が養われたということであります。おそらくどなたでもこれを満足に解釈して下さる方はないかと思います。信仰から言えば、信じます、信じません、それは二つにわけることが出来ますが、しかし五千人を養っているということが事実であろうかと、事実問題にしてこれを考える時名答が与えられないのであります。ところが不思議なことにマタイ、マルコ、ルカ、ヨハネ伝皆が、この五千人を養ったことが書いてある。まだ面白いことは、近代のこの科学の世界に聖書を一生懸命になって配っておる。日本あたりも昨年今年はずいぶん配った、来年も二百万冊とか三百万冊とかというてそれを配る計画をしている。それだけ印刷をしてちゃんと来年は配るはずであります。この科学の発達した時に五千人を養ったということを、五つのパンと二つの魚とをもって五千人を養ったということを書いた本がですね、惜しげもなく、しかも一番理性の覚めようとする高等学校の生徒にどんどん配られておるのでございます。これはちいと私共に訳分らんことでございます。しかし事実はそこにある。

私は伝道に出ました時にこういう所は抜いてしまうのです。ああ昔は皆こういうことを言ったものだ。何にかマナが降って来たと言って、四十年の間ユダヤ人が養われたと言う。あの砂漠の中を通っていくのに毎朝真白のパンのようなマナが降って来る。神様のマナであります。それを食べて四十年養われたとこういうことがある。またエリヤは三年半もカラスに養われたということが書いてある。まして言わんや主イエス・

キリストは、事をする時に、五千人と四千人という二つの記事がありますが、それ位のことは書きそうなこっちゃ。昔はそういうふうな信じ方をしたんだ。だから、昔の人の信仰で、今の人はそんなことを信ずる必要はない。それは問題にしなかった。昔の話、昔話。私の若い時にそう伝道した。だから私に養われた者は皆無神論です。訳は分りませんのです。

そこにです、直接という方から見ますと、大変私共に考えさせられる問題があるのであります。五つのパンと二つの魚でどうして養われたか。ある者はうがつたことを言います。ヨハネ伝を見るとこれは子供が持っていた、小さい童《わらべ》が持っていたと書いてある。小さい子が持っていた、自分の持っている弁当みな出してしまった。そしたら天を仰いでみんなを粉々にして皆んなに配ってしまった。そうすると、子供は自分のものをみな犠牲にしてしまった、それを見た多くの者の中に心ひそかに持っていた弁当があるに違いない、それでみんな弁当を出した所が食い飽きてしまったと言う。だからそうなったのであろうとこう言うのであります。また外の人はなんて言うかと言うと、ちょうどマナが降るように霊が一杯になっているから、腹が一杯になってしまった。霊感で。しかし十二の篭をどこから持って来たか。ハハハハハ。十二の篭が出て来て、そして残りを量ってみたら皆な一杯になったと言うが、その十二の篭は天から降って来たか。降って来たなら誰かが見たに違いない。どっからどうだか訳は分らないのであります。そうでしょう。しかしこの中に嘘も偽りもないものがある。それはどういうことかと言うと、神の国はイエス様の方から見てゆくというと、盛んなものがある、ということ、これは動かすことの出来ない真理であります。「盛んなものがある」。アサ一人淋しい所に一人居るにかゝわらず、そこに盛んなものがやって来ておる。これ一体どうか。盛んなもの、そんなちっぽけな……しゃぁしゃぁそんなもの考えている、そんなものどっかに吹き飛んでしまって、大きな舞台が、さかんなものが出て来る。五千人が行詰った、飯がない。盛んなものが天にある、現われておるということであります。

もう一つ面白いことは、今朝考えたことじゃが、これはほやほやであります。なるほど我々は今こうやって生きておるから飯を食うんですが、しかし昔の人は霊魂不滅と言うておりますが、我々で言うと、イエス様の所に行って永遠に生きると仮定しましょう。そうすると、そこに何か食っているにちがいない。そこには食わんでもええというのだ、けれども何かによって保たれているにちがいない。マナもええでしょう。すると神の国では何かで養われておるということは確かな事であります。それは私共の生きているそこに、養うことの来ていることもこれは事実であります。すると、飯食って大きくなって強くなってという部面もありますけれども、ただ神直接に養っているものがある、ということも、これは仮定ですよ、仮定することも出来るのです。一体どっちの方が長いかというと、神の養う方が長いのです。とすれば、もし私共はここに永遠の信仰を持ったとこうしましょう、すれば、どうしてもそこには知らざる糧があるということをまず前提としなければ、それを考えることが出来ない、なぜならば生きているなら飯食わねばならない、飯食わんでも生きているとすれば、その飯に代わるものがなければならないはずであります。だから、もし我々が、永遠に生きるということが我々の信仰になったとすれば、そこには知られざる神の糧をいただくということが、これは前提にならなければならないはずです。そうでしょう。

して見ると、イエス様によって見えた世界というものは、この世で終っておらない。イエス様が今なお生きるごとく「汝らは我々と共にある」ということを私共に語った事が、私共に嘘偽りないふうにそれは通ってくる。信仰かも知れん。信仰が通る、真理《まこと》が通るとすれば、量り知れざる所の糧が我々にまっているということである。よろしいか。そうすると、五千人を養われたということはこれは問題があります。問題はありますけれども、より以上に糧のあるということは、この中にあって我々に何かおぼろげに教えてくれはせんか、と思うのであります。理屈言うといくらでもあるから、理屈はそこいらにおきましょう。

とにかくイエス様を拝しておるというと、盛んなるものを教えられる。今そこで失敗のようであるけれども、勝利してゆくのであります。

この間、Tさんがお婿さん連れて来た。帰る時に、これと私共は一生に一度しか会えんかも知れないから、ここで一つうんと言っておくことありわせんかと、ガジャガジャガジャガジャ言うた。Tさんおろおろしておった。ガジャガジャガジャ言った。この人は佐賀人だからもう二度とは来まいと思った、来なければ一ぺんに言ってしまおうと思ってやった。ハハハハ。そんなもんだから奴はぶーっとしておった。我は大学の講師だ、いやしくも我は最高の学問をしておる、それに無学と言って、無学、無学でもってガジャンガジャン言う男に会ったんですから、むーっとしてしまった。なんでもここ退がる時にはむーっとして降りてしまった。先生おいでなさい、と一口も言わずに帰って行った。しかし「勝利」。床の中で「勝利」。ところが、その足で小屋浦に降りた、それから孝子さんの所に行った所が、孝子さんが手をおいてやらねばならないようになって、むかむかしたもんだから、とうとう手をおいた。やっこさんどうか、むかむかした、Tさんが足をガタガタガタガタやったら、それから何かポロポロしてしまって、昨日か一昨日の手紙では、Tさんのアサ語りが通るようになって嬉しい、ということです。面白いことであります。

行きつまっておる、五千人がもう飯食うことが出来ない、ええどっちからいったって飯はない、ところが小屋浦に行ったらマナが降って来た、神の食べ物が入った。通ずる。イエス様によれば通ずる。私共イエス様のみ霊に会う時、通じなかった所がとっとと通じていってしまう。そこがマナのある所であります。だから五千人がどうなったということは我々は知らない、そこに居った者でなければこうですと、牧師でありながら私は言うことが出来ません。それは私には言えん。言えんけれども同じ舞台が今日にもあるということです。同じ場面がやっぱりここにあるということです。それは糧であるか、何であるか知らんけれども、同じ場面があるが、イエス様によって開けてゆく世界があるということ、そして直接するものは確かにここに来るということ、あるということ、それは私にとって誠に有難いことでございます。

ですから、難しい話は、我々宗教の時になるというと分りません、私自身が分らん。けれどもつぶさに自分の中を見てゆくというと、確かに来るものがあるということ、それにあずかって行くことであります。イエス様をはずれたら分らない。イエス様を信じない人たちはそういう事は分らん。色々な人に会って見るが、イエス様受けた人、み霊受けた人でなければどうしても話は最後が合わん。どういうわけか知らんがそうなんです。これは実に不思議なことであります。するとイエス様が今尚我々のためにパンを裂いて、そして魚を分けて、天に祝福をもって我々に与えているものがあるということ、ですから我々の上は晴れているはずであります。こんな所に、だれも悪魔の来る所、悪魔のおる所どこにもありはしません。今までは一杯つまっておったのが、ぺっぺさいられて重荷をかけられて、そうして沢庵石のように上からぎっつと押し詰められておったことは確かです。これは一口も私はそうでないと言えない。ところがだ、晴れてしまった。パーッとアサじゃ。晴れているのはなぜかと言うと、天が祝されている。〝向うからこっち〟のものが豊かに臨んでいるから。それは盛んなものだということ。ええかね。チョボチョボ、チョボチョボ来るんではない、盛んなもの、どこからいただこうかととまどうほどの盛んなものが、上から下にと来ていらっしゃる。この豊かなものに会わされることであります。

これはイエス様のみ霊なしには分らない。ここは分らない。こりゃみ霊にあずかれば「アメン」、すぐ分って来るのであります。有難い世界。これを失ったら人間は駄目であります。ああ、情けないもんじゃ。

アメン　有難うございます、アメン　アメン。

……何にも持って行きなさんな、天はゆたかだよね。豊か。持っていきなさんな、捨てて行きなさい。愉快であります、実に愉快であります。

私はアサの伝道を始める時に、いつも申しますが、一度だけ神に祈らせていただいた。「神様、一度だけ祈らせて下さい。御存じの通り私はこれから野原に出ます。たった一人で出ます。家族がありますから、よろしくお願いします。」よろしくお願いします。「しかし、これは一生に一度だけです、二度と私は生活のことをあなたにお願いしません。困ったからこうしてくれだとか決して申しません。ただ一度だけここで祈らせて下さい。」

これはどういうことか。よろしくお願いします、それだけのことです。だから、口に出た時がある、困っちゃったがどうしょうかの時があるけど、お前はよろしくお願いしますと言ったではないか、なぜ繰返すか、必要のないこと。私は自分にすぐ……。よろしくお願いします、たった一度言った。しかし今まで困ったことはない。あの昭和二十一年の時に欠配ばかりであります。ところが私は物を売って食べることを知らん。

夫婦共知らん。家族の者も知らん。売った所で何もありませんけれども。何でもええからそこいらの物を売れば、木を切って売っても金になります。困っておる時ですから、あの松の木を切れこちらの桜の木を切れと言ったら、切れば金になる。切って売って飯を食う頭がない。低脳というのはしょうがない。今ようやく分りましたが、全くの低脳でございます。何にも分らん。ただ無い。ただ無いけれども、無いということさえ知らない。無いということ。無いということが分らん。ここ廊下のここです、ここに私来た時うちの家内はそこ、みち子はそこに居った。今度はわしは肥るぞよ、とこう言った。八月か九月の頃であります。今度は肥るぞよ。なぜかと言うて、わしはやせて来たんだ、食うものがないから痩せた。痩せたから肥とる。この次は肥とる番。そうでしょう。今度は肥るぞ。その時は痩せこけちゃって、粉がこれだけあったそうですが、お父さんどうして肥るだろうかと。粉がこれだけじゃ。ハハハハハ。

おもしろいでしょう。所が不思議なるかな、一匹の猫が入って来ました。その猫たるや骨と皮ばっかり。向うから入って来ました。ドタンドタンドタンと、一足歩いてはポタリ、一足歩いてはポタリ。その時私はその所におりましたが、おお同類来たな、とこう言いました。やりたくても何にもない、向うもないがこっちもない。正直であります。骨と皮ばかり。所がこれが何んとカラスの糧の大切な役をしたんです。私はそれが分らなかった、そこに来たんですから同類来たな、とやっておった。所がそこに豪州の救世軍の士官の大尉になるピアーソンというのがやって来まして、このピアーソンというのが、「ママさん今日は、ハロー」とこういう声であります。やって来まして上って来て、わしはそこにおった。「おお猫はね、食べたらおいしいぞよ」なんて言って、奴さん笑ったね。わしら腹へっていることは一口も言わない。こんな奴に言うもんかと思うから、何んとも言わない。所が奴さん、この猫を見たんです、この家庭は飢えているということが分った。でなければ可愛いい猫を、ハハハハ。人情に変りはない、これを殺して食うとうまいわなぁと言うた彼の良心には、イエス様から直接、何かが行ったに違いない。そうして帰ったかと思ったら、大きなあいつの外套です。外套というのはずっくの頭を一寸穴あけて、その中にすっと入ると外套になるやつです、風呂敷です。大きな風呂敷です。それにこうかかえて、大きい奴です。六尺以上の者がかかえてですね、ノコノコノコノコ上って来たんです。そしてランチを一緒にしましょうとこう言う。こっちもしてもええ、ハハハハ、ハハハハハ。拡げた所が、もうこんなブレッドのパンのやつが二つも三つも入っておる。そこにはもうクリスマスの食物よりかも豊富なものであります。缶詰が一杯、あらゆる缶詰を持って来た。ああチーズだろうが、ケーキであろうが、ミルクであろうが何であろうが一杯の物。そうして肉はもうありったけの肉、それを持って来たんです。それを置いて帰った。また持って来るんです。人にやりたいけれども、やるなと言う。やるというと罰せられるからやるなと言う。これは自分盗んで来たのではない、自分の物を自分の配給をやるんだ、これは人に決して知らしてはならん。こう言われるとやる訳にはいかんが、豊富な物です。たちまち、わしは肥ってしまった。ね。

これはまさしくマナであります。あくる年までずっと続けられた。私は言うた、神様は地の果てから助ける者を送って下さった。豪州はずっと向うだ、地球の向うだ、そこから助ける者を送って下さった。私はその一番の危機を、まことに有難く切り抜けることが出来た。これを見ると言うとまさしく天からのマナがあった。これは直接人間の物です、けれども、これこそは間接において神様の恵みに会ったと私は思う。そうでなければこういう事はありえない。これを見ても分るように、何か来る、何かが働いておる。天を仰ぐと豊かなものです、今死んでも豊かじゃ。ちっとも長く生きていようなんて思わない。必要がない。もう果しておる、なお神様が用い給うならば生かしてもらおう。そうでしょう。ですからちっともそこには、あれがなくなってしまう。晴れている、豊かである。五千人が一万人でもイエス様はなすったに違いない。今なお同じ糧が、向うからこっちに来ていらっしゃる。で、私共は貧弱な所にいないこと。境遇は貧弱かも知れない、居る所は狭苦しいかも知れない、食べている物は貧しいかも知れない、けれども私の上にあるものは、何千人でも何万人でも、全世界の人を養うものが来ておるということ、そこには豊かな、直接するものがあるということを見て、受けてゆかなければならない。

これがイエス様が私共に送っていらっしゃる尊いものでございます。

これを見なかったならば、私共はこの地上にあって不幸な者であります。皆横着をして世の中が渡れる。我々は渡れない。どうかして真直ぐに通ろうとしている。これほど不自由なあわれな者はないかもしれない。しかし豊かなものが上にある。これを受けてゆく者には、誠に勿体ないのであります。こうして、イエス様は尚将来に大きな世界をおいて養いたもうことをお約束して下さる。

アメン　アメン　アメン。　アメン　ありがとうございます。

主に一つになる

一九五七年十二月八日　御説教

ここに来たら、イエス様が中心だから、イエス様で一つになる、一つになってもらいたいのであります。イエス様一つ。それより外に私共の道はない。

イエス様は「われは道なり、真理なり、生命なり」と仰った。まことにその通りであります。生きているのにイエス様が無かったら、死んでいるのと同じであります。ほんとに意味のないことであります。

今日は、ここにルカ伝の十六章を見ますというと、わるい不義をした番頭がお払い箱をくう間際に、主人が貸してある証書をもって来て借りている人に恩恵を施して、そして自分の将来のことを考えておることが書いてあります。それを見た御主人が大変感心して、こやつ悪い上にまだ悪いことをする、けれども、やつこさん、先のことを考えておる。これを賢い奴だと賞めております。ほめられる人ばかり多うございますが。ここ一寸分らん所であります。なぜ賞めただろう。主人これを見れば本当に困った奴だ、もうお払い箱にしよう、と言うんですから、ロクなことをしておらないに違いない。それがいよいよという土壇場になったところが、その悪い上に悪いことを重ねておる。そして今度は人のものでもって恩恵を売って、そして今度は自分の一生は安楽にゆこうというのですから、よっぽどこれは悪うございます。ところが、仲々こいつは賢いぞ、と言うているのは一体どういう所を言うているのか。

たとえ話ということは大変面白いことであります。それは理屈ではない、りくつではなくて一ことである。一言（ある）それはどういうことかと言うと、「この世のあらゆるものをもって、神の国を開け、開きなさい」、そのことです。賢いというのはどういう意味かと言うと、いまわのきわだ、いよいよお払い箱をくうという時だ、そのきわに、彼は悪いことをしておる。悪いことをしたということは悪いに違いない。いよというたその機をのがさない。それから先を考えている。ここに彼の賢いことがある。

私共この不義の番頭を見るというと、こいつは悪い奴と思いますが、実は私共皆んな悪い奴であります。こうやって居るのに、神様のものを皆んな盗んでくっておる。ハハハハ。お礼を申上げないでもって何でもやっておる。そして自分の生命までも、こいつは己れのものだと思って、やっておる。不義に不義を重ねておる。それでも小利口な奴はどうするかと言うと、われわれもその小利口な方になるんですが、その神様からもらっているものをもって、天国に行こうとしておる。それは先を考えるのだから。盗んでおって、盗人をしながら、そしていいことをして神様のところに行こうと言う。こういう。それも実は神様から盗んでおる。かしこい番頭である。そこがよく言表しておる点があるのであります。賢いのであります。

だからここに富と書いてある、金とか富とか書いてある。金とか富というものは何の方に使われておるかと言えば、神の方に使わないで、人間の方に使われておるばかりでなくて、年末に賞与をもらったりしたのがどこに多く流れているかと言えば、酒屋からカフェーからいろんな所に入ってしまう、流れてしまう。せっかく取った金を、闘争して取った金をどういうところに使われてゆくかと言うと、そういう所に使われてゆくのが多いのであります。そうかと思うと酒をくらってしまう。あるいはタバコをのんでしまう、何か不義理のことなんか、かえって起してしまうのであって、金は何を産むかと言うと、いいことを生まないでかえって悪いことを産んでおる。もし、それが神の国に使われたら、えらいことであります。もしもそれが神の方に向けて使いなさい、とこういうこれが賢い人であります、番頭であります。

今、岸（首相）さんはアジアの方をずーっと廻っておりますがぐるぐる廻ってマニラの方に入った様でありますが、そこで何をしたかと言えば、貿易であります。皆金のことを考えておる。日本には金がなければならないし、貿易しなければ食ってゆけないからして、そういうことを考えておる。けれどもですね。私の目で見れば、もし皆んなが神の方に向いたとしたらどうしましょうか。もっと豊かな世界に誇るいいことが出来るに違いない、つまり、富を富で使ってしまう、あるいは神に向いてゆくか、大変な違いであります。それだから賢い番頭になって、神様のものを神の用に使うようになりなさい、とこういうようにとったならば、この意味がわかるのではないかと思うのであります。これはむつかしい所で、皆んなが解し方が色んにある。私も解し方いつも変ってしまうのでありますから、今言うたことは今でもって、また次に言う時には変わるんですから。けれどもそう風にとったらよかろうかと思うのであります。

その次に、イエス様は死んだ先のことを話しておられますが、何時も申すように、イエス様は死んだ先のことを仰ったことはないんです。ここではくわしく乞食のラザロと金持の死んだ先のことが書かれておる。それでここでも、いわゆる富というものをどういうように使うべきかということを教えておる。富んでいる人が神様に仕えておったならば、これはラザロと一緒にアブラハムの側に行けるでしょう。ええとこに行けるでしょうが、そこにゆけない。

ここで一寸、あなた方神道にいらっしゃるから、違っているところ……。神道だといきない中津国であるとか下津国であるとかと言って、段があってそこに行けるようになっているが、そこにはよみ（黄泉）と言って、そこにも段があるのですが、ラザロの行っている所と富んでいる人の行っている所と違っておる、段があるのです。これを黄泉と言うのです。よみの国に先にゆく、それから神に行く人が別れてゆく、それはイエス様によってゆくのであります。十字架なしにはゆけないのであります。そこは違う所であります。が、ゆく先はよみの国であって、これには今の様に段階があるようです。しかし、まだ先に第二の死がある、そこを通って始めて神の国に入れられるのであります。まだそれまではその人の持っている心掛けだとか、その人の世の中でしたことが大変に利いておりますが、つまり、ここでもって喜んでもってええことをすれば、ええ所に行けるのです。たしかにそう書いてある。しかし、もう一つの死がある、それはどうしてもキリストによって行かねばならないものであって、これは聖書の教える所でありまして、第二の死が来るという。そこは善人だとか何んとかと言うことは抜きにされて、神につけるかつかないか、というところから始ってくる。

ですから、私共今始めているのは何か、と言うと、最後に来るところのものが始っておる。つまり神に付くか、付かないかということを今ここから始ってゆく。ここが一寸違うように見えるのであります。だから、死んだ先に黄泉の国にゆけばたしかに善人はよい所にゆくでしょう。悪いことをした時にはそれだけの報いを得て、そしてさらに良くなるでしょう。それらは淘汰されてゆきますが、聖書によるとそれはまだ終ったのではない。まだその次があることを教えている。それでこれを黄泉の国と言うて、天国とはっきり分けておるのであります。それを一寸申上げておきたいことであります。

この間小屋浦で大変にいい集会が出て来て、皆んな喜んでおられました。イエス様が現われて、皆イエス様と一つになることが出来たと、喜んでおられました。たしかにありがたいことであります。行って集るということがどんなにありがたいことか、よく分ると思います。それで「一つになる」ということは大切であります。一つになる、一つとされてしまう。これ「一つになる」ことはできませんと、どうしても信仰生涯というものは難しいのです。ゆかない。一つにされて始めて、安然（全）というものが出てくる。それから力というものが出てくる。その一つになることを私共何時も目標にしてなくてはいけないと思います。アサ人は一つである。アサ人というものは不思議なものでありまして、一つであります。私共は、私一個人としてもまだ三十年にしかなっておりません。アサ受けて三十年になっておる。だから、ここで社会に対する理想的な動きが直ちに起る、なんてそんなことを思ってはならない。あれも欠けている、これも欠けている。私の目から見ればボロボロ皆んな欠けている、間に合っているものはない。外の教会は二十年も経って来ており、大きな世界的に手を拡げてやっておるから色んな伝道も出来ますが、私共は一つの事業も出来ない、なんにも出来ない。けれども、一番大切なことをやっておる。「主に一つになる」、主から自分に、主によって力を、このことをやっておる。これが一番の中心であります。中心を欠いたものは、いくら外がよく見えたって、それはそれだけのこと、一番大切なことを抜きにしてはいけない。アサ人の特長は、イエス様に近くせられる、イエス様に一つにされられる、讃美が一つになってあがる。そこに神から養われてゆくのでありますこのことが起きた時に始めてゆくのでありますから、欠点を調べればいくらでもある。私もだえるほど苦しんでおる。教派をなさない、一人ぽっちでやっておる小さな群がぽっつり居りますけれども、ここにイエス様が現われて、一つにする力が現われたとすれば、これは偉大なことであります。無くてはならないものが出た、出て来た。ですから、そこをよく、「一つになる」ということをよく、私共の願いとしてゆきたいと思うのであります。

それから、Kさんが来たから一つKさんに話さなければ。これはKさんに言えない、私に言っていることですから、ちと悪口を言いますから。Kさんは私を看病してくれて、とうとう疲れて寝込んでしまいましたが、その看護の時のことでありますが、こういうことがある。Kさんが始めて来た時に「Kさん、あなたの耳はつんぼだし、私の声が小さくてものが言われないし、つんぼと物言えない唖と二人がそろっているのだから、通じないわ」と言うたら、喜んでハハハ笑っておりましたが、「とにかく、この部屋に入ったら寝なさい、かまわないから寝なさい、休んでくれ、キョロキョロしておってはいかん、寝ておくんなさい」、私の寝る前には必ず寝ておくんなさいという約束であります。ところが始めの日は疲れていたと見えまして、昼寝も充分やりまして、私よりかも先に休みました。これなら無難であります。……晩になった所が早く寝ていい気持で寝ておりますが、私は病人だからチョイチョイ起きるのです。音立てては気の毒だと思いますからソーッと喉をうるほしたり色んなことをやっております。その晩は無難にすんでしまった。ところが、疲れが取れたらしい、そのあくる日からどうするかと言うと、私の側に来て、こうやっておる。勿論私には見えませんが、そこだ、面白い所はそこだ。何か祈っているに違いない、何か思っているに違いない。先生治して下さい、と言うているか、アサ成んになるようにやっておったに違いないのですが、うるさくて仕様がない。それは余計なこと。どういうことかと言えば、受けるのだから、こっちから注文せんでええから、たいらになって、ちょうどウトウト寝むれるようになってさえすればよいんです。お退魔せん、という所が大切であります。神様のお退魔をしないようにさせて頂きとうございます、というのはそれでよい、これからが本当の悪口になるが、しかしKさんではない、私のことだから。Kさんここをもんで下さい、さすって下さい、とこう言うた。モヤモヤして身体中、四十日も五十日も寝ているんですからもえているでしょう。普通ならばアンマしてもらいたいのです。私はあんまりわがままするといけないから、事実のことはひかえておる、けれども身体が耐らんですよね、疲れてしまって、とても。ここをさすって下さいと言うた。

そこだ。どうしたかと言うと、ひょっこりと起きて、ハッと言うてやって来た。そしてどうしたかと言いますと、手を二重にこうやりましてですな〝アメン　アメン　アメン〟というて大きな声で、アメンをやり出した。けれども手は熱くなるばかり。私はあついからわるい、熱があるからこそ苦しいから、さすって下さいと言うたのだ。ところが手を重ねて、ちょうどアイロンかけるようだ。手が上下すればここは動くのだけれども、余りしない、アメンの方ばかりして見ているから、アメンアメンアメンと言うた所が、そう強い方でないから直きに疲れてしまう。腰折れになってしまう。そこだよ。それで聞いている私は、何んと言うているか、あのアメンは空廻りしているわい。カラカラ廻っているだけで一つもしみない。これは私のやることとをやっている、さすが長いことわしと一緒に居るから、わしの弟子になって、わしがノリトをあげるから、これもやっぱりノリトをあげて平気でおるが、と私は思うたのであります。

アメンアメンアメン、から廻り、そしてノリトをあげている。むかし、アサがぼっ発した時に、福岡でもってぼっ発したんですが、あれが、哲学者ですが、今教授になっていますが、それが、それは立派なおいのりをしたんです。そしたら河野先生が、これはノリトだわいと言った、そしたら近藤先生は、これは、弔辞だわい、ハハハハハ。その祈りを捨てろ。今度は今言われる側になった。そのアメンを捨てろだ。いいかね。そう言わねばならん時が来た。それは何故か。ノリトになってしまった。これは気を付けねばならない。アサは事実、直実受けなければならない。ノリトではいけない。ノリトあげているとどうかなる。アメンアメン言うているとどうか、へんになる。大きな声でギャギャやっていると熱が出る、興奮してくる、それからバタバタやった所で興奮にすぎない。「空廻り」。これをよく気をつけなければならない。

私は、今度入院、病院で思い出したのです。アサは日本でなければ居られん。日本人だからこそ大きい声しても、自分に利害がないかぎりはそんなに文句を言わない。けれどももしもこれが西洋人だとしたら、承知しない、決して承知しない。ここに上って来て私は大きな声で讃美を始めた。気狂い病院が出来たと、外の人は思うた。ある人、向う側の山の上に居る人は〝大きく聞えますぜ〟と言うておった。説明しません、大きく聞えますぜと、こう言っておったそれ位の所でおしまいであります。外国では承知しません。私はある時、五・六人久布白先生と青年が一緒になって、ある晩のこと、ある所で山の中腹のようなところで日本語の歌で讃美して祈っておった。そうしたら、こんな石がボンボン飛んで来ました、上から。ええですか。その時皆がわぁっとこうしたが、〝祈れ〟と私が言いましたものですから、また讃美しましたが、考えて見れば、ここが日本と違う所、向うの人は耐らなかったならば、パッとやってしまわなければ承知しないのです。日本人のようにそんなに不活溌でない、避けて通らない。たまらない、下手くそな歌でもって、それがどっかの歌でしょう、譜になっておらない、一人と二人と合っておらない、ハーモニーなっておらない、それがバラバラ一つのことグジャグジャ言うている。聞いておられるものか、奴らグーッと来たに違いない、だから石取って投げた。それだけ国民性が違う、性質が違い、日本でいくら大声をしょうが、空廻りをしょうが、何をしようが日本だから今日まで来た。それをつくづく、私は病院で病室におってそれを知った。私は日本人の欠点を知ったと共にアサの欠点を知った。ここにのうのうと居られるということは、日本人の中だから居られるということを知った。

それで、真実は全身全霊に受けねばならない。口だけでアメンアメンでなしに、全身に受けねばならない。そうすれば、手も利けば足も利いてくる、それがひびくのであります。よろしいですか。そこに行って撫でたからといってアメンと無関係ではない。ええかね。これは私がいつもノリトを上げるからして、Kさんが真似をした。私はベッドに寝ておるけれども、手をこうやって起上ることが出来ない、全く力がない、私はこの懐中時計を十日ばかり前から、ちいと巻けるようになった。それまでは絶対に巻けなかった、今でもこれ皆巻けませんが、それほど衰えてしまった。このりゅうずがまけないんです。今でも巻けませんよ。それですから直き停ってしまいますが、それほど弱っておる。

ところがね。Kさんおこんなさんな、わしがあなたを不親切だと言うのではない。わしのやることだから。ようやく、苦しいから、背中が燃えてしょうがないから、手をこうやって、ヤーッと上に死力をつくして起き上った。よろしいですか。もし全身全霊アメンであるならば、一寸して助ければ、いいことができる。それからわしは起きたけれども、耐えられなくなって、バタッと倒れてしまった。すると、アメンと言うている。アメン、それが何んの役にも立たん。それがノリトから来ている。アメンと言うたら、すべてをなし得ると思うておる。アメンは足にも手にもある、親切するというのはアメンであります。どんな時でも、これがアメンと口に出さないでも心の中でアメンも出来れば、その手がアメンになることが出来る。すべての考え、すべての手足がアメンになることが出来るのに、ただ口先にアメンとやらなければ、ものがおさまらない、それがアサのことのように思ったら、とんでもない間違いで、これが空廻りの原因であります。空廻りしてはいけない。で、そのアメンを捨てよ、と私の声が出て来た。これは一大改革をしなければいけん、と思いました。私は病気をして大変に損をしました、またあなたがたに大変な迷惑をおかけしました。しかし、何か拾い物をしたような気がする、教えられた気がする。身体をもって教えられたのであります。それが大変にありがたいことだと思います。

ですからアメンは口先だけではない、ペロペロペロペロ舌の動くことではない、そのことも大切であります。一言のアメンが。Kさんがここに来たというのは、近藤先生がアメンと言うた。〝呉に行きなさい、アメン〟と言うて、別れる時に言うたアメンが響いたというのだから、アメンの一声は大変なことであります。今日のKさんを作ったのは、近藤先生が別れる時に、アメン。Kさんは呉なんか行くものか、アサ会なんかぶっつぶしてしまおう、敵になっておったその人が、〝呉に行きなさい、アメン〟と言うた、そのアメンがさし貫いて来た。それですから、口から出るアメンも決しておろそかにしてはならない、大切なものであります、大切なものであるが全身全霊ひたってくるアメンでなくてはいけない。そうすれば、そこにはたとえアメン言わなくても、その人の手でする、なすことは実に〝アメンありがとう〟にかかっているのでありますから、だから手足の動くアメンは大切なものだと知らなければならない。これは二つの意味がありますよ。一方だけ言ってはならない。私共は、アメンの一声が人をつくります、たしかにそうです。そのアメンもあれば、しかしそういう時には、全身全霊を貫いて来るものに会わねばならない。そうすればそこに本当のものが来るのであります。大切なことはそこにあると思います。

今日はゴタゴタお話しましたが、これはKさんのことではない、あなたに言うのではない、わしがやって来たことで、遠くにおってアメン言うておればよいというような格構であります。それはいかん。全身全霊。そうすれば、そこにあるもの、どこにでもアメンは、手でゆき足でゆくことができる。あなたがたがよく貧しい者をたずね、本当に病んでいる者をたずねて下さいますが、足も手も動いていらっしゃる、そここそ尊いことであります。

アメンアメン　ありがとうございます。アメン　アメン。

主イエス・キリスト

一九五七年一二月一五日　御説教

ルカ二三章拝読

イエス様は捕えられた。祭司長や、議員の前で、何んともおっしゃらなかった。責苦にあったけれども、一こともおっしゃらない。しかし「我は神の子である」そのお言葉はちゅうちょしなかった。民衆はただ一言で磔につける事が出来たと思っておる。

尊いお言葉「神の子」。人々の前で、我はユダヤの王であるとそれさえ控えておれば、神の子であるという事を、おっしゃらなかったならば、多分、磔はなかったかも知れんが。祭司長は神の命によってユダヤ民族の生死を、神から托されている者のように信んじられておった。又その権威を持っておった。その者の前で、ナザレに育ち、大工の職をなし、アメン、尊きかなこの主イエスは、我は神の子であると、おっしゃったのであります。もうほかに聞かんでもええ、彼等は叫んだのはもっともで御座います。イエス様を拝して、神の子だ、神の子だ。我等にとってはまさしく神の代理である。この方を通さなければ、神様は見えん。アメン。ただ一人の、我等に神を教え、神の道を備え、神の真実を与え、神の命を通わす、この主イエス・キリスト。勿体のう御座います。アメン。

私は小さい経験で申上げる事をはばかりますが、また幾たびかここで申した事でありますが、私は神様を求めた。神に直接したいと、そればかり念願にやって参りました。なるほどあらたかなものに接します。なるほど暖かい、神の慈悲と思われる、その本質とも言おうか感激に浸ります。しかし、キリストのないそこは、眼には見えないがただ有り難さが来るというような、そんなものでは解決がつきません。そのあらたかに接し、慈愛に接しましたが奥がわからない。どこから来るかわからない。いそいそと来る所の喜びは、たしかに自分のものではないという事がわかりますが、いずこから来るかわかりません。慈悲と呼べば慈悲とあります。法悦と言えば法悦であります。けれども、何処から来るか分りません。

けれども、主のこの十字架を踏まえていることが分ったその時から、主イエス・キリストから通じて来る所のものは、実に偉大なものでございまする。喜びが来る。このアサ人が踊るものは、どこにあるかと言えば、そこにあるのであります。

「われは道なり、真理なり、生命なり。」まことにその通りでございます。どこに行って、神を求めましょうか、ただ「主イエス・キリスト」。それを踏み外したならば分かりません。ただありがたさに涙こぼるると、そういう所でお仕舞でございます。けれども、主の十字架を負えば、全世界逆さ立ちして来るとも懼れざるものを感ずるのでございます。神の道こそ、わが生命なりと、アメン。主の勝利を叫ばずにはいられないのでございます。

われわれは、キリスト抜きにも悟りの道がございます。しかしそこは哲学者の言うように、自覚の場に過ぎません。こう言えば非常に罵倒のようでありますが、実はそれから己惚れるのであります。そこが最上の自分の把握すべき所を把握したが如くに、己惚れるのであります。それ以上のものはないと断言するに到るのであります。そうして、人間がむくれ上って来るのであります。イエスさまの所に来て見ろ。勿体なくて、罪人の頭われなりと叫ばざるを得ないのだ。そして、そこに思いがけない、神のあらたかが、あらたかして来るのを拝せしめられる。

道は外にない。迷う何ものもない。アメン　勿体なうございまする。アメン　アメン　アメン……。

……私共は初めて神を拝するのであります。分からないただ上から来るものを拝したのではない、今こそ主を通して、神を拝することが出来る。この喜び、この福音。宣べ伝えずには居れんのでございます。一生涯、人間である限り、この道を踏み外したならば、いずこに行くか。アメン　勝利セーレイ　エーレイ　サンダ　ポーロ　アメン　アメン　アメン。

今朝は、はからず主の十字架の地上にただ一回のその所を聖書から拝せしめられました。勿体なうございます。聖書はちょうどマッチのようなものでございます。形容詞はいりません。文学もいりません。火が付くのです。聖書は火を付けます。実に勿体のうございます。セーレイ　エーレイ　サンダ　ポーロ　アメン　アメン　アメン。

聖書はマッチです。聖書に文学はいりません。誰がどう言ったの、こう言ったの余計なことでございます。誰の修辞学もいりません。マッチであります。火が付くのです。そこから明るくなるのです。そこが神を示すのであります。

「主イエス・キリスト」。アメン。それが聖書でございます。

アメン　アメン　セイレイ　アイラ　ポーロ　セイ　センダ　ポーロ　アメン　アメン……。
アメン　有り難うございます。

場の取替と奪い

一九五七年一二月二九日　御説教

今日は、実はあなた方におめでとうございます、と申上げねばなりません。わけて高橋さんは、二十五日の午后五時九分に女の子が生れたそうであります。おめでとうございます。アメン　アメン。

あなた方になぜおめでとうと言うかと言いますと、実は今日は新年であります。終りを全うする者にだけに新年が来るんです。それですから、あなた方は今日は新年であります。おめでとうございます。アメン。

この忙しい中に、もう一時間でも節約したい時にです、皆さんが神の愛に送られて、一週間の始めの日をここで迎えるということは、本当に有難いことであります。世の中のことに囚われて行けば、どこまで行ってもこれは徹底しない、やってもやってもこれは飽き足らないのです。神の満ち足っておる恵みから始らなければ、何んにもならぬのであります。イエス様は御伝道をはじめた時に、マルコ伝に書いてあるのでは、

「汝ら悔改めて　福音に信ぜよ」

ということを仰っておられます。「悔改める」ということは一番大切。もしもこれを時期になおすならば、この一年を回顧するのは一年の終りであります、ここに悔改めがなければならない。もし新年があるとするならば、福音によって生きてゆかなければならないのであります。ですから、この年の暮はちょうど私共にとっては、悔改め、一年を顧りみてあれこれを考える、そして来るべき年を迎えるのであります。これが普

通の人のやることです。そう思いますと、私自身振り返りますと言うと、実に懺悔しなければならないと思います。大病をしてしまって、これは重病と書いてありますが、重病にかかったのであります。このかかったということは、よく検討して見るというと、自分に手落ちがある。非常に懺悔であります。ですから深く人様のお見舞いなんか受ける資格はないと思った。それは非常に深く自分を思ったからであります。まったく病気もこれは神にざんげすべき時であったと私は思います。これは病気に限りません、私共人生みんなそうであります。しかし神様はその不幸を、その罪をお許しになって、その上に神の栄えを現わして下さった。これはもう耐えられない勿体なさであります。

皆様の中に起きた熱のほとばしるような讃美、みなこれ神の愛から出て来たのであります。その不幸を全く神の恵みに替えて下さいました。それで皆さんの間に私は教勢を、衰えるだろうと思ったが、なーに反対であります。私の居らんということが、教勢が非常に上がることが分って来たのであります。これは、神がその罪を許すばかりではない、かえってその罪によって栄えの現われるためである、栄えを現わして下さいました。

呉の牧師の方が江田島に行って伝道をなさった、その説教の中で、田中先生は神癒をやる方だ、神様のいやしをやる方だ、その方が今病気になった、だから病気になったから神様いやされるということはないんだ、という説明をなさったそうであります。聞いておった一人の青年が、おお田中先生が病気だったのか、びっくりして山に飛んで来ました。それでそこでもアサ語りをすることが出来たのであります。これは、一つの不幸を神の栄えに変えて下さるということは、実にありがたいことであります。こういう神のみわざを私共が考えるのであります。私自身にとって、ここに坐って、私は非常なこれは大変なもうけ物をしたと思ったんです。もう死ぬことを考える必要はない、もう死んだんだから。今も、これは天国に行こうと地獄に行こうと、生きようと死のうとこれは問題ではない。どっちに行ってもええ。何故か。難関突破してしまった。これはアサ人皆そうであります。神をおぼえ、神を信じ、アメンを言ったその時そこは死であります。だから過去は死んだのであります。だから、もう元は取ってしまった、この世で生きるだけのものは、元は取ってしまった。これから生きるとか、生きないかそれはどっちに行った所で同じことだ、同じ事であります。喜びしか来ない、もう元は取った。あのアメンのあがらない昔を考えてごらんなさい。地獄でしたでしょうが。ああもう耐えられないものだった。ところが、アメンのあがったその時からどうであるか、と言うと、生れ変ってきた、元を取ってしまった、もう生きる元は取ってしまった。何を食おうと食うまいと、ハハハ、問題ではない。元をとってしまった。本当に有難い。私たちの喜びと力はそこにある。元取った、これから死を考える必要はない、もう神に送られてどんどん行くばかり、ね。どんな所をくぐって行こうと、はぁ元を取ったんだから決して損はしていない。だから損をしない人生を……。これはつまり言えば、神の栄えの現われるためであります。

一年を回顧すれば懺悔ばかりであります。もう一つ一つざんげであります。した事で一つもええことはないのであります。しかしそこにかえって神様は栄えをあらわして下すった。これはなんとも言えない勿体なさであります。

イエス様は、今聖書ヨハネ伝十三章では、弟子の、アメン、足をお洗いになっております。愛しても、愛しても、愛し切れんその愛のほとばしりであります。これは弟子にやっておる、それが私共に続いておる。愛しても愛しても愛し切れんものが、今わのきわに、十字架の迫っているそこに、弟子たちの所に行って膝まづいて足を洗わねばいられんような愛が溢れて来て、いとしい気持が一杯になって来ております。ちょうど私共は元を取ったばかりではない。このいとしい気持で、イエス様が私共の足を洗っていらっしゃる。アメン、ハハハハハ、勝利　勝利。勿体のうございます。アメン　有難うございます。

悔改めということは、意味に解しますといろいろ誤解が沢山あることであります。悔改めるということは、今までしたことをひっくり返して改めることだろうと思ってかかりますが、中々いかんのであります。人間という者は、悔改めても悔改めても皮がはげないのです。どうしてもむけない。ある人はたわいもなく神様によってこれがもう立派になると思っておりますが、そうはゆきません。これはどんなにやっても、元に帰ってしまうのであります。ざんげが利きませんのです。どうしても利きません。今悪うございましたと言うて、口の乾かない中にまた同じことをしている、そういう愚かな者であります。

しかし、イエス様が貫いて下さる。イエス様がつらぬいて下さるそこは別の世界であります。私共は何時でも自分の場を持っております。例えば、まぁ体《からだ》を場とすることはこれは哲学者が許しませんが、仮りに私共が体という場を持っておるものとしましょうか。この場が無くなることを非常に私共は恐れておるのであります。この場が無くなれば私共自信が無くなるように思うております。その通りであります。ここに悔改めていくらやって行っても、私共がこの場を持っている以上は決して通らんのであります。この自分というものを作っている場、住んでいる場、地から湧いた場、この場の上に坐って私共がどんなに善意を持ち、どんなに立派な光を仰いでも、ですね。そのとおり向うの言う通りにはなりません。どうしても場が切捨てられなければならない。つまり言えば、この場に貫いて来るものを拝しなければならない。あるいは私共は場を替えねばならない。これより外にやる手はないのであります。

神様が奪って下さる、というのはそこであります。私共はこの地に足が着いて、この場で、この体でここから良くなろう、神を信じよう、神のごとくにと、いくら願った所で無駄なことであります。なぜならば、場がくっ付いている。その場を離れていない。場が離れていないとすれば、これは出来ないことであります。むつかしいことであります。その難しいことを私共はもがきながらやっておるんですから、神を信じだしてからそれから不幸になってしまう。今まで平気でおったのが平気に居られなくなってしまう。悔改めよう悔改めようといくらやっても、悔改められないのであります。これはそこに一つ注意しなければならんものがあるのであります。

この場に射して来るものがある。この場を取り替えてくるものがある。それがイエス様御自身であります。この場を私共は神様からはっきりさせられてゆくという所が、実に勿体ないのであります。

これは哲学に入りますが、自主と場ということはよく考えねばならない。あるいは前には、自主と事ということを申しました。これは存在論から言うと許されないことであります。なぜならば、存在しないものを自主と言ったり、魂と呼んだりすることは出来ないのであります。ただ仮定しているようなものでありますから、そういうものを主にする訳にはいかない。見えるもの、そこに現われているもの、そこに我々の考えの対象となるものでなければ、それを私共は真実とは言わないのです。それは存在論から言っているからそうなってくる。ものから言えばそうなる。ところがそうでない。本当のものから見るというと、私共は場がないのであります。例えば、私は病気のことを申しましたが、なぜ私は罪を感ずるかと言えば、この体は私の物ではない、神様の物。神様の物を預っていながら、自分の物のように考えた所から手落ちがはじまったのです。これは神の物だから、神に聞いて行くのが当り前であるのにかかわらず、神に聞かんで自分に聞いたのであります。いやこれは寒いからこうしたらええ、だとか、どうしたらこれが……というようなことを自分から考えてくる。すなわち自分の場と考えている。そうではない。神の物であるならば神にお聞きしなければならぬはずであります。預っている物であります。それでは、私共はお預りしていると思うだけでも、そういう考えを持っただけでも軽いのであります。また正しさに向くことが自由になるのであります。

まことにその通りだ、悔改めは出来ない、けれども、しかし体は私の物ではないぞ、と言うそこから、真の悔改めが出てくる。それはどういうことかと言うと、「場を失う」ことです。そこには神の物を頂いているんだと言えば、さっき申しましたように、もう私共は得をしている。いただいた物で生きてゆく、与えられているもので生きている。どこに私共が悔やむことが一つもあるか。そうじゃないでしょう。そこに悔改めの本当の意味があるのでございます。つまり言えば、いただいておる物なんだ。神の物なんです。これは汚すことも出来なければ、これはどうすることも出来ない、実にありがたい神の賜物であります。そのところ、これが賜りものの中にあることを思った時に、私自身は浮上ってくる。この体を持ち、この地にへたばっている以上は絶対にこれは離れられない、闇の世界であります。しかし神を受けて来るというと、自分は浮きあがってくる。なぜかならば、恵みに変ってくる。この場が恵みの場になってくる。世界も、全世界も恵み。恵みの中におかれたとすれば、私共は神につくことが出来る。これを「奪い」と申します。

神の中に奪われて行くのであります。まず場を失わされることであります。これが悔改めの大切な点であります。ただ罪が来たから悔改めてと、いくら暗い世の中でやって見た所で、それは繰返しにすぎない。しかし、ひとたび場を失った者は、これ地にはない。場を失わないようにする所に地に深く入ってしまう。早く奪われよ。これは恵みだ、恵みの中におかれておる。元を取ったと言うのはそういうこと。もう恵みの中におる、どこにも逃れられない、恵みの中におる。この有難さを受ける人が真の懺悔をしている人、すなわち神の国に真に生きてゆく所の者であります。

それですから、これは私共のこの年において深く考えさせられなければならない。私共はなぜ新年が忙しく迎えねばならないか。それは色んな習慣があり、しきたりもありましょう。商売、経済のいろんなこともありましょう、けれども一つは何かと言うと、お祭ということです。なんの意味もないことです。西洋人は働く日です。元日からぐんぐんぐんぐん働きます、休んだのはクリスマス。クリスマスに休んで、新年はただ暦が変るだけ、暦《れき》が変るだけで別にそこに意味がないのですから、元日は休む理由にならない。一月元旦は働く日なんだ。だからどんどんどんどん働く。それは習慣にすぎない。私共は新年を祝うといかにもそこに精神的溝があるように思いますが、そうではない。結局それは習慣であります。

なるほど、年の暮は忙がしいでしょう。なるほど、貴重な時間でしょう。けれども、神の恵みから見た時に何の意味もないことです。私共はここに来て、年の暮を共に讃美することは誠にありがたい。なぜかならば、すでに場が替っているからであります。この恵みによって、ここに来たって、共に讃美することが出来る。これが新年でございます。

アメン　もったいのうございます。アメン　アメン。セイレイ　アーラ　サンダ　ポーロ　アメン　アメン。

ヨハネ一、一―五

一九五八年一月一日　御説教

ヨハネ　一章一節「始めに言があった。言は神と共にあった。言は神であった。」

今朝ここに来がけに、仏教の縁起論の字引を引いていたら、縁起論とここ一寸比べて見ると面白かろうと思ったのでやったのであります。しかし非常に聖書は簡潔であります。理屈抜きでありますが、実に、この深さと言いましょうか、味わいと言いましょうか、それを感じさせられるのであります。「神と共にあった」「言は神と共にあった」、「始めに言があった」、面白い言い方です。「始めに言があった、そして神と共にあった」、これは実に面白い言葉でありますが、今日はそこはもう味わっておりましたけれども長くなりますから、それを先に行きましょう。

「この言は始めに神と共にあった。すべてのものはこれによって出来て来た。」

言と神と共にあった時に、すべてのものが出来た、創造された、すべてのものがつくられた。つくられたという所から何が出てくるかと言うと、そこにすべてのものが皆つくられた。ところが「それに生命があった」と言うのは、「神の言に生命があった」と言うのは、「神の言に生命があった」、その言は「人の光であった」。これは面白い言葉であります。「人の光であった」。ことさらに「生命であった」と書いて、その次に「人の光であった」と。そうすると、光に対しては暗があるからであります。

なぜ一体人間は暗になっただろうか。神様からつくられたんだから、光の中に光を仰いで行くはずであります。ところが、人間は神によって自由を許された。旧約聖書の一番始めの所を見ると、それが書いてある。すべてのものを治める権威を、神様は。全体この物の世界を支配する力を人間は得た。ところがそこに男と女が出来ましたが、そこで何が欲しかったかと言えば、神様の知恵が欲しくなっちゃった。そこで神様の知恵を。それから堕落が起きて、追放されたと書いてありますが、このつくられたということから、許されて自由をする権威を持つという所から何が起きたかと言うと、暗闇《やみ》の世界がおきた。これは倫理学の一番面白い所で、深い所であります。また教育から言っても、ここが基本になってくる。

なぜ一体人間が自由を得た。神様からつくられて来たという所には何にも無かった。光によって歩み、光によって行った。ところが治める権威を持ち、人間が自分自体を見てきた時に、彼らは神がつくったものからさらに作り出して来た。そこに暗闇《やみ》が起きて来た。不思議なもんですね。子供の時には気立のよい立派な者であった。親になると妙になってしまう。これはおかしいこと。人民であって普通の人である時には立派な人であった。上に立てて見ると妙になってくる、妙になるんです。貧乏の時は誠にええ人であった、金持ったら妙なことになってしまうのであります。これ沢山見受けることである。貧乏国であった時には立派に見上げるようなことをやっておったが、富んだ国になったら妙な事を始めるのです。これがこの人間の持っておる、またそこに行こうとする所に人間の暗闇《やみ》が出てくる。これは聖書に類推するとそういうふうになってくる。

ヨハネ一、一－五

何か自由を得る、自分がいばってくる。するととんでもないことをする、言い出してくるのであります。

わたしはよう自分をいつも警戒している。親父になった、ぢぢいになったというと、えらい権威を持ってくるんです。そうして嘘でもがんばるのです。悪い奴です。それは妙です、妙に悪くなってくる。これは何故かと言うと、自分が自由を得た、何を言ったって自分を制裁してくるものが無くなってくる。いわゆる権威を持って来た。そこから何かというと、悪党になってくる。悪党でなんでも押えつけて行くのです。妙なんです、人間というのは。そこに暗闇が来るのです。つまり言えば、光によって生きてゆく、生かされて行く者が、ひとたびこれが神のやることを自分が受け取った時に、ここから大切であります。ところが西洋の倫理はここを非常に戒しめておる。つまり言えば、神から許された自由を持って、あるいは責任を持った時に、そこに無上命法とか良心とか、何か知らんそこに理性のよって来たる、なにか知らん犯すべからざるものを彼らは感じて来た。ここ偉いとこなんです。こういうことは私共非常に深く学ばなければならない。

その良心とは何んぞや、何んとかかんとか理屈を言うて、ここをこう引っ捕まえるものか。そうではない。彼らは、神からのことを非常に深く感じて来た、そこを読んで来たのでから。人間が自由を得るということで悪党になって行くんですから、そこでそういうことのないように、神自身の命令を、まのあたり自分に来るものを感じて行って、そこに基本を立てるというようなことは、ですね、今の人は嫌いです。いわゆる関係論に入ってしまったからですけれども、そこに深く考えねばならない。

これはもう許されない所のもので。でなぜ人間が暗《やみ》になったか、しかもここには「暗が光に打ち勝てなかった」と書いてある。「光は暗の中に輝やいている、そして暗はこれに打ち勝たなかった」とある。妙な言い方です。前には「悟らざりき」と書いてあった。知らなかった、暗だということは知らなかった。だが、イエス様によって光が見えた、とこういうことになって来た。今度は最初から「暗は光に打ち勝てなかった」、負けておった。そうするとこれは反抗しておったに違いない。反抗しておる、神に反抗しておる。自由を得たと共に反抗しておる。おかしなこと初まったが事実なんです。

今日のインテリ位くさっている者はない。日本の滅びはここにある。訳わからない。この人間は一寸学問した、何も学問でも何んでもない、人の言うことをただ暗記しただけのことだ。その人間共が、自由だ、何んだと言うておりますけれども、彼らは自由の依って来る所も知らない、自由に付き添うているものを知らない、ただ自由であります。いわば子供の時はまことに従順であった、ところが一度その何とか学校を出たと一緒にチョロンチョロンと上に立ったつもりになってしまう。いわゆる自由を得た、ここに無軌道が始まる。理屈を言うて自分の優越感を満足させようとする。人間が神を踏みつけて自分が偉くなろうとしておる。あきらかなことであります。これは見えない、これは恐るべきものだ。こういう時代が来ておる、また前から来ておることだ。なおさらそうなって来る。それは滅びです。これを戒めておる。なぜかならば、人間の頭で考える、自分の知識で経験でわずかな小さな層しか分らない。それはどこから来ているか、どこに行くんだ、それが分っておらんからして、ちょうど盲目《めくら》であります。小理屈言うてくるくる廻って、雑誌を読んでそれでおしまい。こういう者が出来つつある。これがもう際限なしに拡がっておる。恐ろしいことであります。

こういう者の企てること何かと言うと、人間の優越感、神を踏みにじること、良心を踏みにじること、何でもかんでも自分勝手にやろうということが、起きてくるはずであります。今まで国と国と戦って、あれは罪悪だと言うけれども、今度は人間と人間が戦ってゆくのがちっとも分りはしない。

自分が何をしているか分らない。ということは何故かと言えば、これは神から依って来る筋が分らない、読めない。そして自分の行く先も分りはしない。魂《たましい》の世界はいかに栄えのあるものだ、ということも分りはしない。神様は、万物をつくって、人間をつくっておる所に、いかに光で臨んでいるかも分らない。盲目であります。腐っておる。わずかの人間の経験の書いた本を見て、何かその偉い者になったように思う。とんでもないことです。モグラと同じような者です、あきめくらと言うのです。何にも分っておらない。そういう者が今日は流行っておる。つまらんことです。謙遜である方がよろしい。分らん方がよろしい、かえって。なぜ来るかと言うと、そういう時代が来た。それで

「暗は光に打ち勝たざりき。」

反抗しておる。一生懸命であります、本当のまことの信念で反抗しておる。こうやっておる。悪魔の仕事であります。狂っておる。これが今日の現象であります。これが破れねばならん。それには光が射して来にゃならん。アメン。我々アメンの友は、ただアメン。そこに神の光を受ける、一つにならにゃならんものを受けて来る。

この神から来る所の光は実に不思議であります。上から光が来たと、「上から照っておる」と書いてある。「照る」ということは、個人から社会性を持っておる。この一年、非常に思うことは、神は個人だけでない、個人性のものでなくて、個人から社会性をこえた「神の国」から来ている。「光は上から照っておる」ということはどうかと言うと、この社会性。一辺に何億の者が一辺に神の前に出ることが出来てくる。また神の支配につくことが出来る。最初から、これは社会性というけれども、社会性というのはこれは人間の社会ですから、社会性の最も高い社会性が神から出ているということ。個人の救いではない、個人、個人、個人、個人ではない。そんなものではない。我々の受けるものは「神の国」を受ける。いわゆる社会性を一辺に受ける、何億の人があったって、一辺に受けるところの性質のものであります。

〝宗教は個人で〟、そんなバカらしいことあるはずがない。そんなもんではない。実に、分れて、「上から

の光が分れて、おのおのの上にとどまる」と、ペンテコステに書いてあるが、その通りに、我々はこれを受けて、これをはっきりして、そして一緒になってさんびせねば。だから個人の讃美は駄目です。一緒になりさえすれば、光は上より照っておる。だから一緒になって讃美が出来るはずであります。これが起きなかったならば、それは曲っているということです。方角が違うのです。モグラの方に行っている。上ではない。それは一緒になる、明るい讃霊が出来る。そこに本当の社会性、神の国の生活が始まる。今年もやってゆきましょう。

我々小さな群が、この表にあるように盛んなものじゃ。どこに行ったって、これは決して劣るものではない。なるほど人数は少いようですけれども、少い人が少い数字を出すのは当り前であります。けれどもそれは率においては大変なものであります。それは「共にある」、社会性に会う、神の国に会う。これが神から光を受けている証拠であり、これより道がないのであります。これがなくて個人だけが、どうして光を見ますか。とんでもない話です。己惚れの一つであります。暗闇に行くとそんなことばかり言っている。そうではない。「共になる」。会って一日の間にみんな顔を合せて讃霊する、ということがおきることは自然のことであります。当り前のことです。その当り前のことを私共は当り前にさせていただく、この賜物を受けて行かねばならない。今年もいよいよ励んでまいりましょう。アメン。

たしかに、私は、アサを皆待っておると思う。待っておりますから、待っておる所にまいりましょう。ひねくれもんでない待っている人があるから、その方々にまいりましょう。

この私共み霊を受ける人は、危険ですから気を付けましょう。ちょっと曲がるといくらでも曲って行ってしまう。手がつかん。どうしても手がつかん。これはイエス様が仰ったでしょう。悪魔がところを出て行ったならば、来て見たら、帰って見たら、掃き清められたその所に入って、今度は大きな悪魔を沢山入れた。一度受けたみ霊のからになっておる。そこには何んでも入ってくる。恐しいもの。そしてかたくなになって、ぎゅうっと……。だからイエス様仰った。聖書には書いてある。み霊を受けて堕落した者は駄目だ、と書いてある。これは間違いなく地獄だと書いてある。恐ろしいことであります。

み霊を受けたならば、正直に行かねばならぬ。それを受けたが最後、曲ったら最後こいつはもう一番悪い、一番悪い者であって、これはもう取返しがつかない。言うことがみんな泥を吐いている、ひん曲っている。それでこういうことには囚われないようにまいりましょう。一番危険であります。

アメン　ありがとうございます。セイレイ　エイレイ　サンダ　ポーロ　アメン　アメン。

（勝利の主）

墓前のマリヤとアサ人の生活に主をあがめしめられる道

一九五八年一月五日　御説教

神は、私共を用いてこの大きな救の事業に対して、「片一方になってくれ、召されてくれ」、確かに私共に要求していらっしゃると思います。それに答えて、今日は主の前に全く新しくなって、この式（洗礼式）にあずかることを感謝いたします。

中には、長い父や母の祈りの中にあった人もありましょう。ある方は、熱い妻の祈りの中にあった人もあるでありましょう。また、長い神の導きによってこの式にあずかるということは、生れ出でた者にとって、最上の幸福であります。今までは前も後の方も見ておりましたが、今度は見上げる方がお一人あります。

「主イエス・キリスト」

それ以外に行く道が無くなった。勿体ないことでございます。式は生死の式であります。ここで死んで、キリストの十字架の中に置かれて出発することであります。私の小さな経験。洗礼式上において始めて「十字架」に会ったのであります。「お前ははりつけに会うぞ」と。有難うございます。アメン。

生死の式であります。アメン。バプテスマの歌をうたって下さい。

聖書　ヨハネ　二〇、一―一〇

朝まだき、まだ日の出ない中マリヤが、マグダラのマリヤが墓に参りました。あの人を救い、そしてあの伝道の苦悩の中に大きな徴しを残したかたが、はりつけに合った。マグダラのマリヤは、その主に仕えて来たのですが、十字架と共に大きな疑問が起きたに相違なかったのであります。この世の中に真実というものがあるであろうか、本当に頼るべき誠があるであろうか、疑ったに相違ないのであります。そして、あの冷やかに消えてゆく十字架の上を見上げておった一人でありました。そしてその主が墓に葬られるのを見ておったでしょう。

今この朝は、ちょうど祭りが過ぎまして、大きな祭が済んだその明くる日であります。自分の買った香料・没薬を持って墓に参りました。あの主のおん姿は十字架の上で消えてしまったと思うた。せめて墓に来て、その死骸にとりついてさめざめと涙の中に葬りたいと思うたに相違ない。彼女は悲しみと涙と失望を持って墓を訪れております。多分今朝は夜もすがら眠らなかったに相違ないのです。そして満月の月がいまだ向うの西の空に消える前にもう起きておったに相違ない。そして、火の出ないいまだうす暗い時に、はや彼女は墓に参っております。

私共はこの世で真実を見失うことがいくらもあろうかと思います。ある者は欲のために、ある者は過失のために、ある者は正しきが故にせめられて途方にくれることがあるのであります。神は死んだ、亡くなった、どこに神はおいでなさるだろうかと、途まどう時があるに相違ないのであります。マグダラのマリヤはその時に、墓にまで参りました。そこは、生きている主が居るとはよもや思わなかった、その墓に行って、せめてもの慰めとして自分のいたいたしい傷んだ胸を安かにしょうと彼女は行ったのであります。そこにはなんの望みもありません。しかし、このマリヤはどこまでも主を追うておった。主が十字架につけば十字架の下に行きました。主が墓に行けば墓に参りました。このマリヤこそ主を拝する一番の先駆けの者であったように、ヨハネ伝には書いてある。

彼女は墓に来て何をしたか。悲しげな気持で墓に来て見れば、墓は石が取除けられて暴かれておるのであります。あの主の御姿に接しょうとして来たその墓は、あばかれておる。死骸までが何処かに行ってしまった。あの死骸はどこに行った。このマリヤの胸は八つ裂きにされたようになったでしょう。せめて……、最後に残った死骸までもあばかれて無くなったのであります。彼女は悲しげに穴の中をのぞいております。彼女の目は虚ろであります。そこにうつったのは天の使であったと書いてある。そして、彼女の後ろから「マリヤよ」と言う声をお聞きになったと書いてある。そこに主がお立ちになっておられた。

私共は前を見て悲しんでおる、墓を見て悲しんでおるが、その背後に、後ろには主がお立ちになっていることを忘れてはならない。私共の人生は真実を見失う。神はどこに居るだろうか、私共は信じて来たが、私は神の前に確かに召されたように思うたがしかしここに何にもない。そういう時が来るに相違ない。けれども、その墓に行きなさい。無い所に行きなさい。無い所に行って居なければならない。無ければ無い所においでなさい。そこをためらってはならない。アサ人はそこに行きます。無ければ無い所に行くのです。人生は明るくない。ああ、今あかつきのこの光が射そうとしておるけれども、マリヤの心の中は暗かった。真暗でした。今言った、死骸までも無くなっておる。その胸の中は耐らなかったに相違ない。両手に持っている没薬と香料はなんの意味もなしに、彼女の手にあったのであります。しかし、その虚ろの墓はあった。そこに天の使が現われた。前は暗かったが、マリヤの後ろには「主イエス・キリスト」が立っていらっしゃった。

アメン。

「マリヤよ」

アメン。そこに主を見出すことが出来た。後ろを見なさい。分らなくなったら後ろを見なさい。分らなかったならば、その上を見なさい。主は上から、

「われここにあり」

アメン。どんな時でもアサ人は屈してはならない。勝利の主は、「われ世に勝てり」と上から叫んでおる。

アメン　セーレイ　ポーロ　サンダ　ポーロ　アメン　アメン。

（主は近い）

一九五八年一月一二日　御説教

祭司だとか、監督だとか、真直ぐのことを言うておりません、イエス様の前に皆どうかなっております。ここでは律法学者のガマリエルという方が出て来ました。ガマリエルというのは、その当時の一流の大学者であります。シャンマイなんていう方もおられました。その方が言うのには、イエス様の弟子達がしていることは余りに奇抜で、不思議で、一体その権威はどこから来ているか、悪魔から来ているか、悪魔も随分偉いことをするのです。何か不思議なことがあっても、悪魔から来たか、神から来たかさっぱり分らんで信じてしまいますが、それは宗教のアレ（わきまえ）の無い人は皆そうであります。ですから、悪魔から来るものも随分偉いことをします、どんなことでもします、殆んどみ霊から来るものよりかももって大きいものをするように見えるのであります。それはやがて「その実によって知るべし」分って来ますが、しかしここにガマリエルが申すには「人がやっていることが本当のことかうそのことか放って置きなさい、今に分かるから」と言ったのであります。これはごく消極的な意味であります。この方の言うことは間違いない、皆信じなさい、と。これを誤解するはずがないんでと言うて、律法学者何を言うたかと言うと、消極的であります。「まぁこうやっておきなさい、とにかく手をかけて迫害したらいけない、悪かったら今に滅びてしまう、これが良かったら、もしこれが神様から来たとするならば、私共大いに注意しなければならんではないか」ということをしているのです。これいかにも学者の大家であります。つまり、あんまり当りさわらずにしかも正しいとせにゃならんことを語っていること、この人において正論を聞くことが出来ました。しかし学問というものは本当の所を、神における学問というのは学者というのは、そういう態度にゆくのです。最後には立証する力はないんです。それはみ霊によってのみ分らせて頂く世界でありますから、そこには手をかけてゆくわけにはゆかない。間違っているならば、必ず後でわかるんだ、というこういう所で必ずおしまいになってしまうのであります。

一番大切なことは、イエス様のみ霊にあずかることであります。朝な夕な私共に一番の問題は何か。イエス様が近いか、近くないかということ。これより外に道がないんです。あのマグダラのマリヤは、イエス様のしかばねを訪ねてゆきました。そしてそこには、死という墓の彼方に向って彼女は何かしょうとして行った。……、ほうつよく持つていって、せめてもの慰めをしょうとして、そこは遠い世界でした。なお近よって見れば、そこには墓はあばかれて何んにもない、いよいよ遠くなってしまう。何処に行ったであろうか、と言うて、彼女が涙ながらにほら穴を見ているところがありますが、それがあにはからんや、自分の後にイエス様が立っていらっしゃる。そして「マリヤよ」という声を聞きました。振返って見ると正しくイエス様であると分って来た、それで「先生」と申しておる。ここでイエス様に会ったマリヤは、遠い所を見ていた。遠い。悲しみと歎きによってイエス様を見失っていた、所が彼女の背後に、近くに一番近くに居らっしゃる、彼女は知ったんですが、多分その前の夜も、そのことから、「ああイエス様だったんだなぁ、おおそうだ、そうだ」。その夜、夜もすがら彼女は寝むられなかった時にも訪ねたし、また昼間友達と語っている時にも、何か知らんなんだか知らんが、どうも自分の所に来ていらっしゃるということが分かるに相違ないのであります。これは「近い」ということ。イエス様が近くなかったら、何んにもならない、アサ人の嘆きはそこにある、アサ人のさびしさもそこにある。今朝起きたけれどもイエス様が遠い、どこにいらっしゃるだろうか。その時が一番危険でありますが、「マリヤよ」、直ぐ傍に、すぐその背に乗っていられるのであります。

私共は、イエス様に抱かれておるのです。その近さがわかるようにさせられるはずであります。ですから有難くなってくる。それは何故か、しみて来るはずであります。ですからこのしみて来るイエス様の慈愛を知ることが無かったならば、これほど人生は不幸な所はないのです。

東西が別れて原子爆弾を中心に争っておりますが、そうでしょう。神様がない所には争いが出るのです、何もないのです、砂漠です。何をどこを見たからと言って、敵だらけです。いくら心の中に平和を叫んでも、平和論者が言っている平和は何かと言えば、ここには本当のものが生きておらない。それならば、向うの良心をたたき、此方側の気持を制御してお互いが結びあったならば、それで平和が来ると思いますが、とんでもない話です。今度哲学会の一番最後に私申しますが、ええものを継ぎ合せていったらええものが出来るか、とんでもない話なんです。そのことは悲哀なんです。いいですか。いくら平和論者が世界一杯出たからといって、それはゆくもんではない。それはその裏があるからなんです。それだけならよろしい、裏がある。「おお、わが友よ、わが親友よ」と私共は若い時に親友がありました。しかし本当に親友であったんでしょうか。皆んな別れてしまいました。何故かならば、イエス様は近くない、主によっていない。そこには離れざるを得ないのであります。その悲哀はどこでも残っておる。いかなる時でもそうであります。主と離れるということは、人間と人間の間も離れることであります。生きている人生が別れてしまいます。これほど不幸なことはないのであります。ですから、「主は近い」これ位ありがたいことはない。

ペテロとヨハネが美しの門の宮に祈りの時に登って参りました。彼らがイエス様の弟子であることは、皆がもう知っております。それが美しの門という所に行って見ると、足なえがおった。そしてその足なえに彼らが言ったことは何かと言えば、「金銀は私共に持っておりません、あなたに上げたいものは持っていませんが、唯一つ持っているものがあります。それは、ナザレのイエス・キリストの御名によって歩きなさい」と申したのであります。これはなんでかと言うと、……。すると、立ち所に飛び上ったという。何んと神は近かったでしょうか。「御名によって歩め」というその声と一緒に、もうそこに働きかけている。なんという「近さ」でしょうか、よもや、そんな近さがあるとは思わない。私はいつもそうであります。イエス様のこの温かい気持がうつって来た時に、よもやそんなことはあるまいと思っていたところ事実であります。近いんです。近さがまことに勿体ない。

一体この「近さ」というのは、どこから来るんでしょうか。

近さということは不思議なことであります。何故かならば、神は遠方であります。なぜかならば、私共は比べようもない遠方であります。仏教では十万億土と申している。ミダのおられる所は此方からは十万億土だという、まことにその通りだと思います。十万億土でしょう、つまり測り知れない所の距離であります。距離にしたら測り知れないところのものであります。神様と私共の間は、この罪と神との間には、隔りというのは、これはもう世界が違うのであります。それほど遠いものはない。（それが）なんと近くなって……これが大切なところです。もしあなたの抱いている子供が遠方に自分の父を離れて旅立ったとすれば、それが遠方であればあるほどあなた方の心は焼けるでしょう。ましてもしも私共の別れが、この世の別れであるとしたら、耐らないものを感ずるでしょう。なぜでしょうか。それは愛であります、キリストの愛が私共を近くしているのです。私共が行ったんではないのです。向うから此方にと愛がうつってくる。その愛が私共をして、近かくさせるのです。この遠方の、アメン……。

ペテロが最後にイエス様にお別れしたでしょうが、ヨハネ伝の終りを見ますと言うと、ガリラヤの湖でもって彼は漁をしたでしょう。イエス様は何んと仰ったでしょうか。「網をこっちに降しなさい」と、その通りにしたら魚が一杯とれた、と書いてある。ところが「イエス様だ」と分った時にペテロは着物を着て海の中に飛びこんだと言います。それは何んであるかと言いますと、彼は主は遠方だと思っていたに相違ない、ところが、「近さ」、すぐ側に来ているイエス様を見た時に、飛び上がるようになって、彼は着物を着て海に飛び上がるようになって、彼は着物を着て海に飛びこんでしまったのであります。

これは、主の愛がその近さを与えている。

私共の一番大きな問題、しなければならない問題は、このイエス様の愛を受ける、ということであります。これが分らせて頂くということが、最大の使命であります。私は色々考えました、今日まで色々考えましたが、一体生きているということは何んであるか。私若い時のこれは疑問でした。なんのために生きているか。このことが一日わかるならば百年私は苦闘してもえぇがと、せめて死ぬまえにこのこと一つ分ってゆきたい。私一日分って一辺でよいから分かると、それで終ってもよいがと思った。その問題がイエス様に会った時はじめて分って来た。

ペテロさんや弟子たちが、復活して来たイエス様が見えなくなった時、あとの伝道の中心は何んであるかと言いますと、「あなた方が十字架にかけたイエス様が、この方だけが救いをなすところの方だ、この人に依らなければ救われない」とこう言っている。「この人に依らなければ救われない」と、なんと大胆なことでしょう、言葉でしょう。私はこれを読むたびに、なんとまぁ、大それたことを言うだろうか、とそう私は思った。しかし、今日それを見ると、いかにもそうであります。イエス様以外に、一体どこに救いがあるでしょうか。ボヤーとした仏ではありません、ボサーとした神様ではございません。その近さ。近く来て、あなたを愛し、あなたを抱き、あなたに愛を注ぐこの主を離れて、一体どこにゆくか。アメン。この主によってのみ私共は救われるのであります。救いは私共を主が捕えていることであります。私共はそれをもがいている愚かな者でございます。もう一度愚かな自分を見ましょう。そうして、ここに、主の慈愛がしみて来る、それ以外にどこに一体私共の人生の生きる道がございましょうか。

私共は、人生の意義そこにある、と。アメン　勿体のうございます、勝利々々　エーセイレイ　エサンビポーロ　アメン　アメン。

私共は神に遠い時は神に向ってこう言うている。受けるというと、向うのものが此方に受かってくるように思う。遠い。受けている人を発送するのです。こちらから向うに出てゆくのです。これが近さです。ですから、遣わされなくてはいかれんはずです。当然息をして向うに吐くのです。アメンは向うに行くのであります。この近さ、近いからそれが出てくる。ですから、イエス様は、遣わされてゆくんだ、私共は遣わされゆくのだ。収穫の時はついている、働き人の来るのを神に祈れ、と言われたが、その時であります。ですから、「アメン」向うにこれは発してゆくところのものであります。この人は本当に勝利を拝することが出来るのであります。

神の勝利に外れたら何にもならない。

アメン　向うに……　アメン　アメン。

（主は偕《とも》にあり）

一九五八年一月一九日　御説教

使徒行伝十章

地中海の海岸にヨッパという所がありますが、そのヨッパに住んでいる方であります。それが、「ペテロさんをお呼びしなさい」という神のお告げでありました。ところがペテロさんはずーっと向うに住んでいるのであります。同じ天の使いがペテロさんに向って、「疑わないでコルネリオの所に下りなさい」と言うたので行ったところであります。ここでペテロさんの説教であります。口を開いて言った。「神は人をかたより見ない方で、神を敬い義を行う者はどの国民でも受入れて下さることが、本当によく分って来ました。」（三四節）

このペテロさんの説教は、使徒行伝二章から始っておりますが、ペンテコステの時から偉大な説教がほとばしり出たのであります。無学の徒と言われ、漁師の子でありまして、何も学問をした者でないのでありますが、ひとたびイエス様のみ霊が乗ってくるというと彼は非常な勢いで演説、説教が初まったんですが、今日これを見まして非常に参考になる。と言えば失礼でありますが、道を真直ぐにできるようになるのでありますが、一番初代の説教をお聞きすることができるのでありますが、ここでもその説教をうけたまわることができるのであります。

「神様はかたより見ておらない」ということであります。これは私ども今日こういう風に教育が開け文化がみな世界的になって来ましたから、こういうことを言うても一向に響かんのです、けれども昔はそうではないんです。民族々々みな違っておるのです。神様は日本国民は天照大神がついておって、どの国民よりも幸福を与えるんだという気持を私共は皆持たされたのであります。日本国民は高天原から来た特別な国民だ、民族だというようなことを教えられて、その通りどこの民族に行きましても同じで、アイヌに行けば、アイヌで、どこでも皆なそうなっているのであります。

私共は、今日原子爆弾を持っている国は非常な盛んで何んでも物言うて通るように、横暴に見えますが、そして何か優れているように感ずる人があるかも知りませんが、ユダヤ人なんて非常にすぐれた民族です。どこから優れたかと言うと、神を拝しその宗教の文化というものが非常に起きて来たからであります。ところが、ペテロさんの説教では「神はかたより見ない」、どの民族がどうか、どこの生れがどうかそういう所を見ていらっしゃらないでどういう者を見ていられるかと言うと、「神を敬い義を行う国民はどこの国民でも受入れて下さる」、これを言い出したのであります。

ユダヤでは予言者という者が出て来まして、予言者の宗教というものが、非常な世界的な宗教になる一番のもとであります。それはどういうことかと言うと、今言ったユダヤ人はユダヤ人の神様がついて、ちょうど氏神さまのようです、特別に守って幸福を与えて下さると、色んなことがあってもそれを許して下さる、しかしひとたび他種民族の者は敵のようなもんだと、こういう風なのであります。万軍のエホバ、なんて言って軍隊の頭のようであります。だから軍隊の頭は敵を向うにおいて平げてしまう、とこういう風な気持があったんです、だから特別な神様からとばかり思っていた。ところが予言者が出て、そうでない、不義を犯すものは誰でも罰する、神様の御心に合わないものは皆んな罰してしまう。ここにそうすると言うと、世界的な神という考えが出て来たのであります。このまゝに、ここばかり片寄って見ておらない、この民族だけ私の民族だといかない、不義を行えば誰でも罰してしまう。で義しい者は、義を行う者はこれをあげるんだ。

今ここでペテロさんの仰ったこれは大胆な危険なことであります。非常な危険なこと、なぜならばユダヤ人が聞いたら石で叩き殺してしまうようなこと。片寄らない、誰でも神を敬い神の義を行う者は神が見て下さる、ということを仰った。そうすると、どの民族でもどんな生れの者であっても、神様の前には平等だ、同じことだ、それで神を敬う者は神は見ていられる、こう言うのであります。これがキリスト教がユダヤ教を踏越えて来た神の声であります。この前に、誰でも悔改めた者には……と教えているようですが、これが世界的宗教にゆく道であります。今まではそういう風ではなかった、どうしてもユダヤの宗教によってゆかなければならない、それを踏んでこなければならない。私共も近い……決して同じことであります。キリストのバプテスマにあずからなければクリスチャンではありません。クリスチャンでない……。神はそういうような片寄りをしていない、神を敬い神の義を行うならばその人を神は見ていられるとこう仰るのであります。

そうすると、儀式した者は、我々は儀式をして来たからよい、というわけにゆかない。神を敬い義を行うということが終生行うということが。これは〃終生〃ゆくのであります。一つの位がついたのではない。そこに行けば、バプテスマを受ければそれでお終いではない、初まりであります。そこから始まる。始ってくるのでありますから、その意味であります。私共はもう罪が無いんだ、十字架ではりつけに合って事が済んでいるんだから、それを信じさえすれば私共には罪はない、そういうことを言うてはならない。何時でも神は義の神である、義しきを行う、それは曲げられない、神を信じ神についているということは義を行うに易くなっている。まことに易くなったこと、仕易くなったこと。それはもう外を見なくなった。神様だけを見ればよい。拝してゆけば。神を敬うというが神と一つになって。今まで色んなもの付きまとっていたが、もうそんなもの無くなってしまって、もう神だけを敬まわれてくるようになってくる。それがことの始めだ。そうなればそこに神の義ということ、神が通ることが義であります。神のものが通るのが義であります。その神のものが通ってくるこれが大切なことになってくるのであります。

それから仰ったことは「あなたがたは、神がすべての者の主なるイエス・キリストによって平和の福音を宣べ伝えて、イスラエルの子らにお送り下さった御言をご存じでしょう。」（使徒一〇・三六） 神がイスラエル人にユダヤ人にまずお遣しになったのは、イエス・キリストである。そして福音を宣伝えた。これはまことに聖書通りであったのであります。「すべての救いはユダヤ人から始まる」というのがあったが、そういう予言が昔からあった。救いはユダヤから始まる。果してその通りイエス・キリストはユダヤで生れられた。これは予言がチャンと適中しているのです。

今予言ということを申した。この予言ということを一寸申しておきます。予言というものは神の声であり、神の言葉であります。人間の声を神の声ということは、もっての外のことであります。人間は〃己が腹を神となす〃ということがあります、それはどういうことか。自分が欲しいということ、思うことを自分の神経が弱ったりあるいは尖ったり、激しくそれが動く人は自分の気持を神の声としてしまう。これがよく御祈祷に出て来ます。祈祷などによく出て来ます。決して神の声ではない、なんかない。よく心理的に調べて見れば、それはその時代の人が言うていることである。

例えば、私は小さい時にそれが直ぐに分った。近所に狐つきがあった、いわば精神病であります。それを見に行ったところが、〃明日地震が来る、あした朝大地震が来る〃と言うていた。こういうことはどういうことか。ところが地震は来なかったが、それで人は〝あれは当らん〟と言うが実は当っておるんです。何故当っているかと言えば、皆んなが言うていた言葉が入って来たんですから当っているんです。皆んなが地震ある、明日あるある、と言うているからそれが入ったのですから、嘘を言うているわけではない。そういうものなんです。加持祈祷に行って、神の声なんて言うて、信ずる方が間違いです。言うていること間違っている、当っていないことはないんです。皆んなが言うていることが移って来たのです。それを神の声だと言うて聞いている方がバカなんです。そういうようなことを言うたことみな嘘になる、当り前のことです。言うたことが嘘になる、外のことが写ることがある。つい私共は精神が弱って、自分が弱ってくるとそういうものが自分の中に出てくる。こういうことは有り得ることです。間違いです。そういうことがあるからと言うてそれを神の声とするのが間違いです。だから当っても当らんでも当り前のこと。ついこの間まで私共聞いていたでしょう。直ぐ戦争が始まる。始らなければ嘘だと思う。そうでない。皆んなそう言うておったからです。それを神の声お告げでござると聞く方が間違い。そう言うたから神の声だとかお告げだという、そんなバカらしいことがあるか。私共聞いているから、ハハハと聞いている。そう信ずるのがまちがい。

それから、潜在意識といいまして、先祖から持っている。私共の意識というものは自分で終っておらない、これは哲学者がチャンと証明しておりますが、私共の記憶とか過去というものがチャンと生きておるのであります。過去というものは生きているんです。具体的には過ぎているが、過ぎているようですが、実はこれは生きている。誰が生きているかと言えば、人間が生きているかぎり生きている。なぜか。人間の精神というのが、過去を生かす力がある。持っているものがある、誰かが持っておれば、誰かの心の中にこれを持ってゆくように出来ている。世の中に写ってゆくように出来ている。心がアチコチアチコチしておればそこに皆写ってくるんです。ある人の言うていることがこちらに写ってくるのですから、誰も耳で聞かなくても精神を通してくる。これは人間の精神文化を調べて見れば分る。いくらでも出てくる。変態心理を調べてやってごらんなさい、いくらでも出てくる。それは神の声ではない、人の声だ。ある時は自分の欲しいものも、欲しいと思えばそれが神の声のように聞えてくる。それを神の声であるとか。そんなバカらしいことがあるか、あるもんでない、そんなものありはしない。自分の声。それが不思議に自分に聞えるから、神の声というんですが、神の声でない。神の声というのは神からくる。今言った義ということでも、義《ただ》しいことだとか。今の文化から言えば義しいことを行うことは大切なことであります。その義しいということはどこから来るか。

　この間皆さん、エロスとアガペー、アカンベェーと言うておりますが、ハハハ、アガペーとの、どうかと言うと。義を行えということは、義しさを行うことは現代の人は、私は現代の人今の人の持っている気持をよく知っている。私はやって来たから。善を行えということは、……神から来るのだ、と言うて、さきへ神と義を直結させてしまう。義しいというのは神のものである、神の声である。だからして、義しきを行うことは神を行うことだとなって来た。創造的善意志とかいう。善意志という。創造ということを青年時代からやって来たから知っている。つぶさに。それが時代の声であったから私は知っている。私やって来たから知っている。それはどういうことであるかといえば、「善即神のものだ」と耳に聞えてくる即　神の声というのと同じこと。それと同じように、義しい、神の声だと。しかし義しいというて、誰が判断している、誰が言っている。時代の人がただしいと言っている。それは義しい、時代の人が言っているからただしいでしょう。ある民族の人が義しいといえばそれは義しいでしょう。一粒の人が義しいと言ったら義しいことがあるでしょう。だがしかし、神の義ではない。神の義は神から来る。来ねばならない。その神から来る義も、この人間から出てくるこれ分らない、これエロースという。これキリスト教でよく間違える。

例えば、この間ある学校である牧師が来まして、ある説教をしたそうです。そうしたら沢山の人が悔改めたそうです。人にケチは付けはしません、けれどもその一番感動した言葉は何であるかというと、〝あなたを神さまが追っておる、愛してあなたをどこに行っても追っておる〟この気持を話したそうです。すると皆悔改めた。いいかね。こういう所は非常な危険がある。アサではそこははっきり、やかましく言っておりますが。何故危険があるかと言いますと、自分は自分を愛しておる、ええかね、自分ほど愛するものはないから我々はエロースという。自分のものを自分が愛する、自分が自分を愛するこの愛を追っかけて、この愛すれば愛するほどさびしくなる、そのさびしい者を追っかけてゆく、来る神がある、どこに逃げようと神は追っかけるんだ、と言われたときに私共は、フゥーッと興奮してしまう。これはどういうことかと言うと、自分を愛するというエロースに、神が追いかけるという言葉を一つ入れるのです。そうするとエロースが立派に生きる。自分が自分を愛するという若い時の気持、若い時には盛んに出る。エロースがおきる、それは何故か、自分を愛するからであります。自分を離れてどこに神がある、自分を離れてどこに愛がある、というそういう時代です。そこに向ってそういう説教でもしょうものなら、サァーと皆んな悔改めてしまう。悔改めたでもなんでもない。多分その人らは一日も経ったら、一時間もたったら、何を自分はしたんだろうかと、こうきっと反省するに違いない。

それ洗礼受けろとガヤガヤやられるけれども、ええことやった、ええことやったと賞められると、その時ええことやった気になるが、実はその時一つの感動です。なぜかといいますと、自分を愛するという所になお神が追いかけて愛するというと、その時の神はエロースの神、自分を愛するという愛を一層強くしてくれる神でありますから、こういうのは悔改めでも、キリスト教の神でもない。キリスト教の神は、ここでやかましく言う、イエス様自身がありがたくなってくる。イエス様自身が愛で、たまらなくなってくる。そこで愛を分らせて下さる、分らさせて頂く。決して自分を愛するがゆえに神が分るのではない。だから、私はここで決して子別れの話をしたことがない。人情話をしてキリスト教の十字架を説いたことは一度もない。私はない。そうでしょう。親が子供を見るような愛をもって十字架につきました、といえば誰でもホロホロして、ホロホロしてクリスチアンになるのです。なぜなるかと言いますと、自分を愛するその愛を、向うからまた愛するとなれば、これは二重の確さで、そしてそれは倍加してゆくところの確さでありますから、そこで悔改めが起きてくる。そういう愛はお払い箱であります。

イエス様自身、イエス様御自身があがめられる、イエス様御自身が実に義である。それにあずかることができるのと大変な違いでしょう。

エロースとアガペーの話がありましたが、ここで一寸申しましたその通りです。神を敬い、神を義というのは、その義であって、神の中から義が来ている、それがあがめられる。耐らないのです。ここに来て何もないでしょう、けれどもイエス様の愛は十字架でありますから、ビーとくる。ここに来たらば、あの十字架の有難さがビーと写ってくる。何も自分を愛するとか、いや……を愛するとか、そういう愛ではない。なしに愛自体が来る。それが救い。この神自体から直接、つまりアガペーと言っておりますが、その神直接のものに触れてこなければならない。これ大切なことであります。

今読んでいる（波多野）哲学の批評もそこにある。こっち（神）から来るものをなぜこっち（人）からゆくか。なぜこれが本当の生命にならないか、なぜそれになるか。これはっきりさせるのはアサの使命であります。私共の使命はそこにある。なぜそれははっきりしないか。なぜ。しないから、これとこれとかち合うようなことをして、今して、学校でおきたようなことと同んなじことです。そのようなことがいつでも主流であるように思われて来たということは、これは深い意味がある。ギリシャの、ヘブルのゴチャゴチャになったところから来ているんですから。そこは大切なところであります。よろしいですか。そこは一寸御記憶願いたいのであります。

さて、ここでは重大な説教でありまして、なにがどうとか言うたものではない。ユダヤ人が神を愛した、敬って来た、だからユダヤ人はどうとかならねばならない、そんなエロースの関係でなくて、直接神様のをあがめられるようにさせられる所には、神の働きが来ている、直接来ておる、くだっておるからそこが出てこねばならない。神は片寄り見ておらない、どこでもそれは行くんだということを仰りましたのですから、これはどうも、一大進歩と言いますか、もう世界がちがうのであります。こういう風になって来たのであります。

さて、この次を申しますと、（三七節）「それはヨハネがバプテスマを説いた後、ガリラヤから始ってユダヤ全土にひろまった福音を述べたものです。」その次「神はナザレのイエスに聖霊と、ハハハハ、力とを注がれました。このイエスは神が共におられるので、よい働きをしながら、また悪魔に押えつけられている人々をことごとくいやしながら巡回されました。」

簡潔ではございますが、一番初代の方がイエス様を拝した、また目のあたりつらつら見て手ざわりして見た、ペテロさんが見たイエス様自体はどうであったかと言えば、イエス様は精霊と力に注がれておった、と。これはどうしてもとることの出来ない、おそれ多いところであります。「注がれておった」。事実であります。信じておったのではございません、そういう考えを持っておったと言うのでもない。「注がれている」。いい言葉であります、実にいい言葉であります。そして「イエスは神が共におられるので」とあります。簡単であります。「神が共におられるので」、これほど偉大なことはありません。神が共にいられるんだ、と一言で。私共一生涯を見て「彼は神と共にあった」と。

しかし、私共は「神と共にある」なんて大それたことを言えません。けれども、イエス様は私共に降って来て、それこそ私共を捕えておる。「彼は神と共にあった」。

これほどの光栄はありません。

イエス様を思うとたまらなくなってくる。イエス様の慈愛のするものが注がれてくるということがあったとすれば、彼はイエス様と共にあった……。ありがたいことであります。アサ人は一生涯そこ、ただそこに生きたいのであります。

「彼はイエス様と共にあった」

この世の中に、イエス様に通じなければ神さまに行けないと申しておりますが、神様は一般的なことをなさらなかった。なぜかというと、一般的のことなら哲学者に分るかも知れないが、このナザレに育ったイエス様は、大工の子であります。我々はつまらない異邦の国の異邦の果の日本という小さい島に生れ育ったものであります。それに大それたことがありましょうか。しかし特殊なせまい、主イエス・キリストをお授けになった。主の方から私共を捕えて下さっている。主の方からこっちに向いていられる。主、そして主御自身を私共に注いでいる。これを分らせて頂くそこから始まるのであります。ハハハハハ、アメン、ハハハハ。

神はナザレのイエスと共にあらせられた。「共におられるので、よい働きをしながら」と書いてある。神の栄えになるお働きをなさいました。まことにおそれ多いことであります。

主に近く召されておるにかかわらず、悪いことをしておる。億面もなく、つまづきの多い、人を躓かせる、過失の多いことでございます。言うべきことを言わなかったり、色んなことをしておるここに実に罪多いことでありまず。イエス様はよいことをし、悪魔を押えておった。悪魔をおさえなければいけません。悪魔をのほうずにさせておってはいけません。私二十年の間悪魔を野放図にさしておきました、その結果どうなるか。まことに大したことになってしまったのであります。以前の方はどうか気を付けて下さい。野放図になっていた、のほうずなことを言うて、あほたらしいことを言いふらしておったのであります。そしてとうとうボスができてしまって、そしてアサという名のもとに何をしたか分りはしません。そういうことが起きてしまいました、生まれてきてしまいました。押えなかった。間違いであります。イエス様は悪魔を許さなかった。そこに大切なことがあるのであります。ですから悪魔を押えなければなりません。そのことは私共全力をあげていかねばならぬ。そしてよいことに会わねばならない。昔の者は野放図な、つまらんことというのが非常な、自分に神がついているようなことばっかり言うて、そして生意気になって、出しゃばるのであります。そういうたちであります。そういうことは……。

（録音は以上までですから、以下を聞き書きノートから補足します）

ここには簡単ですが、神と共におられるとあります。これは私共一代、地にある者の使命であります。私共は神直接のものを受ける。ここに皆んな行かねばなりません。数の大小は問題ではありません。この「神と共にある」ここに立たされると、皆んな一致して共に神があがめられる。また共に欠点をゆるし合って、愛し合ってゆける。（主は偕にあり）

それは神の愛が出るからです。これ神の義です。この義しさが受けられてくる時に私共の一代があります。私共この一代の仕事は何か。

神と共にあったか、なかったかということで、地上でこんなことが出来ましたというても、そんなこと一切とりあげられない。神と共にあったかどうか。なかったか。神の義が真直ぐに感ぜしめられたかどうか。この世のことは敏感にひびく、欲望……しても、「神と共にある」ここをはっきりしないと、生きているが死んだ者と同じであります。欠けることも、間違い起すことも、悪念のおきることも、身辺がさびしさでつつまれていることも神は知っておられます。それで、主自身が訪れております。共にある、共にあった、神を直接受けることを……。ただしく受けよう。ただしく仕えよう。

神御自身をまざまざと、彼の中に王たらしめたまえ、と。主御自身を主として受けたい。これ一代の仕事です。これに失敗するならば私共の前途はない。勝った者は火燃える神の前に永遠の行く道を……、賜っているならば、ほかのうしろを見てはいけません。言葉簡単に説教に……。

おそれ多い。この迷える者にまっすぐにと……今分らせていただいてまことに勿体のうございます。

アメン　アメン。

うぶごえ

じゅんせい

アーメン　ありがとうございます。
きょうは　あなたがた日曜学校のせいとさんといっしょに　クリスマスをいただくことを　ありがとうございます。　アーメン　ありがとうございます。
みなさんは　よくイエスさまのさんびをなすって　そうして　きょうはとおい所から　ぎおんのほうからいらっしたり　広島からいらっしたり　それから小屋浦、吉浦　また広のほうからあたらしくいらしたかたがた　また方々からいらしたかたがたがいらっしゃると思います。そういうかたがたと　いっしょにクリスマスをすることを　みんなよろこんでおります。
きょうは「うぶごえ」というお話を　ちょっといたしましょう。
「うぶごえ」という言葉は　あなたがたは　あまりしらないかたが　いらっしゃるかもしれません。うぶごえというのは　生れるときに「オギャー」と言うて声をだしますが　そのことを「うぶごえ」ともうします。そのうぶごえはどなたでも　みんな「うぶごえ」をあげておる。わたしもあげたでしょう、みなさん一人一人あげた。けれども　だれもおぼえている人は一人もおりません。ハハハハハ。
それでですね、この「うぶごえ」をあげるということは　どなたでもあげるんですからイエスさまも　今から千六百年ばかりまえに　そのうぶごえをあげたんでしょうと思います。そのとき　みなさん「おめでとうございます」とどなたでも申しあげるのであります。

ところがですね。

「うぶごえ」はみんなあげるけれども　「なんのために生れてきたか」ということは　どうもあんまり気づかないようであります。ある人は「わたしは　うんてんしゅになるために生れてきた」ある人は「わたしは　でんしゃのしゃしょうさんになるために生れて来たんだ」というように　いろいろ考える人があるかも知れませんが　じつは　それはほんとうに神様から生れたことではないのであります。

イエスさまのお生れなすったのは　神様からお生れくださいました。ですから「うぶごえ」をあげるとともに　ほかの人とちがっておりました。このことの分っておる人は　おかぁさんのマリヤさん　そしてそのいいなづけのヨセフさん、それはよく神様から　おつげがありまして　よくわかりました。また東の方から三人の博士《はかせ》がやってまいりましたが　このかたがたも　なにかしらん　天からつかわされた王様が生れたというので　星の光を目あてにやってきて、そしてこのイエスさまのところに来て　イエスさまに「おめでとうございます」そして　神様にお礼を申しあげてかえりましたが、ちょうど同じようなことが　野にあつて羊を飼つておった羊飼も同じように天から示されました。そして音楽がなって　それから天から声があって言うのには「ベッレヘムに行ってみなさい、そこにはユダヤの王様　救主《すくいぬし》が生まれる」というようなことを　お聞きしたのであります、そして行っておがんできたのでありますが　そのことはたいへん大切なことでございます。

それで　わたしどもは生れてきたということ「うぶごえ」あげて「オギャー」と言うてきたけれども　なんのために生れて来たのかということの一番よく分るのは　これはイエスさまによって　こんどは、いままでのことは分らなかったが　こんどは分るのであります。こんどはほんとうの「うぶごえ」をあげるのであります。そうした人は「神の国」に生れることができるのであります。
で、その「うぶごえ」はなんであるかと言えば　みなさんよぅお分りであります。それは「アーメン」
イエスさまによって「アーメン」がいただくことができましたときに　はじめて神の国に生れることができます。

これが「うぶごえ」でございます、神様に生れるうぶごえであります。この「アーメン」をいただくことが　できるようになってゆく　そのためにあなたがたは先生に指導されてきょぅまでいらっしゃいました。なおこれからお友だちを多くごしょぅかいしまして　イエスさまのおよろこびになさる「神の国」に誕生するお友だちを多く与えられるように　おはたらきをおねがいします。

「うぶごえ」あげて　みんなよろこんで「アーメン　アーメン　アーメン」と　となえることができるようにになりたいものでございます。

ありがとうございました。

アーメン　ありがとうございまする。

しょぅり　しょぅり　もったいのぅございまする、アーメン。

（一九五七年一二月二二日アサ山光の友
こどもクリスマスのお話　田中遵聖先生）

田中遵聖先生御説教題目（一九五四—五八年）

☆印　録音テープあり

一九五四（昭和二九年）

一月　一日　超越宗教との相違　序説　コロサイ一、二参照
一月　三日　種播の譬と仏さん　マルコ四ノ一—
一月　十日　知慧につき　箴言から
一月一七日　成人と救い
一月二四日　現代時相と救
一月三一日　宗教の中心はイエス様
二月　七日　「十字架」　アサの血　支えの主
二月一四日　受けと約伝　ブルンナー批判
二月二一日　加二ノ二〇　内在観と生命のアサ
二月二八日　可三ノ三一—神の御意を行わしめられるもの
四月　五日　アサは貫く、聴いてうけとるのではない　種まきのたとえ
四月十一日　パーム　サンデー、石叫ぶべし
四月十八日　十字架の救は暗中の門　只内に霊火投ぜられた者のみ　これをくぐりゆかされる、後でパウロの信仰と献身語り
四月二五日　ロマ書と超越形式

五月　二日　信仰の意識内容　自己暗示にあらざる神の先立ちと信仰
五月　九日　ロマ書C'''、C'につき説教
六月　六日「五旬節」を語る、五旬節こそ信仰意識の結晶
六月十三日　信仰と直接性　ロマ書最后の批判
六月二十日　超越主義は律法主義を伴う　律法は行にして信、信仰は信にして行
六月二七日　超越形式とアサの救いとの相違
八月　一日　人の子と十字架　シンプソン「主御自身」を紹介のとき
八月　八日　道元と親鸞大法輪誌紹介
八月二二日　キルケゴールの「百合と鳥」説教につき
八月二九日　アメンを廻りて㈠
九月　五日　アメンの真実をめぐりて㈡　秋と詩情
九月十九日　〃　続き
九月二六日☆地の塩　世の光
十月　三日　同心と救い
十月十七日☆放蕩息子の譬（のち〝回心と救い㈠〟に改題）
十月三一日☆我肉我血を飲め（のち〝回心と救い㈢〟に改題）
十一月　七日　人格の根に帰るアサ（土の塵）
十一月十四日☆土の塵と自立性
十一月二一日☆可十ノ十七—善い者（神）といぶきと直接性

（テープ拝聴後の語りあり）
十一月二八日　荒野の誘惑　太四
十二月　五日　宗教は事実から事実へ
十二月十二日　光に照し出された地獄と救い

一九五五（昭和三十年）
一月　一日（新年さんびと総会）
一月　二日　十字架を契機に人生・社会の断面
一月　三日　復活とウケ
一月　九日　婚莚の宴と天国の話
一月十六日　幼児の受くる神の国の特質　無心に受けしめられるもの
一月二三日　使九章のパウロの回心と遣し
一月三十日　遣わされゆく者
二月　六日　盲者に霊眼のあく
二月十三日　神と一つにされる
二月二十日　生命と場
二月二七日☆主体と他者性　たましいもまた他者
三月　六日　超越宗教における他者同一と慈悲の実践面
三月二七日　絶対矛盾的自己同一と他者同一

四月　三日　予言と神の国
四月　十日　復活、伝統宗教とアサ
四月十七日☆神の徳はあふれるもの　自然にして無限である
四月二四日　復活と体よりの福音
五月　一日　水と霊によりて生れずば—道—
五月　八日「母の日」礼拝
五月十五日　幼児のために、狼に育てられた女児の教育を読み
五月二二日　自　由
五月二九日　低い者
六月　五日　五旬節の異言と福音の性格
六月十二日　個
六月十九日☆持つ資格はない、罪そのままを戒む
六月二六日　カナの婚礼、潔と愛の象徴
七月　三日☆直接性における一回限りと貫き
七月　十日　宗教的奇跡は質の変更でない、上からの臨み
七月十七日　神の愛について
七月二四日　新しい皮袋
七月三一日　言と神
八月　七日　義の神

八月十四日　八月十五日記念日悔改めがなりしか
八月二一日☆暗闇の中の光
八月二八日　命と光の宗教
九月　四日　神の国と歴史
九月十一日　新生につき
九月十八日☆光とアサの新生
九月二五日　新　生　㈡
十月　二日　新生とイエス様
十月　九日　主の降誕と牧羊者、新生の中心は十字架
十月二三日　支配人の智と光の子
十一月二十日　二二日間伝道の報告
十一月二七日　ヨハネ十一、十二における神の直接性
十二月　四日☆使十四　パウロの衣を裂くと良寛さん
十二月十一日　マグダラのマリヤの霊感、ナルドの香油をめぐり神の直接性
十二月十八日　直接性と奪い

一九五六（昭和三一年）
一月　一日　神の言　ヨハネ一ノ一
一月　八日　生命的宗教と生命的断続面

田中遵聖先生御説教題目（一九五四—五八年）

二月十九日　〝ウケ〟の語り
二月二六日　全き救い
三月　四日　十字架の吸い取り
三月十一日　洗礼式に受ける神の声
三月十八日　王座の信仰とアサ
四月　一日　嵐の湖上に先立つ復活のしるし
四月十二日☆悟道と神の国
四月十五日　比屋根氏キリスト教読本紹介一
四月二二日　〃　〃　二
四月二九日　〃　〃　三
五月　六日☆　〃　〃　四
五月十三日　〃　〃　五
五月二十日　〃　〃　六
六月　三日　〃　〃　七
六月　七日☆十二年血漏夫人の癒につき
六月二四日　バプテスマのヨハネが今もアサ人にのり移ってこたらば
七月　一日☆知と生、知と覚
七月　八日　ルカ十七ノ三御赦しと魂を握る者
七月二二日　心の救いと生命の救い、恵みと主イエス・キリスト御自身

七月二九日　先立ちの主、御名をあがめしめたまえ只それだけ
八月　五日☆近　さ
八月十九日☆（使十四にて）
八月二六日　精霊による社会的救、御霊による一致
九月　二日☆日蓮と救い
九月　九日☆（ロマ書）
九月十六日☆献身とアメンの奪い
九月二三日☆「個」と「事」の示す協同性と救いにつき
九月三十日　十字架と復活の生命、御霊による救、個を破り事する愛の注ぎと動かし
十月　七日☆（神の国の譬マタイ十三、一―五十）
十月十四日☆平等観から空行　空行から神の国
十月二一日☆肉の果と霊の果　ガラテヤ五、二二―
十月二八日☆危機の宗教　使二、一四―
十一月　四日☆先立を受ける
十一月二五日☆精霊の飾
十二月　二日　イエス様のウケか　その信仰のウケか
十二月　九日☆「この福音」満ち迫るこの福音
十二月十六日☆二つのさけゆき　マルコ一、十五、ペンテコステ

一九五七（昭和三二年）
一月　一日☆精霊は証明し通達する
一月　三日☆白い衣
一月　六日☆（白い衣を着た人々）
一月十三日☆イエス様とらわれの夜、十字架迄の主
一月二七日☆神の僕
二月　三日　無資格、おこぼれの救い
二月　十日☆先なる者と後なる者
二月十七日☆復活につき
二月二四日☆ゲラセネの悪鬼に憑れし者癒さる
三月　三日☆出エジプトとアサ
三月十七日☆名の天にしるされしを
三月二四日　イエス様おうけの宗教
四月　七日☆十字架とアサ
四月十四日☆エマオの弟子と二つのウケ感じ
四月二一日☆（復活祭）アサは復活の主においてアサなのだ
四月二八日☆（ステパノの殉教をめぐり）
六月二三日☆御霊による一致、御霊の自由
六月三十日☆空墓を訪ねて先立ちを知らさる

七月　九日☆トマスとウケ
九月　一日　病気中の証し
十一月　十日　証　し
十一月十七日☆アサと直接性
十一月二四日☆神の直接性について
十二月　一日☆イエス様直接
十二月　八日☆主に一つになる
十二月十五日☆主イエス・キリスト
十二月二二日☆（クリスマス）うぶごえ
十二月二九日☆場の取替と奪い

一九五八（昭和三三年）
一月　一日☆ヨハネ一、一―五
一月　五日☆（バプテスマ）（勝利の主）墓前のマリヤとアサ人の生活に主をあがめしめられる道
一月十二日☆（主は近い）
一月十九日☆（主は偕にあり）
一月二六日　御最後の御説教であった　アーメン。

アサ

發刊のことば

田中遵聖

アーメン

此の擧の起るまで、神は數年間内に燃ゆるものあれど、筆を抑へてどうしてもあげしめなかつた。幸に時を與へられ此の發刊をみるに至つたことを感謝せずに居られない。

其時とは何か、愛の鞭の加へられたことだ。誤解と迫害とはそれである。感謝すべきかな、主はこの小さき群に大なる希望と自由とを與へんがために、迫害者を起して我らを教會より追ひ心を強くし且勇めと激勵し給ふ。この激勵こそ石を叫ばしめ弱者を火の玉の如くす、ハレルヤ。

されど今は嬰兒に過ぎずしかも信仰行つまりと迫害とは馬槽の褥に外ならず。この内にすら孤々の聲をあげしめ給ふ主は讃むべきかな。アーメン

アサの使命

アサは名の如く、アサ會のために生れてきた。アサ會は四年前極少數者の祈り會に初まつた。此の會は信仰に行詰りをる友人の間に信仰の確さの與へらるやう祈り續けられてきた。ところが最近は急速に増加し出し、相互の間に通信したい事項も可なりでき、外に戰ひが延びたと同時に此の刊行が余儀無くされた。

然しアサは、アサ會の信仰指導の任を果すことはできない。なぜならばこれは祈り會に讓らねばならぬからである。會の性質上印刷物を配附することは本意でない。印刷物は本會の最も怖るゝの觀念化と淺薄な共鳴者の出ることによつて本會の趣旨を傷けるからである。けれども消極的の意味で補助者の役に立つ事はできよう。本紙が斯る方面に使用さるゝならば幸である

アサ會より教會へ

アサ會は消極的意味で西部バプテスト内の信仰行惱みの信徒間に起たもので、この會の如きは早く消滅させて貰ねばならぬのに、反つてます／＼盛になつてゐるのをみて、我らは教會に對して一大警告を發せねばならぬ。

アサ會の行くところ信徒の間に信仰の空虛、不徹底を訴へてゐるものは比較的にと云ひたいが自已欺瞞でもない限り、殆んど接する者悉くにと謂はねばならぬ程に及んでゐる。これは驚くべきことであるが然し事實である。この形骸を保持しながら教會は何處に行ふとするのか、或る教會の如きは一人のアサ會出席者もなく此處こそは金城湯池なりと思ふてゐるやうだが、豈計らんや其最も有力會員が、私は役員だから教會に出席するのだ、さもなくば出席はせぬと云ふてゐるのをみても解る。あの人ならばと考へてゐる者がこれである。他は言ひたくない。なぜ教會生活がながびくのに反してこんな失望の聲を其柱石者から聽かねばならぬのか、これに氣をつけて貰ひたい。教會は社會奉仕が足りないと謂ふ。如何にも足りない。しかし信徒に質問する、あなたはどうして教會に行くかと、或る者は答へた『自分は教會で信仰の滿足は得られないが他に行場がないからだ、それに色々前から關係があるからだ』と憶かに牧會術からくる社會奉仕はいつてゐるされど大切なものはいつて居らぬ。我らは教會の落伍者とみゆる者の中にも這入つてゆく。しかるに落伍者必ずしも落伍者に非ず彼らの間に教壇で教ゆる信仰を行き詰め、そこに耐へ難きものを感じてゐる者がある斯る者に逢ふ度に噫彼らを躓かせしは誰なるやと、悲まずには居れなくなる。

先日も或宣教師は信仰上眞の惱みをなし續けてアサ會にきた傳道者を暗に評して、信仰は神學校に入る前に解決すべきものだと、事もなげに云ふてゐたとか。彼こそ何を持つてゐるか顧みよそんな無同情で居れる場合か、今日本信徒の間に大きな信仰苦の波が打つてゐるのを覺らないか。

一方に深刻な信仰苦があるかと思へば又一方にはこれが顧られず反つて厄介視されてゐる傾向がある。教會の信仰危機はこゝに胚胎してゐる。アサ會はこの惱みのうちに成長しまた育つてきた。外に名をなさんとする者は尠くない、されど内を顧る者は尠い、彼らは量を知つて質を知らず、遂に其量すらも失ひつゝある

アサ會は遂に外部の壓迫をうけるやうになつた。しかしアサ會は倒れない、否早く倒れるのを希望してゐるが倒れそうにない。これは壓迫者自身がアサ會を必要としてゐるからだ。悲しむべきことだ。

「アサ」誌上の御語り題目一覧

発刊のことば・昭和六年十二月	第一年一号
神名マリヤへ・ルカ一ノ二六―三八	〃 〃
讃美・・	〃 〃
アサ・・	（昭和七年）〃 〃
我パウロを美む・	〃 〃
天地創造のはじめ・（創生記）	一ノ二
アサ・・	〃 〃
七つの悪鬼・・	〃 〃
アサ・・	一ノ三
光あれ・	〃 〃
神光を善と観給へり・	〃 〃
信仰はない・・	〃 〃
福音主義者・	一ノ四
葡萄の枝の如く主にあれ（うた）	〃 〃
人は塵より・	第一年四号
神に軽く・・	〃 〃
主を偲ふて・	〃 〃

たがいなし（うた）	〃
悪魔・（創生記三）	一ノ五
なぜうけぬ・・	〃
敵・	〃
我らの若き牧師・	一ノ六
腐　れ・	〃
我らの教会・・	〃
アーメンは讃美（うた）	一ノ七
彼方と此方・	〃
罰　・	〃
危機を知れ・・	〃
ガラクタの歌	一ノ八
一　致・	〃
アサの生命・	第一年八号
割れて・・	〃
アーメン（うた）、アサのうた	〃
我らを救う神、不思議な恵み	一ノ九
思うべし・	〃
従ふ者・	〃
拒み・・	〃
主ぞなつかし（うた）	一ノ十

ひびき、ほのほ	〃〃
バベルの塔・	〃〃
ガラクタ、貧しき心・・	〃〃
謙　遜・	〃〃
進　軍（うた）	一ノ十一
のぞむ	〃〃
一　線・	一ノ十一
神の国・・	〃〃
詩と讃美・	第一年十一号
まとまらぬ日のありがたさ	一ノ十二
主だけに支えられてあるんだ	〃〃
主のかげ	〃〃
生命の書・ヨハネ一ノ一―五	〃〃
アサの日本（うた）	二ノ一
祖国のアサ	〃〃
新年アサ会紹介	〃〃
証　・	〃〃
讃美台	（昭和八年）二ノ二
癒し、飛ぶ、神癒	〃〃
転嫁、霊手	二ノ三
愛　執	二ノ三

旧日誌	〃〃
保証人	〃〃
驚　き・ヨハネ一ノ九	二ノ四
罪の根・	第二年四号
受くる者・ヨハネ一ノ一二	〃〃
うた（やみをも知らずに）	〃〃
ドン底・	二ノ五
アサ山	二ノ六
受くる者㈡・	〃〃
船の中・	二ノ六
肉の神・	二ノ七
〃　㈡・	〃〃
地の動き・	二ノ八
ドン底（うた）	〃〃
地の動き㈡・	二ノ九
癩病人	〃〃
日本（うた）	二ノ十
地の動き㈢・	〃〃
其　時・	〃〃
門	二ノ十一
できない・	〃〃

先駆者・　二ノ十二

△結婚、昇天、旅、アサ会等記事は略してある。

（以下、主としてイエス伝（聖書研究）の題目を一覧する）

神命ヨセフへ・マタイ一ノ一八―　第三年一号
来る者・　（昭和九年）三ノ二
バプテスマ・　三ノ三
荒　野・　三ノ四
証　明・　三ノ六
従う者・　三ノ六
〃　㈡・　三ノ七
カ　ナ・　第三年八号
カペナウム・　三ノ九
宮　潔・　三ノ九
承　前　三ノ十
来訪者・　三ノ十一
承　前　三ノ十二
御誕生・　（昭和十年）四ノ一

最後証明・　四ノ二
サマリヤ・ヨハネ四ノ一―四二　四ノ三
闡明・ルカ四ノ一四、一五、、　四ノ四
再びカナへ・ヨハネ四ノ四六―五四　四ノ五
故郷・ルカ四ノ一六―三〇　四ノ六
従う者・マルコ一ノ一六―二〇、、　四ノ八
癒し・マルコ一ノ二一―三四　四ノ九
〃㈡・〃　一ノ四〇―四五　四ノ十
〃㈢・〃　二ノ一―一二　四ノ十
税吏・マルコ二ノ一三―一七　第四年十一号
歩め・ヨハネ五ノ一―四七　四ノ十二
宮・ルカ二ノ二一―三八　五ノ一
安息日二・マルコ二ノ二三―二八　（昭和十一年）五ノ一
貧さ・マタイ五ノ三―　五ノ二
従和・マタイ五ノ五　五ノ三
義・〃　五ノ六　五ノ三
地の塩・〃　五ノ一三―一六　五ノ四
肉法・〃　五ノ一七　五ノ四
御言・続、マタイ五ノ二一―四八　五ノ五
施・マタイ六ノ一―　五ノ五
祈・〃　同六―　五ノ六

祈㈡・〃六ノ六	五ノ七
断食・〃六ノ一六―一八	五ノ九
臨み・〃六ノ一九―	五ノ十
主道・〃七ノ一―	五ノ十一
僕の癒・ルカ七ノ一―一〇	第五年十二号
御弟子・マルコ三ノ一三―一九	五ノ十二
御降誕・マタイ二ノ一―一二	六ノ一
ナイン・ルカ一ノ一一―一七	(昭和十二年)六ノ二
迫り・マタイ一一ノ二―一一	六ノ三
受け・〃一一ノ二五―三〇	六ノ四
〃㈡・	〃　〃
罪女・ルカ七ノ三六―五〇	六ノ四
従者・ルカ八ノ一―三	六ノ六
冒涜・マルコ三ノ二〇―三〇	〃　〃
御親族・マルコ三ノ三一―三五	六ノ七
求徴・マタイ一二ノ三八―四五	六ノ八
譬・マルコ四ノ三―二五	六ノ九
〃㈡・〃四ノ二一―二五	六ノ十
鎮風・〃四ノ三五―四一	六ノ十一
汚鬼・〃五ノ一―二〇	六ノ十二
御幼時・マタイ二ノ一九―二三	第七年一号

血漏女・マルコ五ノ二一―四三　七ノ一
少　女・〃　五ノ三五―四三　（昭和十三年）七ノ二
二盲者・マタイ九ノ二七―三四　七ノ三
派　遣・〃　九ノ三五―十一ノ一　七ノ四
〃　(二)・〃　十ノ二四、十一ノ一　七ノ五
鹹　り・マルコ六ノ一四―二九　七ノ六
五千人・〃　六ノ三〇―四四　七ノ七
山入り・〃　六ノ四五、四六　七ノ八
徒　歩・マタイ二四ノ二四―三三　七ノ九
生　命・ヨハネ六ノ二五―　七ノ十
〃　(二)・〃　六ノ四六―　七ノ十一
潔　め・マルコ七ノ一―二三　七ノ十二
邦　外・〃　七ノ二　二四―三〇　八ノ一
聾　者・〃　七ノ三一―三七　（昭和十四年）八ノ二
四千人・〃　八ノ一―九　八ノ三
求　徴・マルコ八ノ一〇―一二　第八年四号
パン酵・〃　同一三―二六　〃
盲　者・〃　八ノ二二―二六　八ノ五
キリスト也・マルコ八ノ二七―三〇　八ノ六
〃　(二)・〃　八ノ二七―三〇　八ノ七
〃　(三)・〃　八ノ三一―三七　八ノ八

負ひ・マルコ八ノ三四―三七　八ノ十
変貌・〃九ノ二―八　八ノ十一
語るな・〃九ノ九―一三　八ノ十二
祈癒・〃九ノ一四―二九　〃〃
主題・〃九ノ三〇―三三　〃〃
納金・マタイ一七ノ二四―二七　九ノ一
幼児・マルコ九ノ三三―三七　〃〃
一杯の水・マルコ九ノ三八―五〇　（昭和十五年）九ノ二
赦し・マタイ一八ノ一五―三五　九ノ三
三従・ルカ九ノ五七―六二　九ノ四
貧しさ・　第九年五号
仮虚祭・ヨハネ七ノ二―九　九ノ七
祭㈡・ルカ九ノ五一―五六　九ノ八
〃㈢・ヨハネ七ノ一一―五二　〃〃
〃㈢・〃七ノ三七―　九ノ九
姦婦・八ノ一―十一　九ノ九
〃㈡・ヨハネ八ノ一―十一　九ノ十
世の光・ヨハネ八ノ一二―二〇　九ノ十一
我往く㈡・ヨハネ八ノ二一―五九　九ノ十二
信仰と自由・　〃〃
盲人・ヨハネ九ノ一―四一　（昭和十六年）十ノ三

牧　者・〃　十ノ一―二一　十ノ四
七十人・ルカ十ノ一―二四　十ノ五
教法師・〃　十ノ二五―二七　十ノ六
姉　妹・〃　十ノ三八―四二　十ノ七
祈　・〃　十一ノ一―十三　〃〃
潔　め・ルカ十一ノ三七―五四　第十年八号
パン種・〃　十二ノ一―十二　十ノ九
宝　・〃　十二ノ十三―二一　十ノ十
野の草・同二二―三四　〃〃
天の宝・同三二―三四　〃〃
目ざめ・ルカ十二ノ三五―四八　十ノ十一
火　・〃　十二ノ四九―五九　十ノ十二
無花果・〃　十三ノ一―九　十一ノ一
　宗教は神直接である。一ノ五　（昭和十七年）十一ノ二―七（四次）
不具の女・ルカ一三ノ一四―二一　十一ノ八
神の国・マタイ一三ノ三一―三三　〃〃
狭き門・ルカ一三ノ二二―三五　十一ノ九
噫エルサレム・ルカ一三ノ三一―三五　十一ノ十
饗　宴・ルカ一四ノ一―二四　十一ノ十一
我が弟子・ルカ一四ノ二五―三五（うた）　十二ノ十二
　新年、礼拝式　十二ノ一

迷へる羊・ルカ十五　（昭和十八年）第十二年二号
〃　・　〃　十二ノ三
支配人・ルカ一六ノ一―一三　十二ノ五
律法者・〃一六ノ一四―一八　十二ノ六
黄　泉・〃一六ノ一九―三一　十二ノ七
甦　り・ヨハネ十一ノ一―一六　十二ノ八
〃㈡・〃　十二ノ九
十癩者・ルカ一七ノ一一―一九　十二ノ十
神の国・〃一七ノ二〇、二一　十二ノ十一
主の日・〃一七ノ二二―三七　〃　〃

☆　アサ誌　百四十九号（昭和十九年五月二十日第十三年五号）に発刊の言葉がある

「アサ」再刊号中先生の御言葉題目

秋とアサ誌（うた）（昭和二一年一〇月）再一号
あれこれ 〃
古代人㈠ 〃
いにしへ人㈡ 〃
我らの道 〃
古代人と奏楽 再三号
祈り ルカ一八ノ一―一四 〃
元旦さんび 再四号
霊と真 〃
われ 〃
（うた） 再六号
ありがとうございます。と 〃
受 〃
山崎キヨさん 〃
受 二 再八号
受 二 再九号
受 二 再一〇号

「アサ」再刊号中先生の御言葉題目

夏雲は語る	再一一号
受　二	〃
昇　天	再一二号
中村夫人	〃
受　三	再一三号
秋ワレて	再一四号
源九郎山	〃
受　三	〃
受　三	再一五号
元　旦	（昭和二三年一月）再一六号
受　四	〃
受　四	再一七号
ことば	再一八号
近いもの	再一八号
帰　途	〃
受　四	〃
海渡る日は	再一九号
受　四	〃
受　五	再二〇号
受　五	再二一号
受　五	再二二号

受　五　再二四号
すすき　再二五号
受　五　〃
受　五　再二六号
飛んで去る　小虫　〃
受　五　再二七号
山崎喜造氏　（昭和二四年一月）再二八号
アーメン　再二九号
子　供　再二九号
不良者　〃
受　六　再三〇号
ミチ子　〃
受　六　再三一号
受　六　再三二号
受　六　再三三号
受　六　再三四号
せせらぎ　〃
受　六　再三五号
受　六　再三七号
受　六　再三八号
受　六　（昭和二五年一月）再三九号

受　六　　　　　　　　　　　再四一号
アサ小浦教会　　　　　　　　再四四号
受　六　　　　　　　　　　　再四五号
アサ小浦教会二　　　　　　　再四六号
受　六　（昭和二六年一月）再四七号
受　六　　　　　　　　　　　再四八号
受　六　　　　　　　　　　　再四九号
受　六　　　　　　　　　　　再五〇号
アサ二百号　　　　　　　　　再五一号
受　六　　　　　　　　　　　〃
アサ会・教会・アサ山　　　　再五二号
受　六　　　　　　　　　　　〃　（再刊の最後号）

アサ誌三刊が出た、二〇四号のはず、どうしたことかこの号を見出さぬ、「わからない」の（一）が発表されているはず。その（二）は三刊二号にあり通し二〇五号になるはずのものが、印刷ミスか二〇四号となっている。ともあれ「アサ」誌三刊は三号だけで廃刊となったが、先生の筆は「わからない」の（二）で絶たれた、昭和二八年（一九五三年）九月のことである。

田中遵聖先生小伝

一、御誕生　明治十八年十一月七日午後十一時ごろ静岡県庵原郡由比町寺尾にて御誕生、山本仁右エ門三男として御出生実母はトクともうされた。命名種助

一、御四歳　先生御出生後四歳まで由比町字由比にて里子として育てられ、田中家（養父定平養母マス）に養子としてたずさえられた

一、御渡米　明治四十一年五月十三日米国に御渡航のため横浜御出発

一、御受洗　基督教の洗礼を明治四十五年二月四日米国ワシントン州シャール市日本人組合教会久布白直勝牧師より御受けになられた

一、御帰朝　大正四年九月二十一日米国より御帰朝になられた

一、神学校　大正五年東京市牛込区左内町東京学院神学部に御入学、大正八年三月同校同学部御卒業になられた

一、卒業後　福岡県若松市バプテスト教会牧師として御赴任になられた

一、御結婚　大正八年十月二十八日佐藤正子さんと御結婚

一、東　京　大正九年六月三日久布白直勝先生御昇天になられたため、その後任牧師として大正十年九月二十七日東京都千駄谷町東京市民教会に御赴任

一、覚　霊　大正十四年五月十八日東京市民教会において神の御臨在を感じ出す

一、ドン底　昭和二年五月十二日小倉市下到津丘上において絶望の極地にありて十字架上の主の御支えを強

く感ぜしめられる

一、アサ会　昭和三年一月二十三日小倉市西南女学院シオン山教会を辞任し、アサヒノ教会設立に従事しておられたが、昭和三年八月十七日に「アサ会」を拝命された。

一、県移住　昭和三年十二月同四年一、二月と広島県呉市バプテスト教会（無牧）に応援伝道をなし、翌三月十八日教会信徒有志の招きにより若松市金比羅山住宅より呉市に移住された

一、御伝道　それより呉市を根拠として各地に布教され、昭和三十三年三月十八日（午後九時ごろ）御昇天になられた　アメン

あとがき

「回心と救い」「土のチリ」「神の徳はあふれるもの」「危機の宗教」そして今回は「主は偕にあり」と題した小冊子または御説教によって、教会にある約七十回の録音の大半が文字に移されて拝読出来ることになりました。アメン　アメン　ありがとうございます。

主の御自愛と教会の方々のお支えの中に御用が進められて来ましたが、引き続く聞き書ノートから御説教集（昭和二十四年〜）出版に対してもさんびをお送り下さいますようお願い申し上げます。

なお、出版資金については計画を永野先生に聞かれいち早く御送金下さった大阪上田為巳さん始め教会内外の多くの方々にお世話になりました。有難うございました。

アメン　アメン　勿体のうございます。

伊藤記

新教出版社編集部より

本書は宗教法人「アメンの友」によって一九七七年に発行された『主は偕にあり　田中遵聖先生ご説教集』を、故・田中遵聖の遺族の許可のもと復刊したものである。

これに伴い、写真家・神藏美子による呉の街並みの写真（本表紙）、新規口絵、解説を付した。なお遺族の意向により、本書の本編には極力手を加えず、原著を可能な限り再現した。

新教出版社　編集部

著者　田中遵聖（たなか・じゅんせい）
本名・田中種助。1885年、静岡県生まれ。留学先の米国ワシントン州シアトルにてキリスト教と出会い、久布白直勝から受洗。帰国後、1916年に東京学院（現、関東学院）神学部に入学し、牧師となる。1928年に福岡・八幡山中で「アサ会」を立ち上げたのち、広島・呉にて伝道活動に従事する。1958年、死去。

解説　神藏美子（かみくら・よしこ）
恵泉女学園高等学校、慶應義塾大学文学部国文学科卒業。写真家。著書に『たまゆら』（マガジンハウス）、『たまもの』（筑摩書房）、『たまきはる』（リトルモア）などがある。

主は偕《とも》にあり　田中遵聖説教集

2019年10月31日　第1版第1刷発行

著者……田中遵聖

解説……神藏美子

装釘……宗利淳一

発行者……小林　望

発行所……株式会社新教出版社

〒162-0814 東京都新宿区新小川町9-1

電話（代表）03（3260）6148

振替 00180-1-9991

印刷・製本……モリモト印刷株式会社

ISBN 978-4-400-51763-4 C1016

今を生きる滝沢克己
生誕110周年記念論集
滝沢克己協会編
独自のインマヌエル思想によって神と人間の関係を問い続け、国内外に多大な影響を及ぼした神学者・滝沢克己。その歩みを解明・継承する渾身の16篇を収録。
46判　294頁　本体3200円

カール・バルト＝滝沢克己往復書簡
1934－1968
S.ヘネッケ/A.フェーネマンス編　寺園喜基訳
神学的立場を異にしながらも深い信頼によって結ばれ、30年以上にわたり師弟の交わりをもったバルトと滝沢。興味尽きない81通の書簡を収録。
46判　280頁　本体2700円

バルト自伝
【新教新書279】
K.バルト著　佐藤敏夫編訳
アメリカの雑誌の求めに応じてバルトが10年ごとに綴った3編の自伝的文章を収録。42歳から72歳までの30年間の生活の変化と神学の展開を明らかにする。
新書判　139頁　本体1200円

神の国の証人ブルームハルト父子
待ちつつ急ぎつつ
井上良雄著
バルトの神学思想に決定的な影響を与えた、ドイツの異色の牧師父子の信仰と生涯の表現。父の終末論的信仰と子の宗教社会主義への挺身は、いまなお鋭い問いを投げかける。
46判　472頁　本体4500円

世にあるキリスト
リヒャルト・ヴィルヘルムへの手紙
C.H.ブルームハルト著　川島堅二訳
中国伝道に献身する女婿に対して、子クリストフ・ブルームハルトが宣教の神学の根本的見直しを迫る、123通にわたる熱誠溢れる書簡集。
46判　340頁　本体3800円

実践する神秘主義
普通の人たちに贈る小さな本
E.アンダーヒル著　金子麻里訳
市井の人々に届く言葉で既存宗教の再解釈を提示した、神秘主義思想の著述家アンダーヒル。その代表作にして、神秘主義を万人に開かれた「技法」と捉える不朽の名著。
46判　230頁　本体2100円

内なる生
E.アンダーヒル著　金子麻里訳
アンダーヒルが英国国教会の司祭たちのために語った3つの講演を収録。霊的感覚を深め、拡充するためのわざについて、平易だが深い言葉で語りかける。
小B6判　148頁　本体1800円

クエーカー入門
P.ダンデライオン著　中野泰治訳
17世紀英国でラディカルな神秘主義的キリスト教運動として始まり、市民社会の形成に深く関わったクエーカー。その特異な信仰史を社会学的に明らかにする。
46判　224頁　本体2400円

剣を収めよ
創造的非暴力と福音
J.ディア著　志村真訳
イエスの福音における非暴力の呼びかけに従った多数の証人たち。その生き方に学び、創意に満ちた非暴力的霊性がもつ可能性を追求する。
46判　178頁　本体1800円

統べるもの／叛くもの
統治とキリスト教の異同をめぐって
新教出版社出版部編
クィアやアナーキーといった先鋭的な視座に立ち、キリスト教と統治の共犯関係を抉出、統治に抗するキリスト教の力能をも引き出す6つの論考。著者らによる鼎談も収録。
46判　216頁　本体2200円